大学生领导力训练丛书

大学生求职能力训练教程

黄志强◎主编

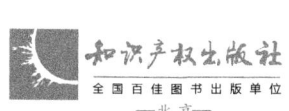

知识产权出版社
全国百佳图书出版单位
—北京—

图书在版编目（CIP）数据

大学生求职能力训练教程 / 黄志强主编 . —北京：知识产权出版社，2019.11
ISBN 978-7-5130-6505-4

Ⅰ . ①大… Ⅱ . ①黄… Ⅲ . ①大学生—职业选择—高等学校—教材 Ⅳ . ① G647.38

中国版本图书馆 CIP 数据核字（2019）第 217880 号

内容提要

本书经由大量调查，围绕就业能力这个核心，力图融知识性、实用性、训练性于一体，针对大学生在求职方面遇到的各种问题，逐一分析、阐发，总结大学生在毕业前必须掌握的能力。本书旨在强化学生职业意识，使学生了解就业政策，更新就业观念，掌握求职方法，规划职业生涯，增强创业能力，最终提高就业竞争能力。本书可作为就业指导相关教师及大学毕业生的参考用书。

责任编辑：许　波　　　　　　责任印制：孙婷婷

大学生求职能力训练教程
DAXUESHENG QIUZHI NENGLI XUNLIAN JIAOCHENG

黄志强　主编

出版发行：	知识产权出版社 有限责任公司	网　　　址：	http://www.ipph.cn
电　　话：	010-82004826		http://www.laichushu.com
社　　址：	北京市海淀区气象路 50 号院	邮　　编：	100081
责编电话：	010-82000860 转 8380	责编邮箱：	xubo@cnipr.com
发行电话：	010-82000860 转 8101	发行传真：	010-82000893
印　　刷：	北京中献拓方科技发展有限公司	经　　销：	各大网上书店、新华书店及相关专业书店
开　　本：	720mm×1000mm　1/16	印　　张：	16.25
版　　次：	2019 年 11 月第 1 版	印　　次：	2019 年 11 月第 1 次印刷
字　　数：	290 千字	定　　价：	68.00 元

ISBN 978-7-5130-6505-4

出版权专有　侵权必究

如有印装质量问题，本社负责调换。

本书编委会

主　编：黄志强
副主编：李　凡　陈锦秀

前言 PREFACE

大学生领导力培养，旨在帮助大学生提高成功展示自我的能力和成功影响他人的能力，激发大学生的成功欲望，帮助有成功愿望的学生实现成功。而成功对大学生而言，主要体现在学习成功、个人成长成功和职业成功三方面，这三方面的成功相辅相成，相互影响，学习成功和个人成长成功是职业成功的前提条件，职业成功是学习成功和个人成长成功的体现。求职作为大学生进入职场的必经阶段，是影响大学生是否实现职业成功的重要一环。因此大学生求职能力的培养也应成为高校大学生领导力的主要内容。

编者认为，求职能力的培养，主要是通过自我认知、职业探索、简历制作、模拟面试、职场情景训练等模块，激发学生求职意识和求职欲望，让学生在了解自我、了解职业世界的基础上，对未来职业作出科学的抉择，掌握求职的基本程序和方法，提高求职能力和职场适应能力，全方面、系统化培养和训练学生的求职能力。

本教材共五章，考虑到就业课程的"实践性"特征，贯彻"技能训练""实训实践"编写理念，一方面有助于互动体验式课程的实施，另一方面要达到"以过程参与感悟就业，以训练活动内化知识技能"的学习目标。因而系统介绍了自我认知、职业信息、简历制作、面试技能、就业权益、职场礼仪等重要知识，还给出了详尽、具体的操作方法，更通过训练活动等环节帮助学生完成知识的内化，切实提升学生求职能力。每章均设有训练导言、训练目标、训练案例、训后实践等模块，每节设有基础知识、训练活动、训练小结，将职业价值观测试、MBTI性格类型测评、霍兰德职业性向测量表、求职便签、实习就业常用网站等以附录的形式放在教材中，测评部分可以让学生现场测评，加强学生自我认知；每节内都配套有单独的训练活动，以便教师组织互动体验式课堂教学，促进学生就业知识的掌握和技能的提升。

本书集理论知识与技能操作于一体，既可作为学校教师在对学生进行就业指导、求职能力训练等方面的参考，也可作为大学生根据自身情况进行求职操练的指导教材。

本书主编黄志强主要负责全篇统筹及第 4～5 章编写，约 6 万字；副主编李凡主要负责全篇统筹及第 3 章的编写，约 2 万字；副主编陈锦秀主要负责第 1～2 章的编写，约 5.6 万字。由于编者水平有限，书中难免有疏漏之处，敬请读者指正。

2019 年 6 月

编者

目录 CONTENTS

第一章 职业自我认知训练 / 1
- 第一节 认识职业性格 / 4
- 第二节 澄清职业价值观 / 14
- 第三节 挖掘优势能力 / 27
- 第四节 探索职业兴趣 / 33

第二章 职业世界探索训练 / 43
- 第一节 了解职业世界 / 46
- 第二节 积累职业信息 / 59
- 第三节 利用职业信息 / 72

第三章 求职简历制作训练 / 86
- 第一节 认识求职简历 / 91
- 第二节 撰写求职简历 / 98
- 第三节 完善求职简历 / 119

第四章 面试技能提升训练 / 126

第一节 谙熟面试本质 / 132

第二节 把握无领导小组面试 / 147

第三节 洞悉半结构化面试 / 156

第四节 认识文件筐模拟面试 / 172

第五章 职场素养提升训练 / 185

第一节 重视就业中的违约金 / 187

第二节 学会维护试用期权利 / 196

第三节 树立从基层做起的意识 / 202

第四节 形成不懂就问的好习惯 / 205

第五节 懂得工作不仅要做完还要做好 / 210

第六节 践行"金子"要主动"发光" / 214

第七节 了解不容忽视的职场礼仪 / 217

附 录 / 224

参考文献 / 251

第一章 职业自我认知训练

【训练导言】

做职业选择和职业定位的第一步,是清晰认识职业自我。在我们寻觅满意职业的过程中,会问自己诸如"我到底是一个什么样的人?""我究竟喜欢什么?""我擅长做什么?""我看重职业给自己带来什么"等问题。这就是职业自我澄清或自我认知。或许,在以前我们曾经对自己进行过这方面的探索,已经对自己有了一些了解,但我们每次的回答都可能会有些许不同,甚至给出截然相反的答案。无论如何,现在让我们静下心来,聆听自己的心声:

- 我能否快速、准确地找到几个词语来描述真实的自己?
- 我在职场上能用上的特长或优势能力有哪些?
- 通过职业,我最想要、最终希望实现的是什么?
- 我真正喜欢做什么,这些兴趣能否有助于职业发展?
……

无论结果如何,下面的内容或许会有助于我们清晰地了解职业自我(包括职业性格、职业兴趣、职业能力与技能、职业价值观等),从而找到自我优势,做好职业定位,进而牢牢把握职业生涯的主动权,从容应对人生。

【训练目标】

认知目标:
(1)掌握性格、价值观、能力、兴趣的内涵与分类。
(2)理解性格、价值观、能力、兴趣对职业发展的影响。

能力目标:
(1)能通过正式与非正式评估方式客观剖析职业自我。
(2)会通过职业自我认知的结果,进行合理的职业选择。

【训练案例】❶

一、案例基本情况

（一）基本情况

张某，男，23岁，数学系大三的学生，家住上海市，父亲是一家外资企业的中层管理人员，母亲是某音乐培训机构老师。张某从小学习成绩就很好，喜欢打篮球、演讲，多次在演讲比赛中获奖。上大学以后，张某很快脱颖而出，不仅学习成绩出色，担任班干部，还利用课余时间积极参加社团活动，给老师和同学留下了很好的印象。

（二）咨询的主要原因

张某来咨询的原因有两个，首先，他虽然学习成绩很好，但是经过三年的学习，他发现自己并不是特别喜欢这个专业，而且自己的性格将来也不适合做研究型的工作。张某希望自己毕业后从事社会型工作，但是又担心自己的专业不具竞争力。其次，他想通过考研换个行政管理类的专业，提高自己的就业竞争力，但是考研需要投入大量的时间和精力，跨专业考研本来就很难，他担心如果没考上又错过校园招聘季，最后鸡飞蛋打，所以不知道自己到底该怎么办。

二、咨询方法和主要过程

根据张某的基本情况和就业愿景，就业指导处的咨询师运用霍兰德特质因素论、MBTI人格测试等理论和工具帮助他进行生涯规划，并制定了咨询计划。

（一）第一次咨询

第一次咨询的目的是通过面谈了解学生的基本情况和困惑，使学生认识到职业生涯规划的作用，以及双方建立初步的信任关系，并商讨咨询方案。具体方案如下：第一步，通过面谈和测评工具对张某进行初步评估，了解其优势和不足，通过霍兰德职业兴趣测试，了解张某的职业兴趣；第二步，通过帕森斯人职匹配理论对感兴趣的职业进一步筛选。

（二）第二次咨询

通过霍兰德职业兴趣测试、性格测试、职业价值观测试等对张某进行初步了解。①职业兴趣：张某的职业兴趣倾向于社会型（S）、艺术型（A）、企业型

---

❶ 张议元，徐宁. 大学生职业生涯规划咨询案例分析 [J]. 就业指导，2013.9（4）. 原文有删改。

(E)。②性格：张某的性格为外倾、直觉、情感、知觉，测试结果为 ENFP 型。③价值观：张某最突出的职业价值观是自我实现，其次是社会需要，第三是环境舒适。

通过对兴趣、性格、价值观等进行分析，张某对自己未来想从事的职业有了初步的认识。概括如下：张某找工作时倾向于选择能够实现自己人生价值、被社会需要、能施展才华的职业；他善于和人打交道，具有团队精神，人际交往和自我表达能力突出。结合霍兰德职业测评工具，就业指导处的老师给的建议职业是：教师、护士、律师、营销管理人员、就业指导顾问、法官、记者等。

同时霍兰德职业测评工具对张某的职业生涯规划给出了建议，建议职业为：教师、导游、咨询人员、公关人员、临床心理、就业指导顾问、培训师、护士和律师、经理、推销员、主持人、宣传人员、营销管理人员、法官、社会活动者、摄影工作、广告制作人、记者、演员等。

（三）第三次咨询

利用帕森斯的人职匹配理论对测评结果建议职业进行漏斗式筛选。①职业兴趣：张某根据测评结果给出的职业，结合自身特点从建议职业中除去了公关人员、护士、律师、推销员、营销人员等职业。②性格：张某性格属于 ENFP 型，适合做营销经理、企业/团队培训师、宣传人员、律师、广告创意、广告撰稿人、市场营销和宣传策划、市场调研人员、公关专家、心理学工作者、心理辅导和咨询人员、职业规划顾问、演讲家、记者、专栏作家、剧作家、设计师等。张某从中筛选出教师、公关人员、就业指导顾问、培训师、社会活动者、广告制作人、记者等职业。③价值观：张某最突出的职业价值观是自我实现，筛选出的职业基本上都是能在工作中实现自我价值的职业。

三、案例分析和启示

（一）案例分析

职业生涯规划咨询是在了解学生的兴趣、性格、价值观等因素基础上，依据职业生涯规划理论和咨询技术、方法等，协助学生进行自我探索、职业探索等。本案例中就业指导处的老师根据张某自身基本情况，运用霍兰德职业兴趣理论、MBTI 人格测试理论等顺利地完成了咨询工作。

（二）案例启示

（1）职业生涯规划咨询是一个非常专业的领域，需要从事相关工作的老师具备专业的职业生涯理论知识和技巧，熟练掌握测评工具和相关模型，在实际工作中能够根据学生实际情况选择适合的理论和模型。

（2）咨询效果取决于老师和学生双方。咨询过程要以学生为中心，如果学生不配合，即使咨询师有很高的水平，也不会呈现出令人满意的效果。

第一节　认识职业性格

[基础知识]

一、认识性格与职业性格

在心理学上，性格是指表现在人对现实的态度和相应的行为方式中的比较稳定的、具有核心意义的个性心理特征，是一种与社会相关最密切的人格特征。性格表现了人们对现实和周围世界的态度，并在一个人的行为举止中得以体现。

性格是在后天的成长环境和教育环境中，逐渐形成的、比较稳定的，对人、对事、对自己的独特的行为方式和个性倾向。开朗、直率、热情、慢性子、急脾气、健谈、木讷等，都是用来形容性格的。但是，性格并非全部是别人能看清楚、自己也很明白的，有些性格不但不容易看清楚，有时候还有迷惑性，容易让人以为是另一种性格，因此，性格具有复杂性。每个人的性格都不同，俗话说"一龙生九子，九子各不同"，因此，性格具有独特性。

职业性格是指人们在长期特定的职业生活中所形成的与职业相联系的、稳定的心理特征。例如，有的人对待工作总是一丝不苟，踏实认真；在待人处事中总是表现出高度的原则性、果断、负责；在对待自己的态度上表现为谦虚、自信、严于律己等，所有这些特征的总和就是一个人的职业性格。

二、性格与职业发展的关系

每个人都有着不同的做事方式，即形成每个人不同的做事习惯，这不同的习惯成就了每个人不同的性格。"性格决定命运"，性格对职业的选择以及职业生涯的成功有着重大的影响。

许多职业的确对性格有着特定的要求，要选择某一职业就必须具备这一职业所要求的性格特征。比如律师这一职业，就需要有逻辑思维严密、喜欢独立思考的性格；而财会、统计、档案一类的职业则需要有相对严谨、踏实的性格；从事绘画、音乐、演艺等职业的人，则必须具有热情奔放、思维跳跃的性格。可以说，从事任何一种职业都需要与之匹配的职业性格，相符的职业性格有助于更好地完成工作。

当然除了少数职业对性格类型有着近乎苛刻的严格要求外，大多数职业并不一定过分强调性格与职业之间的严格对应，因为不同的性格类型可能在同一个职业领域发挥出不同的作用，而同一性格类型的人在不同的职业领域也可能会具有各具特色的表现。

性格特征与生涯规划的关系是很密切的，所以要规划自己的职业生涯，首先需要了解自己具有什么样的性格特征。

职业心理学研究表明，性格影响着一个人对职业的适应性，一定的性格适合于从事一定的职业，同时，不同的职业对人有不同的性格要求。因此在选择职业时，还要考虑自己的职业性格特点，考虑职业对人的性格要求，根据自己的性格特点选择最易适应的职业，或改变自己的性格特点来适应职业的要求。

性格影响着一个人对职业的适应性，一定的性格适合于从事一定的职业，同时，不同的职业对人有不同的性格要求，见表1-1。

表1-1 不同性格对职业的影响

性格类型	性格特征	适合的职业
变化型	在新的或意外的情境中感到愉快，喜欢有变化和多样化的工作，善于转移注意力	记者、推销员、演员等
重复型	愿意配合别人或按别人指示办事，而不愿意自己独立作出决策，承担责任	纺织工、机床工、印刷工等
服从型	善于从事连续工作，按固定的步骤办事，喜欢重复的、有规律的、有标准的工作	办公室职员、秘书、翻译等
独立型	喜欢计划自己的活动和指导别人活动或对事情作出决定，喜欢独立负责的工作情境	管理人员、律师、警察等
协作型	在与人协同工作时感到愉快，善于引导别人，并想得到团队成员的喜欢	社会工作者、咨询人员等

续表

性格类型	性格特征	适合的职业
机智型	在紧张或危险情况下能自我控制，发生意外时不慌不忙，善于应对并完成任务	驾驶员、飞行员、公安员、消防员等
表现型	喜欢表现喜好和性格，根据个人感情作出选择，通过工作来表达自己的思想	演员、诗人、音乐家、画家等
严谨型	注重工作过程中各个环节、细节的精确性。愿意按规程和步骤工作，严谨，追求完美	会计、出纳员、统计员、校对员、图书档案管理员等

三、MBTI 职业性格理论

MBTI 全称 Myers-Briggs Type Indicator，即迈尔斯-布里格斯性格分类法，是一种迫选型、自我报告式的性格评估工具，用以衡量和描述人们在获取信息、作出决策、对待生活等方面的心理活动规律和性格类型。它以瑞士心理学家 Carl Jung 的性格理论为基础，由美国的 Katherine C Briggs 和 Isabel Briggs Myers 母女共同研制开发。

MBTI 从四个维度考察个人的偏好倾向，以区分人与人之间的差异，这四个维度为：

（1）精力支配：Extraversion（E）vs. Introversion（I）
　　　　　　　外向　　　　　　内向
（2）接受信息：Sensing（S）vs. Intuition（N）
　　　　　　　感觉　　　　　　直觉
（3）判断事物：Thinking（T）vs. Feeling（F）
　　　　　　　思考　　　　　　情感
（4）行动方式：Judging（J）vs. Perceiving（P）
　　　　　　　判断　　　　　　知觉

其中两两组合，可以组合成 16 种性格类型，见表 1-2。

表 1-2　MBTI 性格类型与匹配的职业

性格类型	匹配的职业	性格类型	匹配的职业
ISTJ 内倾感觉思维判断	稽查员	ISFJ 内倾感觉情感判断	保护者
INFJ 内倾直觉情感判断	咨询师	INFP 内倾直觉情感知觉	治疗师、导师

续表

性格类型	匹配的职业	性格类型	匹配的职业
ESTJ 外倾感觉思维判断 督导	ESFJ 外倾感觉情感判断 供给者、销售员	ENFJ 外倾直觉情感判断 教师	ENFP 外倾直觉情感知觉 倡导者、激发者
ISTP 内倾感觉思维知觉 操作者、演奏者	ISFP 内倾感觉情感知觉 作曲家、艺术家	INTJ 内倾直觉思维判断 智多星、科学家	INTP 内倾直觉思维知觉 建筑师、设计师
ESTP 外倾感觉思维知觉 发起者、创设者	ESFP 外倾感觉情感知觉 表演者、演示者	ENTJ 外倾知觉思维判断 统帅、调度者	ENTP 外倾直觉思维知觉 企业家、发明家

MBTI 性格类型系统中有四种性格倾向组合，这四种组合如下。

（一）直觉+思考=概念主义者

概念主义者自信、有智慧、富有想象力。他们的原则是所有的事情都要做到最好。他们天生好奇，喜欢不断地汲取知识，能够看到同一问题的多个不同方面，习惯于全面地思考问题和一分为二地看待问题，从而对真实或假设的问题构思出解决方案。

概念主义者是四种类型中最独立的一种人。他们工作原则性强，标准高，对自己和对别人的要求都很严格。他们不会被别人的冷遇和批评干扰，喜欢以自己的方式做事。

概念主义者喜欢能提供自由、变化和需要有较高的智力才能完成的工作。他们喜欢看到自己的想法能够得到实施，喜欢与有能力的上司、下属、同事共事。许多概念主义者推崇权力，易于被有权力的人和权力地位所吸引。

（二）感觉+感知=经验主义者

经验主义者关注五官带给他们的信息，而且相信那些可以测量和证明的东西；同时喜欢面对各种各样的可能性，喜欢自由随意的生活方式，是反应灵敏和自发主动的一种人。

经验主义者是四种类型中最富冒险精神的。他们最可贵的地方在于足智多谋，令人兴奋，而且很有趣。他们为行动、冲动和享受现在而活着，一想到某件事情就有立即去做的冲动，而且喜欢一气呵成，一口气把事情做完，但又不喜欢太长时间做同一件事情。

经验主义者喜欢可以提供自由、变化和行动的工作，喜欢那些能够有及时效果的工作，他们以能够巧妙而成功地完成工作为乐。由于他们喜欢充满乐趣地生活，无论做什么必须让他们感到高度的乐趣，这样才能令他们感到满意。

（三）直觉+情感=理想主义者

理想主义者感兴趣的是事物的意义、关系和可能性，并基于其个人的价值观念作出决定。他们做人的原则是真实地面对自己。

理想主义者是四种类型中精神上最具哲理性的人，乐于接受新的思想，善于容纳他人。他们非常崇尚人与人之间和各种关系中的真实和正直，容易将别人理想化。

对理想主义者而言，一份好工作应该是对他们个人很有意义的工作，而不是简单的常规工作或只是一种谋生手段。他们喜欢民主、能够激励各种层次的人们高度参与的组织，会被那些促进人性价值的组织或那些允许他们帮助别人完成工作的职业所吸引。

（四）感觉+判断=传统主义者

传统主义者相信事实、已证实的数据、过去的经验和五官所带给他们的信息，喜欢有结构有条理的世界，喜欢作决定，是一种既现实又有明确目标的人。

传统主义者是四种类型中最传统的一类。他们重视法律、秩序、安全、得体、规则和本分。他们尊重权威、等级制度和权力，而且一般具有保守的价值观。他们很有责任感，而且经常努力去做正确的事情，这使他们可以信赖和依靠。

传统主义者需要有归属感，需要服务于别人，需要做正确的事情。他们注重安稳、秩序、合作、前后一致和可靠，而且严肃认真，工作努力。他们在工作中对自己要求十分严格，而且希望别人也是如此。

[**训练活动**]

活动一：谁是"外倾"，谁是"内倾"

首先，以4～6人为一组，请在小组里分享自己偏向外倾还是内倾性格，并举例说出理由。同时通过观察哪些参与者可能是外倾还是内倾，给出判断依据。

然后，根据自己的选择和小组同学的认同，将外倾和内倾的同学重新分成两组，成员之间谈谈同类性格的特点，与他人相处的方式，从他人身上能学到什么？不同性格的分别适合做何种职业？不同性格在工作时会遇到什么压力？

分别请外倾和内倾组各派一个代表发言，分别介绍小组成员的基本情况。

需要提醒的是，MBTI 中所讲的外倾和内倾并非我们日常所说的"内向"和"外向"，而是以能量朝向角度来区分的。

思考与提问：

- 相处时的感觉与建议：你认为对方是外倾还是内倾性格？
- 你感觉对方性格有什么特点？
- 请结合自己谈谈外倾或内倾性格工作时会遇到什么压力？

外倾型的人注意力和能量主要指向外部世界的人和事，而从与人交往和行动中得到活力。其特点是：

- 善于表达
- 自由地表达情绪和想法
- 听、说、想同时进行
- 朋友圈大
- 主动参与
- 广度

内倾型的人注意力和能量集中于自己的内心世界，从对思想、回忆和情感的反思中得到活力。其特点是：

- 通常保留
- 情绪和想法不轻易流露
- 先听，后想，再说
- 固定的朋友
- 静静反思
- 个人
- 思我
- 深度

活动二：谁是"感觉"，谁是"直觉"

假设 A、B 两人同时观察一个由多张美元组成的发光圆球，并分别给出了自己的描述：

A 的描述是：由很多张 100 美元组成的圆球，金光四射。

B 的描述是：布雷顿森林体系成立后，美元一直处于霸权地位，现在美国经济下行，滥发货币引发全球金融危机。

从上面的描述中不难看出区别：A 的描述具体而写实，B 则抽象一些。感觉型的人描述的是基于画面所看见的内容，注重细节和事实，适合做实施执行的工作；而直觉型的人描述的是基于自己的思考，注重全局，适于做策划的工作。

思考与提问：

- 在电视剧《红楼梦》中有林黛玉葬花的场景，她看见花落地，发出"试看春残花渐落，便是红颜老死时"的感慨，她是感觉型还是直接型性格？
- 感觉型和直接型性格各有什么特点？请谈谈感觉型和直接型性格的人在工作时会遇到什么压力？

感觉型人的特点是：

- 明确、可测量
- 细节、细致
- 现实、现在
- 看到、听到、闻到
- 连续的
- 重复
- 享受现在
- 基于事实、经验

直觉型人的特点是：

- 可发明、改革
- 风格、方向
- 革新、将来
- 第六感

- 任意的
- 变化
- 预测将来
- 基于想象、灵感

活动三：谁是当之无愧的"团员标兵"

某理工类学校，一年一度的优秀团员暨优秀团干部评选又将开始了，校团委布置每个学院分团委评选一名"团员标兵"作为共青团员的先进典型。按照程序进行推选之后，有两名团员青年作为候选人被推选出来了：小张和小方。这时团委老师犯难了，应当推选哪位候选人呢？

对于小张：三年级学生，担任学院文艺部的干事，在班级中也担任了团支部委员，在学院和班级的各项工作中都积极主动，为各项活动献计献策，受到了老师和同学的一致肯定；相对于社团工作而言，他的学习相对比较欠缺，在班级中居于中游水平，但也获得了三等奖。很明显，他身上团员青年的朝气蓬勃、积极向上的干劲很能体现当代青年的精神面貌，虽然他现在是三年级学生，但是他的各方面表现都很能在团员青年中起到引领作用，推选他为"团员标兵"，应该说是实至名归。

对于小方：小方是学院的分团委副书记，今年大四。在过去的时间里他为学院的工作付出了很多时间和精力。但是面临毕业和就业，他最近在学院里发挥的作用确实没有以前突出，更多的还是指导参与。如果他今年能够获得"团员标兵"称号，不仅是对他以前工作的肯定，也对他日后有很大的激励作用，特别是即将毕业的他，这可能也是他获得此种荣誉的最后一个机会了。

思考与提问：
- 你会选择谁呢？理由是什么？
- 思考型和情感型性格各有什么特点？
- 请谈谈思考型和情感型性格的人在工作时会遇到什么压力？

思考型的人习惯于通过分析数据、权衡事实来做出符合逻辑的结论和选择。而情感型的人通常会对信息做出个人的、主观的评价，习惯于用自己的价值观来作决定。

思考型人的特点是：

- 客观、公正
- 批评，不感情用事
- 清晰
- 基于分析的
- 关注事情和联系
- 理智、冷酷
- 原则、规范
- 情有可原、法不容恕

情感型人的特点是：

- 主观、仁慈
- 赏识，也喜欢被表扬
- 协调
- 基于体验的
- 关注人和关系
- 善良、善解人意
- 心灵
- 价值、人情
- 法不容恕、情有可原

活动四：做或不做

假设现在是周三下午，明天有几堂重要的专业课，专业课老师要求都比较严格，如果缺勤的话很可能会影响到期末的成绩，甚至会对整个成绩的绩点产生不利的影响。但明天正好是你从小玩到大的发小即将移民去澳大利亚的日子，他很希望你能够到机场送他一程，毕竟以后见面的机会很可能就不多了。

思考与提问：

- 这时你会去吗？为什么？
- 判断型和知觉型性格各有什么特点？
- 请谈谈判断型和知觉型性格的人在工作时会遇到什么压力？

判断和知觉是关于人们在与外界发生关系的过程中是如何作决定的。判断型的人喜欢将事情管理得井井有条，乐于制定和执行计划。在他们的眼中，有系统的工作和秩序是最重要的。而知觉型的人喜欢自发、随意地处理问题，他们愿意保持开放的思想。

判断型人的特点是：

- 按部就班
- 随时控制
- 明确规则和结构
- 有计划、有条理
- 快速判断、决定
- 避免"燃眉之急"的压力

知觉型人的特点是：

- 随遇而安
- 不断体验
- 灵活的、即兴的
- 喜欢开放、获取
- 新的发现
- 从最后关头压力中得到动力

[训练小结]

通过以上活动，你是不是已经确定了你的性格类型，也清楚了自己适合的职业类型。接下来，你要思考如何更好地发挥自己的特长，避免自己性格中的劣势，更好地和他人相处，更好地作重要的决策。清楚地了解同学（舍友等）的性格特征，如何减少相处时的冲突。

请你记住，所有这些性格类型本身没有优劣之分，了解自己的性格类型，让我们能够更好地扬长避短；了解他人的性格类型，促进我们更好地达成一致。重要地在于理解和完善，而非改变和对抗。对你性格类型的最终判定者，就是你自己，你可以通过性格类型来理解和原谅自己，但是不能以此作为逃避现实的借口。性格中的态度和行为倾向可以发生改变，但那是一个"能量消耗"的过程。

第二节　澄清职业价值观

【案例故事】

故事一：不同的人生选择

一个富商在乡间别墅度假时认识了隐居于此的一位画家，他很喜欢这位画家的作品。一天，富商吃过早饭后出门散步，走到画家门前时看到画家正在院子里喝咖啡，他就走过去和画家聊了起来。富商问画家一张画卖多少钱，画家说能卖三千到五千美元。"那你多久能卖出去一张呢？"富商又问，"一个月能卖出一两幅画吧，我的画很多人想要，我能画多少就能卖多少。"画家说。

富商不解地说："既然这样，那你为什么不让自己忙碌些，每月多出几件作品呢？"但是画家不以为然，"这些钱已经够我花了呀，我现在每天睡到自然醒，然后在画室里工作两三个小时，然后吃完午饭后睡个午觉，下午和朋友踢球、写生或者随便干点什么，到了晚上我们就去酒吧喝点小酒。我的日子过得可充实又忙碌呢！"

富商不以为然，觉得画家这样无疑是浪费自己的才华，他说："我是拍卖行的老板，我倒是可以帮你忙。你应该每天多花些时间画画，等作品多了以后我可以联系朋友帮你办个画展，再配合我的拍卖炒作，相信你很快就会出名的。"

"然后呢？"

富商大笑着说："等有了名气后你可就是商家眼中的'香饽饽''摇钱树'，画展、剪彩、笔会、出版物等邀请纷至沓来，请客吃饭、索求作品的人更是络绎不绝。到那时候你可就是日进斗金了。"

"然后呢？"

富商说："等赚了足够多的钱你就可以退休了，每天睡到自然醒，然后随便工作两三个小时，下午和朋友玩，晚上去酒吧喝点小酒。"

画家不解地说："我现在就是这样过的呀。"

故事二：两个年轻人

两个年轻人来到某地开荒，其中一个年轻人叫查理，就像第一个故事中的画家一样，他活在当下，没有很强的成功欲，种的粮食够日常的吃穿用度就行，余下的时间要么在河边钓鱼，要么去镇上酒吧消遣。

另一个年轻人叫威廉，他从农场主那租来了两匹马，种了几十亩的亚麻，农活不忙的时候他又利用旁边的小河修建灌溉系统。威廉在河边挖水沟的时候恰巧碰见查理在那钓鱼。查理说："兄弟，过来跟我钓会儿鱼吧，人生苦短，及时行乐。你整天把自己搞得这么累，又是何苦呢？"威廉直起腰说："我觉得劳动也很快乐，而且我还想着去远方探险，现在得先开荒挣钱。"

时间过得很快，查理依旧每天活得很快乐，钱虽然不多，但解决温饱不成问题。威廉把亚麻卖了以后将从农场主那租来的马买了下来，又雇来一些帮手开拓了更多的土地。过了几年威廉去和查理告别，他说自己这几年有了些积蓄，要去更远的地方探险了。

十年后，威廉带着一列车队回来了，这十年他见过各种有意思的风土人情，结交了不同肤色的朋友，做过很多让人匪夷所思的事情，当然也赚了不少钱。

查理和十年前一样，不过他现在多种了几亩地，因为他已经成家有了孩子。望着远方威廉隆隆的车队，查理小声说："我能像他一样就好了。"

看完以上故事，我们可以讨论一下以下这些问题：
- 你如何看待画家和富商的观点？
- 你愿意做他们当中的哪一个？
- 你希望的工作是什么样子？
- 你认为什么样的工作是好的工作，什么样的工作是不好的工作？为什么呢？

无论你的回答是什么，以下内容将帮助你找到你的职业价值观。

【基础知识】

一、认识价值观与职业价值观

（一）价值观

价值观是一种处理事情、判断对错、取舍的标准，是在面临抉择时的一项思维依据。不同的价值观会产生不同的行为模式，而行为决定结果。

1. 价值观是一种人生态度

人生价值观是指人们对人生价值的根本看法和态度，也就是人们对人生目标、人生价值取向和人生价值途径的认识和根本态度。价值观就是个人的一个过滤器，它决定了什么是有意义有价值的，什么是无聊的乏味的。如果个人的价值观与工作相吻合，会觉得很开心，很劲；如果不相吻合，就会感到很无奈或很痛苦。而这些感受通常是金钱和威望不能弥补的。

2. 价值观是成功的要素

价值观决定着人们面对问题的基本态度、思维方式和行动结果。什么样的决定会造成什么样的命运，而主宰人们做出不同决定的关键因素就是个人的价值观。一个人要想成为社会上的领导人物，就必须清楚知道自己的价值观，同时确实按照这个价值观过其一生。价值观的作用，是让我们了解对于自己来说生命中最重要的是什么，让我们对生命中的诸方面确定一个优先次序，建立一个平衡，找到此时此处最佳的平衡点。其次，当你面临重大的决策，很难取舍的时候，正确的价值观可以帮助你作出正确的选择，即使眼前利益受损，时间也将证明你的选择是明智正确的。

如果同学们不知道自己人生中什么是最重要的——什么价值是应该坚持的——就无法建立成功的基础，更无法作出有效的决定。

必须记住，一切的决定都根植于清晰的价值观。

3. 价值观是人生决策的依据

当同学们知道了自己最重要的人生价值所在以后，作决定就相对容易；反之，如果不知道什么对自己最重要，就很难作出决定。有杰出成就的人，多数是因为他们能很快作出决定，因为他们清楚知道自己人生最重要的价值何在。

如果不确知自己的价值观所在，就势必要像只没头苍蝇似的乱撞，许多人成天追逐物质方面的东西，却没好好想一想自己到底要过一个什么样的人生，这实在是极大的悲剧。追逐物质永远无法使人生得到满足，唯有真正明白并确信生命中什么是真正有价值的，自身的潜能才能充分发挥出来。

4. 价值观是人生的指南针

不管你的价值观是什么，但千万别忘了，它就是你人生的指南针，掌握着你人生的去向，每到你面临抉择的关头，它就会代你作出决定，引领你拿出必要的行动。这个心里的指南针，如果使用不当，就会给你带来挫折、失望、沮丧，甚至人生就此掉进阴暗的世界；若使用得当，它就会带给你无穷的力量，人生充满自信，不论处在任何状况都会拥有乐观的态度，这是许多成功人士所共有的一个特质。

我们当代的大学生正处于面临人生发展最为关键的时期。时代要求我们要在学习生活各个方面全方位面对和思考如何正确处理个体与社会的关系等一系列重大问题。我们要学会生存的技能，学会学习的潜力，学会创造与创新，学会奉献，这些都是我们面向未来面向社会所必须具有的最基本最重要的品质。其中，最核心的就是学会如何做人，学会做一个符合国家繁荣富强与社会不断进步发展所需要的人格健全的人；学会做一个能正确处理人与人、人与社会、人与自然关系并使之能协调发展的人；学会做一个有理想、有道德、有高尚情操的人。一句话，做一个有利于社会、有利于人民、有利于国家的人。这要求我们大学生必须从现在做起，树立正确的人生价值观。

（二）职业价值观

尽管研究职业价值观的文献相当多，却没有统一的定义。为此，研究者们根据自己的研究结果从不同角度对职业价值观进行了界定。

我们可以这样理解职业价值观。

（1）职业价值观是一个人对各种职业价值的基本认识和基本态度，是人们在选择职业时的一种内心尺度，反映的是人的需要与社会职业属性之间的关系，它支配着人的择业心态、行为以及信念和理解等。

（2）职业价值观在对各种职业的认知过程中起着"过滤器"的作用，它使个体的择业行为带有一定的选择性和指向性，既是判断职业的性质，确定个人在职业活动中的责任、态度及行为方向的"定向器"，又是抉择职业行为方式并进行制动的"调节器"。

（3）作为价值观的重要组成之一，职业价值观是一种复杂的心理现象，表现出内涵的丰富性、层次的多样性和个体体验的差异性等特点。也就是说，即使在相同的社会条件下，每个人的职业价值观也具有显著的差异性；并且，任何一个具体的职业价值观都是在一定的社会历史条件下形成的，具有鲜明的时代特征，必然随着社会的发展而变化。

职业价值观具有以下特点。

1. 职业价值观是因人而异的

由于每个人的先天条件和后天经历不同，其职业价值观的形成也会受到不同的影响，因此，每个人都有自己的价值观和价值观体系。在同样的客观条件下，具有不同价值观和价值观体系的人，其动机模式不同，产生的行为也不同。

2. 职业价值观是相对稳定的

价值观是人们思想认识的深层基础，它形成了人们的世界观和人生观，它是随着人们认知能力的发展，在环境、教育的影响下，逐步培养而成的。人的职业价值观一旦形成，便会相对稳定，但当自身状况和外界环境发生较大变化时，职业价值观也会随之而变。

3. 职业价值观是具有阶段性的

根据马斯洛的需求层次理论，当人低层次的需要得到满足以后，他就会产生更高层次的需求。从职业人生来看，大多数人的职业价值观是具有阶段性的，特别是随着某一阶段的自身需求满足后，新的职业价值观也就会随之产生并确定下来。

4. 职业价值观不是唯一的

人的职业价值观不是唯一的，择业时会有几个动机支配他的选择，人们常常为选择感到痛苦时，就是因为个人的职业价值观不唯一，而在某一职业中又难以得到全部满足，从而患得患失。

职业价值观分为以下13种类型，各类型的基本含义如下。

（1）利他主义：总是为他人着想，把直接为大众的幸福和利益尽一份力作为自己的追求。

（2）审美主义：能不断地追求美的东西，得到美感的享受。

（3）智力刺激：不断进行智力开发、动脑思考、学习和探索新事物，解决新问题。

（4）成就动机：不断创新、不断取得成就、不断得到领导和同事的赞扬或不断实现自己想要做的事。

（5）自主独立：能够充分发挥自己的独立性和主动性，按自己的方式、想法去做，不受他人干扰。

（6）社会地位：所从事的工作在人们的心目中有较高的社会地位，从而使自己得到他人的重视与尊敬。

（7）权力控制：获得对他人或某事的管理权，能指挥和调遣一定范围内的人或事物。

（8）经济报酬：获得优厚的报酬，使自己有足够的财力去获得自己想要的东西，使生活过得较为富足。

（9）社会交往：能和各种人交往，建立比较广泛的社会联系和关系，甚至能结识知名人物。

（10）安全稳定：希望不管自己能力怎样，在工作中要有一个安稳的局面，不会因为奖金、加薪、调动工作或领导训斥等而经常提心吊胆、心烦意乱。

（11）轻松舒适：希望将工作作为一种消遣、休息或享受的形式，追求比较舒适、轻松、自由、优越的工作条件和环境。

（12）人际关系：希望一起工作的大多数同事和领导人品好，相处在一起感到愉快、自然。

（13）追求新意：希望工作的内容经常变换，使工作和生活显得丰富多彩，不单调枯燥。

二、价值观与职业发展的关系

价值观在人们的职业生涯发展中往往起到极其重要的、决定性的作用，甚至可能超过了兴趣和性格对我们的影响。价值观直接影响和决定着一个人的理想、信念、生活目标和追求方向的性质。价值观的影响作用大致体现在以下两个方面。

1. 价值观对行为动机有导向作用

人们行为的动机受价值观的支配和制约。在同样的客观条件下，具有不同价值观的人，其动机模式不同，产生的行为也不相同，动机的目的方向受价值观的支配，只有那些经过价值判断被认为是可取的，才能转换为行为的动机，并以此为目标引导人们的行为。

2. 价值观反映个人需求，影响职业决策

价值观代表了一个人对于什么是好、什么是对，以及什么会令人喜爱的意见。每一个求职者由于其所受教育的不同和所处的环境的差异，在职业取向上的目标和要求也是不相同的。在许多场合，人们往往要在一些得失中作出抉择，而左右人们选择的，往往就是人们的职业价值观。例如，是要工作舒适轻松，还是要高标准的工资待遇；是要成就一番事业，还是要安稳太平。当两者有矛盾冲突时，最终影响人们决策的是存在于内心的职业价值观。

由于个人的身心条件、年龄阅历、教育状况、家庭影响、兴趣爱好等方面的不同，人们对各种职业有着不同的主观评价。从社会来讲，由于社会分工的发展，各种职业在劳动性质的内容上，在劳动难度和强度上，在劳动条件和待遇上，在所有制形式和稳定性等诸多问题上，都存在着差别。加上传统的思想观念等的影响，各类职业在人们心目中的声望地位便也有好坏高低之分，这些评价都形成了人的职业价值观，并影响着人们对就业方向和具体职业岗位的选择。

每种职业都有各自的特性，不同的人对职业意义的认识，对职业好坏有不同的评价和取向，这就是职业价值观。职业价值观决定了人们的职业期望，影响着人们对职业方向和职业目标的选择，决定着人们就业后的工作态度和劳动绩效水平，从而决定了人们的职业发展情况。哪个职业好？哪个岗位适合自己？从事某一项具体工作的目的是什么？这些问题都是职业价值观的具体表现。

职业价值观，注重于探讨在职业生涯规划和职业生活中，在众多的价值取向里，人们优先考虑哪种价值。在大多数人眼里，理想的职业应该是这样的：薪水高，福利好；工作环境（物质方面）舒适；人际关系良好；工作稳定有保障；能提供较好的受教育机会；有较高的社会地位；工作不太紧张，外部压力少；能充分发挥自己的能力特长；社会需要与社会贡献大。

三、正确对待职业价值观

（一）处理好职业价值观与个人兴趣和特长的关系

职业价值观、个人兴趣和特长是人们在择业时需要考虑的最重要的三个因素。大学生在确定价值观时，一定要考虑它是否与自己的兴趣和特长相适应。据调查，如果从事自己不喜欢的工作，80%的人难以在他选择的职业上成功；而如果选择了自己喜欢的工作则可以充分调动人的潜能，获得职业发展的源动力。此外，选择一项自己擅长的工作，也会事半功倍。

（二）处理好职业价值观的排序与取舍的问题

职业价值观的特性决定人们不会只有唯一的职业价值观，人性的本能也会驱使人们希望什么都能得到，但在现实生活中"鱼与熊掌不可兼得"。在职业选择中，人们却经常不能理性对待这个问题。既然是选择，就要付出代价，只有舍，才能得。所以，要对自己的职业价值观进行排序，找出你认为最重要、次重要的方面，并提醒自己不可能什么都得到，否则就会患得患失，终其一生也不清楚自己到底想要什么，更谈不上职业生涯的成功和对社会的贡献了。

（三）处理好职业价值观中个人与社会的关系

人不能离开社会而独立存在，一个人只有在工作中为社会做出贡献才能实现自己的职业价值。当然并不是说要忽略择业中的个人因素，只去尽社会责任，这样不但不利于个人，也是社会的损失。例如，让一个富于科学创造力、不善言辞的学者去从事普通的教师工作，可能使国家损失一项重大的发明，而社会不过多了一个也许并不出色的老师。因此，同学们在考虑职业价值观时要兼顾和平衡国家、社会需要和个人需要。

（四）处理好职业价值观与名利的关系

名利是一种成就的报酬，它是在确定职业价值观时要面对的问题。有些毕业生在求职时，将名利作为首选价值观，从根本上讲这并没有错，但是对于一些人来说，现在拥有的知识、能力、经验和阅历还不足以使其走上社会就获得名利。怀有一夜暴富的心理是不健康的，更是危险的，容易被社会上的不法分子利用，甚至误入歧途。特别是面对严峻的就业形势，更应理性地降低对金钱的期望值，把眼光放远一些，应尽可能地将自我成长和自我实现作为在毕业求职时的首选价值观。

〖训练活动〗

活动一：拍卖生活方式

目标：帮助参与者了解自己的价值观和它对事业选择的影响。

学习重点：让参与者更了解自己的价值取向，别人的价值观对自己的影响，自己的价值观和兴趣是否配合。

人数：20～30人。

时间：60～90分钟。

所需教具：以拍卖项目制成的拍卖卡（33张），拍卖锤一个，道具货币，生活方式拍卖表见表1-3（每人一份），拍卖项目附注解释（每人一份），《拍卖指南》（教师用）。

活动流程：

（1）教师在此活动中扮演拍卖官，学生则为参加者。在活动中，学生进入了一个虚拟世界，他们的梦想都可以用钱买回来。学生必须从拍卖表中选出他们想要的梦想，并在紧张刺激的拍卖过程中尽量争取他们希望买到的项目。

（2）每位学生可有2000元作投标用，但他们不一定要全部用清。每个项目的底价是100元，每次叫价亦以100元为单位。

（3）学生首先在拍卖表上选出他们希望得到的项目，并定下投标价。总投标预算不可多于2000元。拍卖开始后，可视情况用低于或高于他所定下的价钱竞投，但总开支一定不可以多于2000元。

（4）在拍卖的过程中，学生需记录自己及其他人的拍卖价，以便讨论时用。

（5）拍卖官（即教师）在进行拍卖时，不需依拍卖项目的次序出售项目，最好是把拍卖项目随意拿出来拍卖，使学生不能预计各项目会何时出现。

（6）若时间许可，可于每个项目卖出后，给学生数秒时间，让他们重新分配投标价钱。

（7）学生虽未能购入所有他们想得到的梦想，但他们最初设定的选择是反映他们的价值观的一个重要指标。

（8）整个拍卖活动结束后，教师方可与学生分享《拍卖指南》，作讨论之用。

讨论分享：

（1）每个拍卖项目代表不同的生活方式，也反映出不同的人生观和价值观。教师可与学生分享《拍卖指南》内提及的不同价值观。

（2）教师亦可就学生在拍卖过程中的感受作讨论。

（3）讨论问题：

　A. 你为什么会追求某些项目？

　B. 你在拍卖游戏中体会到自己有什么价值观？

　C. 你最希望在人生或工作中满足到自己的什么需要？

　D. 你有否受别人的影响，改变了自己的价值取向？

　E. 你的价值观和工作兴趣是否吻合？

表 1-3　生活方式拍卖表

请在表内填上你愿意为每个项目付出的最高价钱、你所投得的项目的价钱及其他项目的售价。

项目	你的底价	你的投标价	最后成交价
1. 500 万元基金			
2. 富有挑战性的生命			
3. 365 天环游世界			
4. 从没有苦闷的一刻			
5. 长寿			
6. 美酒佳肴任君选			
7. 健康的体魄			
8. 理想职业			

续表

项目	你的底价	你的投标价	最后成交价
9. 青春常驻			
10. 家佣服务			
11. 无忧信用卡			
12. 图书馆			
13. 运动比赛或节目入场券			
14. 私人岛屿			
15. 自由自在的生活			
16. 理想住宅			
17. 事业有成			
18. 打理自己的生意			
19. 免费音乐会或话剧或电影			
20. 没有歧视的世界			
21. 大名鼎鼎			
22. 友谊			
23. 艺术界的天之骄子			
24. 改善环境			
25. 学术成就			
26. 受重视的助人者			
27. 永恒的爱			
28. 自信心			
29. 完美的婚姻			
30. 健美的外型			
31. 模范父母			
32. 自知之明			
33. 改善别人的生活			

（4）教师可在讨论中指出人生的资源和时间是有限的（正如每人在拍卖游戏中只有2000元一样），而我们想得到的东西又会在不能预料的时间出现（正如拍卖项目没有顺序出现一样），因此学生宜细心思考究竟自己最想追求的是什

么，否则可能会浪费了宝贵的资源和时间。

拍卖项目及附注解释：

（1）500万基金。你23岁生日时，将可得到一个价值500,000人民币的基金，你每年可提取基金的7%作为利息收入。（财富）

（2）富有挑战性的生命。你将会生活在大自然的环境，它给你的挑战，你都可迎刃而解。你会感受到这种挑战的乐趣。（冒险、挑战）

（3）365天环游世界。你可在一年内环游世界，不用负担任何开支。你可选择任何自己喜欢的地方，做自己想做的事。（自由、悠闲）

（4）从没有苦闷的一刻。你将会是一个活力充沛的人，没有忧心苦闷的一刻。你身边的人都会羡慕你的活力。（有活力的生命）

（5）长寿。你将没有疾病的烦恼，并可活到超过100岁。（长寿）

（6）佳肴美酒任君选。（奢华的生活）

（7）健康的体魄。你将会是一个自律地做运动的人，并且享受运动带来的刺激和活力。（健康）

（8）理想职业。你将有一份梦寐以求的职业。你可设定工作的性质、薪金、晋升机会、跟什么人共事和工作地点等。（事业满足感）

（9）青春常驻。你可选择任何一个岁数，并停留在那个年龄。（青春）

（10）家佣服务。你将享有一生的家佣服务，包括洗熨、煮食、家居清洁等。（舒适的生活）

（11）无忧信用卡。你将拥有一张终身、没有签账限额的信用卡。你可在任何百货公司、商店购买你喜欢的东西，所有开支都有人为你付清，但你买的东西只可自用或是给家人用，不能转让给别人。（财富）

（12）图书馆。你将拥有你想选取的任何书籍，并可随时添加。（知识、智能）

（13）运动比赛或节目入场券。你和一个朋友可随意选择观看任何运动比赛或节目。（运动）

（14）私人岛屿。你将可独拥一世外桃源式的小岛，岛上备有一切生活所需。（财富、奢华的生活）

（15）自由自在的生活。你可随时随地做自己喜欢的事，不受任何打扰。（自由）

（16）理想住宅。你将拥有一专人特别为你及家人而设计的豪宅，该豪宅坐落的地点由你挑选。（财富、奢华的生活）

（17）事业有成。你将具备各种优秀的条件，令你事业有成。(事业满足感)

（18）打理自己的生意。(事业成就感、冒险)

（19）免费音乐会或话剧或电影。你将终身拥有免费观赏音乐会或话剧或电影的权利。(艺术)

（20）没有歧视的世界。你将举办一项活动，这活动可使世界不再存有歧视。(社会使命感)

（21）大名鼎鼎。你将会被公认为是一个有成就的人，并会被后世所景仰。(名气)

（22）友谊。你将会有一小撮很忠实及亲密的朋友，你可坦诚相对，并彼此珍惜这份友谊。(友谊)

（23）艺术界的天之骄子。你将拥有至高的艺术天分，艺术界都给予你至高的推崇。(艺术成就)

（24）改善环境。你将参与一青年活动，致力改善地球的环境。(关心环境)

（25）学术成就。你将会因在校内有出众的学术表现而获至高荣誉，并可有一奖学金。(学术成就)

（26）受重视的助人者。你将有能力、资源及影响力去帮助别人，你极其受人爱戴及钦佩。(社会使命感、帮助别人)

（27）永恒的爱。你和你的伴侣将彼此深爱对方，你们的互信与爱使双方都感觉到生命的真谛。(亲密关系)

（28）自信心。你将会在年轻时已可感受到自我实现的感觉，并可透过持续的学习和发展，继续成长。(成功感)

（29）完美的婚姻。你将拥有完美和谐的婚姻生活。(家庭)

（30）健美的外型。(外表)

（31）模范父母。(家庭)

（32）自知之明。你将非常了解自己的感觉和感受，这能力亦可帮助你更了解你身边的人。(内心世界)

（33）改善别人的生活。你将有能力及机会去改善不及你幸运的人的生活质素。(帮助别人)

活动二：澄清职业价值观

目标：帮助学生了解并澄清自己的价值观，在进行职业决策时能够有意识地运用自己的价值观作为评价标准。

学习重点：让学生更了解自己的价值取向，并能够对自己的价值观进行优先排序。

人数：20～30人。

时间：60～90分钟。

所需教具：价值观表30份，空白纸张若干，签字笔若干。

活动流程：

（1）阶段1。

从下列职业价值观中，挑选出其中五种对你来说最重要的价值，分别写在5张小纸条上。如果你认为重要的价值在表中没有列出，也可以另写。

人际关系/归属感、团队合作，物质保障/高收入，稳定，安全，创造性，多样性和变化性、新鲜感，乐趣，自由独立（时间，工作任务），被认可，受尊重，能帮助他人，能发挥自己的才能，成就感，成功，名誉，地位，自主独立，有学习/发展/成长的机会，权力（领导/影响他人）有益于社会，挑战性，冒险性，竞争，符合自己的道德观，工作环境、工作与生活平衡，家庭，朋友，亲密关系，健康，信仰，自由。

（2）阶段2。

给每一条对你来说很重要的价值下定义，并在纸条上写下来，即要达到什么样的水平你才能满意？个人对同一种价值的定义可能并不相同，比如，对于物质保障的理解，有的人可能认为是月薪至少3000元以上，而有的人可以接受2000元月薪的工作，但一定要有医疗保险。

（3）阶段3。

①如果你不得不放弃其中一条，你会放弃哪一条？将写有你准备放弃的价值的纸条与其他人交换。

②保留刚才别人给你的纸条，放在一边。现在，如果你不得不继续放弃剩下四条中的一条，你会放弃哪一条？再次与另一个人交换。

③继续下去，直到最后一条。这是否是你无论如何也不愿放弃的。

确定我的五样重要价值观及其定义（按重要程度排序）。

讨论分享：

①通过这个活动，你对于自己的价值观有什么样的了解和想法？

②在你的实际经验中，有没有符合你的职业价值观的工作？

【训练小结】

每个人都有自己独特的职业价值观,而且不论喜欢与否,生活中的一些人(如父母、同学、师长等)的价值观也常常会对我们产生影响。重要的不是去评判这些价值的对错,而是去考虑他们给自己的生活和职业发展带来的影响,并适时做出调整。没有一种职业能完全满足一个人所重视的各种价值观,因此,我们总是要不断地做出妥协和放弃,这是不可避免的,也是必要的。只有对自己的职业价值观进行澄清和排序,才能知道如何取舍。了解自己各种职业价值观的权重排序是非常必要的,占主动地位的职业价值观在选择职业时,将起着决定性作用。

第三节 挖掘优势能力

【基础知识】

一、能力、技能和职业能力

从心理学角度理解,能力是指顺利完成某种活动所具备的稳定的性格心理特征,它是顺利完成某一活动所必需的主观条件,直接影响活动效率。能力总是和人完成一定的活动相联系在一起的。离开了具体活动既不能表现人的能力,也不能发展人的能力。

(一)能力

哈佛大学加德纳认为,能力倾向(即潜能或智力)是多元的,是由同样重要的多种能力构成的,这就是著名的多元智能理论。他提出,人类的智能至少可以分成八个范畴:

①语言(Verbal/Linguistic);
②数理或逻辑(Mathematical/Logical);
③视觉或空间(Visual/Spatial);
④身体或动觉(Bodily/Kinesthetic);
⑤音乐或节奏(Musical/Rhythmic);
⑥人际交往(Inter-personal/Social);

⑦内省（Intra-personal/Introspective）；
⑧自然探索（Naturalist）。

（二）技能

能力按获得方式不同，一般分为能力倾向和技能两大类。能力倾向是指上天赋予的特殊才能，比如音乐、运动能力等；而技能是掌握并运用专业技术的能力，是经过后天学习和训练而培养的能力。辛迪·梵和理查德·鲍尔斯将技能分为以下三种类型。

1. 专业知识技能

如果把知识看成一种信息的话，那么知识性技能则是将信息进行分类、加工、整合等进行应用的一种能力，即知识本身是静态的，而知识性技能则是一种动态的表达。这类技能与专业学习或工作内容直接相关，需要经过有意识、专门的培训获得，不能迁移。专业知识技能并非只通过正式专业教育才能获得，它的获取还有下列途径：课程学习、课外培训、辅导班、自学，专业会议、讲座或研讨会，资格认证考试、证书，上岗培训，爱好、娱乐休闲、社会实践、社团活动、家庭责任等。

专业知识技能分为基础知识技能和专项知识技能。

基础知识技能指从事专门职业所必须掌握的最基本知识技能。较高层次知识技能的培养依赖于基础知识技能的掌握。以师范生为例，不管是历史、中文，还是美术或体育专业的学生，作为未来的教师，都应具备基础的教学知识技能，如表述技能、书写技能、信息处理技能等，即要有标准的普通话和良好的语言表达能力、扎实的三笔（钢笔、粉笔、毛笔）一画基本功以及应用现代教学媒体的能力等。这些技能都是教师不可或缺的技能，是教师的基本功。

专项知识技能指从事某种职业所必须掌握的某项或几项特殊知识能力。专项知识技能是在基础知识技能的基础上进一步发展起来的能力，它对于不同职业的从业者提出了更高的要求。如教师在掌握了基础知识技能外，在课堂上还应有板书变化技能、提问技能、强化技能、练习指导技能、课堂组织技能、教学技能的综合运用等多种知识技能。专项知识技能的高低决定了择业顺利与否，也决定了未来事业的成败。

2. 自我管理技能

良好的自我管理技能能够帮助个体更好地适应周围的环境，应对工作中出现的问题，因此它也被称为"适应性技能"。自我管理技能经常被看作个性品质，被用来描述或说明人具有的某些特征，常以形容词或副词的形式出现，如仔细的、慷慨的、喜悦的、欢快的、聪明的、高尚的等。自我管理技能无论是一个人先天具有的，还是后天习得的，都需要练习，它可以从非工作领域转换到工作领域。

3. 可迁移技能

人们所获得的各种技能之间可以相互作用，已经掌握的技能可能对新的技能起促进作用，也可能妨碍学习新的技能，这种现象叫做技能的迁移。可迁移技能的特征是它可以从生活的方方面面，特别是工作之外得到发展，却可以迁移应用于不同的工作之中，因此，也被称为"通用技能"。

（三）职业能力

与职业相关的能力指的是就业所需的技术和能力，它是人们从事某种职业的多种能力的综合。例如，教师只具有语言表达能力是不够的，还必须具有对教学的组织和管理能力，对教材的理解和使用能力，对教学问题和教学效果的分析、判断能力，对学生学习的指导、启发能力。

任何一个职业岗位都有相应的岗位职责要求，一定的职业能力则是胜任某种职业岗位的必要条件。因此，大学生在进行择业时，首先要明确自己的能力优势以及胜任某种工作的可能性。条件允许的情况下，可以由专业职业指导人员帮助分析，根据自身的学历状况、职业资格、职业实践等来确定求职者的职业能力，必要时可以通过心理测试作为参考，在基本确定求职者的职业能力和发展的可能性的基础上帮助求职者进行职业选择。

职业能力是决定一个人能否进入职业的先决条件，也是一个人能够胜任工作的客观条件。无论从事何种职业，都要有一定的技能作为保证。在一个人的职业生涯中，要从事多种社会生产活动，必须具备多种能力与之相匹配。职业能力能够说明人的能力在不同领域的表现情况，即在某些领域具有良好能力表现，而在另一些领域的能力可能相对欠缺。了解自己的能力倾向，并根据职业活动对职业技能进行培养，对于职业生涯发展意义重大。

二、能力与职业发展的关系

正所谓"尺有所短，寸有所长"，每个人所具备的能力也不尽相同。因此，在进行职业选择时，要从自身的能力出发，充分考虑到自身能力与职业是否相匹配。

1. 能力是职业选择的现实基础

能力是一个人能否进入职业的先决条件，是能否胜任职业工作的客观条件。

无论从事什么职业总要有一定的能力作保证，社会上任何一种职业对工作者的能力都有一定的要求。如会计、出纳、统计等职业的从业者必须有较强的计算能力，工程、建筑及服装设计等职业的从业者要具备空间判断能力，运动员、飞行员、外科医生、舞蹈演员等则要具备眼与手的协调能力。人在其一生之中，要从事各种各样的社会生活和社会生产活动，必须具备多种能力与之相适应。职业能力是个体客观具备的，是其进行职业选择的现实基础。个体只有具备相应的职业能力，才能胜任相应的职业工作任务，否则，任何的职业选择都毫无成功可言。

2. 能力与职业选择相匹配

不同的个体之间存在能力的差别，不同的职业也有不同的能力要求，因此，进行职业选择时，要充分考虑能力与职业的匹配。一方面，应当注意一般能力与职业之间的关系。一般能力是多数职业的共同的基本要求，具有通用性，因此，进行职业选择前就首先要具备一般能力。另一方面，应当注意特殊能力与职业的关系，如同盖房用的木料，粗者为梁，细者为椽，直者为柱，曲者为拱，整者为门，碎者为窗，硬者为面，软者为里，各有所用，各得其所。在选择职业时，同学们不能好高骛远或单从兴趣爱好出发，要实事求是地检测自己的学识水平和职业能力，这样才能找到有"用武之地"的合适工作。

三、职业能力对职业发展的影响

1. 职业能力是就业的关键

作为大学生，要想谋求理想的职业，立足于岗位工作，并在职业岗位上做出成绩，不仅要具有一定的科学文化知识和思想道德素质，还要具备良好的职业能力。职业能力是就业的关键，是获得职业成功的前提。

显而易见，面对目前严峻的就业形势，就业竞争会日益激烈，这种竞争将突出体现为职业能力的竞争。在优胜劣汰的市场竞争中，不具备一定的职业能力，就意味着就业的失败，就意味着可能失业和再次择业。据调查，我国国有企业下岗人员从被迫下岗到再就业难的重要的原因，就是相当一部分下岗人员缺乏职业能力，没有过硬的技术本领。

2. 职业能力推动职业生涯快速发展

具有较高的职业能力，不但是成功就业的敲门砖，还是保职升职的有力保障；反之，如果职业能力不足，既使暂时获得了岗位，也会因不能胜任而遭到淘汰。具有较好的职业能力，会让自己在工作时游刃有余，获得较强的工作愉悦感和成就感。

在工作过程中，职业能力强的人，一般会取得更好的工作绩效，为组织创造更大的价值，所以比职业能力差的人有更多的职业晋升机会，从而获得更快更好的职业生涯发展；随着能力的积累和发挥，职业发展空间就会越来越大，而随着发挥空间的增大，职业能力的提升也会更快更多，形成良性循环，最终取得生涯的成功。

【训练活动】

活动一：评估基本职业能力

这个活动可以帮助参与者明确自身的优势，增强求职自信心，同时为进一步自我提升找到方向和目标。

（1）阶段1。

参与者对照表1-4列出的技能，评价自身目前的能力情况。

表1-4 基本职业能力列表

基本能力	优秀	良好	一般	较差	很差
言语理解					
逻辑思维					
分析判断					
数字运算					
空间思维					
创新应变					
研究技能					
手工技能					
专业知识					
时间管理					
计划统筹					
有效执行					
书面交流					
团队协作					

续表

基本能力	优秀	良好	一般	较差	很差
压力管理					
领导才能					
人际交往					

（2）阶段2。

通过小组讨论，参与者询问周围认识的人——家人、朋友、同学——眼中的自己所擅长的事情，做好比对记录。

（3）阶段3。

建立你的职业技能简介，写下来并时刻提醒自己。考虑一下你是否经常运用你的能力。

活动二：梳理知识技能

对下面的经历进行分析，尽可能全面地列出你所掌握的知识性技能，再从中分别挑选出你自己感觉比较精通和你在工作中应用或希望应用的知识技能，最后排列出对你来说最重要的五项技能。

①在学校开设的课程中学到的知识性技能（如英语、电脑、操作技能等）：

_____

②在工作（包括兼职和暑期社会实践）中学到的（如电脑绘图技能等）：

_____

③从课外培训、辅导班、研讨班学到的（如绘画技能等）：

_____

④从参加专业会议中学到的（如大学生如何处理人际关系等）：

_____

⑤从志愿者工作中学到的（如照看孤寡老人等）：

_____

⑥从业余爱好、娱乐休闲、社团活动中学到的（如摄影、缝纫技术等）：

_____

⑦通过自学、看电视、听收音机、请教等方式学到的（如钢琴演奏、PPT制作技术等）：

⑧请家人和同学帮助回忆你在校内外都学习过一些什么专业知识技能（不管程度如何）：

对你来说最重要的五项技能是：

在盘点了自己现有的知识性技能以后，把你的思绪转向未来，想想哪些知识性技能你目前还不具备但希望自己拥有。可以通过一些什么样的途径来获得这些知识性技能。

⑨我尚不具备但希望拥有的知识性技能：

⑩我计划通过以下途径掌握以上知识性技能：

训练小结

每个人所具备的基本职业能力与技能在能力结构和层次方面存在着差异，这些差异影响着职业胜任性、匹配性与适应性。在探索自己能力与技能状况时，我们要特别注意梳理出自己的核心优势能力与技能，以明晰自我的职业竞争优势。当找到看重、喜欢并适合的职业时，我们发现当前所拥有的能力和技能不足以满足其职业要求，这就需要我们有针对性地学习以提升相应的能力与技能，尽可能地培养并形成自己这方面的优势。当然能力与技能的培养与提升，并不困难，通过相应的学习培训即可达到。

第四节 探索职业兴趣

基础知识

一、认识兴趣与职业兴趣

兴趣是个体力求认识某种事物或从事某项活动的心理倾向，它表现为个体对某种事物或从事某种活动的选择性态度和积极的情绪反应。

兴趣具有以下三个特点。

1. 兴趣是高度卷入的积极情绪体验

"兴趣"的英文是 interest，拆开来看是 inter-est，是指人进入某项活动之后，具有了一定的经验。美国生涯心理学家萨维克斯进一步解释，兴趣就是人与其所接触的事物融为一体的经验。美国芝加哥大学心理学教授米哈利花 30 多年的时间对数百名攀岩爱好者、国际象棋选手、运动员和艺术家进行了访谈，他们在谈到自己的职业时，都会不约而同地提到一种"高度卷入"的状态，这种对工作忘我的投入让他们觉得是最愉悦和最满足的。

2. 兴趣在实践中产生、变化和发展

兴趣是基于对事物、活动的认识和体验，而不是出自凭空的想象。这种了解可以是基于直接经验，也可来自于间接经验。直接经验即自己亲身去感受、实践，间接经验来自于观察学习或听人介绍。

3. 兴趣的实现往往需要理性的付出

一旦兴趣与职业结合，形成职业兴趣，需要个人站在生产者的角度看待职业，愿意付出努力，享受工作中的乐趣，同时接受过程中不那么有趣的部分。常常有人用诺贝尔物理奖获得者、科学家丁肇中说的"兴趣比天才更重要"来强调兴趣对于职业发展的重要性，但可能忽略了丁肇中还说过，"任何科学研究，最重要的是要看对自己所从事的工作有没有兴趣，换句话说，也就是有没有事业心，这不能有任何强迫……比如搞物理实验，因为我有兴趣，我可以两天两夜，甚至三天三夜在实验室里，守在仪器旁，我急切地希望发现我所要探索的东西。"表层的兴趣源于偏好，这让人愿意去尝试、能够去行动，容易被满足，也容易消逝；而深层的兴趣源于世界观、人生观、价值观，让人们愿意为之牺牲，不计名利报酬、忘我地工作，这就是责任感和使命感，是它们让人坚持到最后。

职业兴趣是指人们对某种职业活动的关注程度以及乐于从事某职业活动的稳定、积极而持久的心理倾向。它是一个人探究某种职业或从事某种职业活动所表现出来的特殊性格倾向，使个人对某种职业给予优先的注意，并具有向往的情感。职业兴趣是人们职业生涯取得成功的重要推动力，浓厚的职业兴趣能够最大限度调动人的潜能，使他长期专注于某一方向，做出艰苦的努力，并最终取得职业生涯的成功。

职业兴趣是以一定的素质为前提，在生涯实践过程中逐渐发生和发展起来的，它的形成与个人的个性、自身能力、实践活动、客观环境和所处的历史条件有着密切的关系，因此，职业规划对兴趣的探讨不能孤立进行，应当结合个人的、家庭的、社会的因素来考虑。

二、职业兴趣与职业发展的关系

由于兴趣爱好不同，人的职业兴趣也有很大的差异。有人喜欢具体工作，如室内装饰、园林、美容、机械维修等；有人喜欢抽象和创造性的工作，如经济分析、新产品开发、社会调查和科学研究等。职业兴趣对职业生涯规划及职业选择的影响主要表现在以下四个方面。

1. 兴趣是职业选择的重要依据

爱因斯坦说过，"兴趣是最好的老师。"兴趣是一种强大的精神力量，兴趣可以使人集中精力去获得喜欢的职业知识，启迪智慧并创造性地开展工作。美国著名的职业指导专家约翰·霍兰德说过，"虽然我们做了几十年的研究，但预测个人职业选择最有效的方法却是询问这个人自己想做什么。"

当一个人对某种职业发生兴趣时，他就能发挥整个身心的积极性，就能积极地感知和关注该职业知识、动态，并且积极思考、大胆探索，就能情绪高涨、想象丰富，就能增强记忆效果，增强克服困难的意志。反之，"强按牛头不喝水"，是不会取得良好效果的，当然也就很难在该职业上发挥个人的优势，做出巨大贡献了。正像大学生们日常生活中喜欢从事自己感兴趣的活动一样，具有一定兴趣类型的大学生更倾向于寻找与此有关的职业，特别是在外界环境限制较小时，他们更倾向于选择自己感兴趣的职业。

2. 兴趣可以提高工作效率，充分发挥个人才能

一个人对某一方面的工作有兴趣时，枯燥的工作会变得丰富多彩、趣味无穷。兴趣使工作不再是一种负担，而是一种享受，因为兴趣可以调动人的全部精力，以敏锐的观察力、高度的注意力、深刻的思维和丰富的想象力投入工作，促进能力的发挥，兴趣和能力的合理结合会大大提高工作效率。曾有人进行过研究，如果从事自己感兴趣的职业，则能发挥你的全部才能的80%～90%，而且长时间保持高效率而不感到疲劳；而如果对所从事工作没有兴趣，只能发挥全部才能的20%～30%。

3. 兴趣是保证职业稳定、职场成功的重要因素

对某一职业有浓厚的兴趣，是智力开发的"孵化器"。兴趣是工作动力的

主要源泉之一。对大学生来说，对工作感兴趣，就愿意钻研，就会出成就——这正是兴趣的作用所在。一般来说，兴趣是大学生职业生涯适应的一个基本方面，可以为职业生涯选择提供有效的信息。兴趣主要用于预测你的工作满意感和工作稳定性，工作满意是职业生涯适应的一大标志。在其他条件相似的情况下，从事自己感兴趣的职业不但让自己感到满意，而且能够令工作单位感到满意，并由此导致工作的长期性和稳定性。

4. 兴趣可增强个人的职业适应性

把兴趣转化为工作技能或者培养新的兴趣，本身就是一种工作适应能力。广泛的兴趣还可以让人定位多变的环境，就算变换工作性质也能很快熟悉与适应工作。如需变换工作，只要自己感兴趣，就能够很快地学会这门技能，求职成功，并能够在新的岗位很快地熟悉和适应新的工作。兴趣是心理上、情感上的职业工作的动力和支撑力，在感兴趣的职业岗位上更易取得工作成就，一旦享受到成功的愉悦，会受到强激励，更积极参加职业活动，勇于排除干扰，提高职业水平，强化职业适应性。另外，在工作中难免会遇到挫折和困难，在自己有兴趣的岗位上就会更加有勇气和决心面对挫折解决困难。兴趣可以激发动力，把个人潜能最大限度地调动起来，通过付出艰苦的努力，克服一切困难，专注于自己的职业发展方向，最终取得职业成功。

职业兴趣是个体追求某种职业或从事某种职业的过程中表现出来的个性倾向。大学生在选择长期、稳定的职业生涯时，不仅需要知道自己有能力从事什么样的工作，更重要的是需要知道自己对哪类工作感兴趣。职业兴趣可以使个体在选择职业的过程中优先选择某些职业，它能够在职业定位和职业选择中产生巨大的影响，有助于发掘智慧、潜力和工作效率。

三、了解职业兴趣的类型

职业心理学家普遍认为，职业有三种主要类型：
① 与人合作；
② 与数据打交道；
③ 科学研究。

你感兴趣的也许不止其中一种。事实上，职业世界也确实有很多工作要求你把人、数据、实验方法三方面结合起来。举个例子，机械工程师是我们理工院校在应聘过程中经常会遇到的一个职位。很多人会认为它是个技术活，从事工具、机器和其他设备设计、安装、操作和维护等工作，其工作内容主要包括：

（1）阅读并解释蓝图、技术图纸、零件图和电脑制作的图纸、报告等；

（2）发展、协调、监督生产的各方面，包括生产方法的选择，装配和产品设计的操作；

（3）与工程师和其他人员商讨操作程序，解决系统故障，提供技术信息；

（4）研究和分析顾客的设计建议、产品规格、手册和其他数据以评估设计的可行性，成本、设计和维护的需求与应用等；

（5）详细指定系统元件或指导产品的更改以保证符合工程设计的性能要求；

（6）应用工程知识研究、设计、评价、安装、操作和维护机械产品、设备、系统和处理过程。

……

我们认为要完成以上这些工作内容，其专业技能是基础，但与客户、工程师之间的研讨、协同合作也是必不可少的。而且，随着工作经验的积累，工程师可以得到职责更广的工作，包括技术服务和开发干事，团队领导，研究指导和经理，还有一些机械工程师会把他们的技术知识应用于市场营销，另一些则会开设自己的业务或咨询公司，另一个发展途径就是进入管理职位。

[**训练活动**]

找到你的职业兴趣最直接的方法，是问你自己。美国著名的职业指导专家约翰·霍兰德曾经说过，预测个人职业选择最有效的方法是询问这个人自己想做什么。你可以不断地去尝试，去寻找，通过你亲身的体验和感受来确定你感兴趣的职业。

但是你的时间、精力都是有限的，你不可能亲自尝试所有的职业，霍兰德兴趣岛测试是一个被广泛运用的职业选择活动。通过选择岛屿，参与者可以洞察自己真正的职业兴趣，发现自己所喜欢和不喜欢的职业内容，帮助自己在职业定位时把握方向。

活动一：选择旅游岛

恭喜你！你获得了一次免费度假游的机会，有机会去下列六个岛屿（图1-1）中的一个进行旅游，时间可能几天，也可能永远。请不要考虑其他因素！仅凭自己的兴趣按一、二、三的顺序挑出你最想前往的三个岛屿。

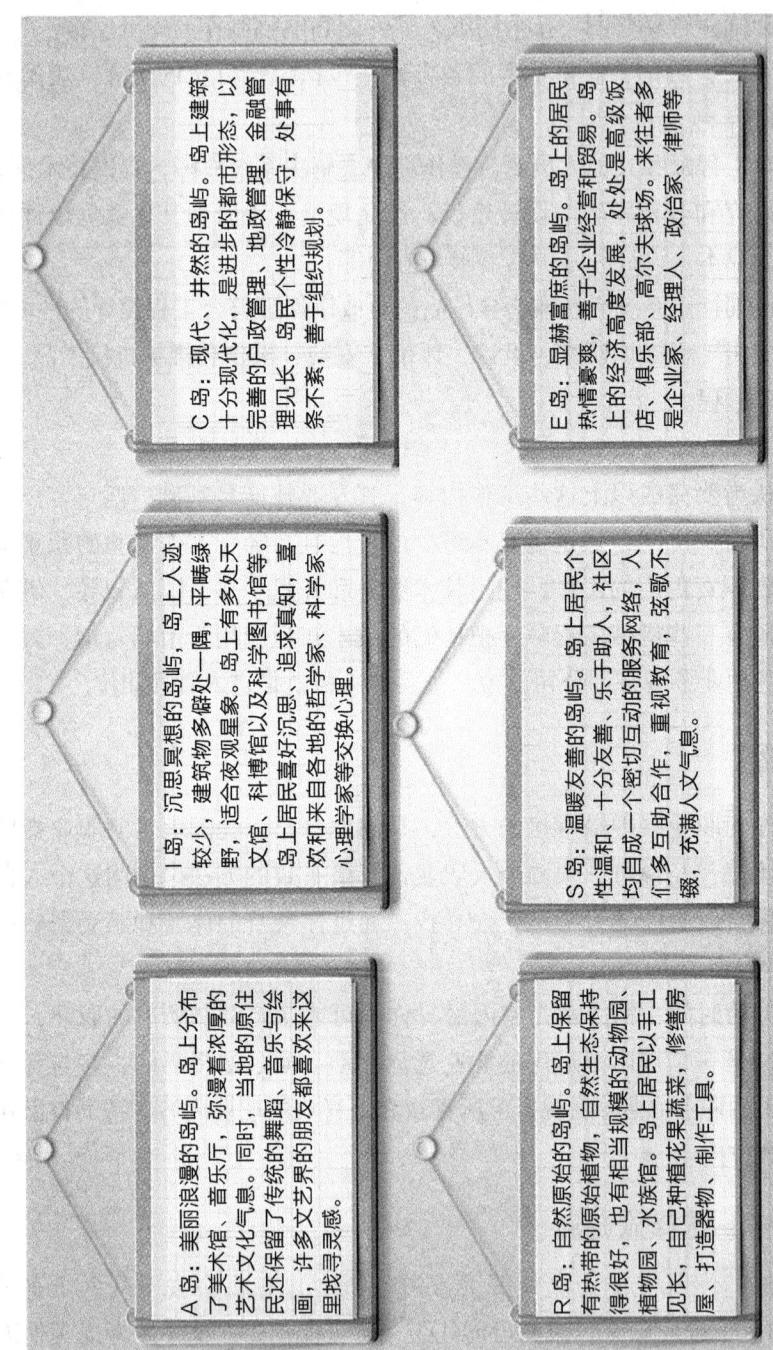

图1-1 六个岛屿

（1）阶段1。

需要参与者思考的问题有：

- 如果你要在岛上生活7天，你会选择哪一个岛？
- 如果你要在某个岛上呆上30年，你会选择哪一个岛？
- 再给你最后5秒，你会做怎样的选择？

参与者总共有30秒钟时间回答以上问题，选择自己喜欢的岛屿进行分组，将岛屿布置成自己喜欢的风格。

注意：参与者不应花太长时间考虑自己的选择，而应很快写下头脑中首先想到的东西。

（2）阶段2。

每个参与者和同伴讨论他们的选择，时间为10分钟，画出每个岛屿的logo，进行展示。

（3）阶段3。

组织者讲解六个岛屿代表六种典型的职业生涯兴趣类型和典型职业。时间为5分钟。

你需要考虑的问题有：

- 主要兴趣和辅助兴趣是否有重合区域？
- 结合现实生活中的招聘岗位需求，你会做出什么选择？

小结：RIASEC岛分别代表什么选择？

职业兴趣类型对应的职业如下。

①选择R岛。

类型：现实型（Realistic）

喜欢的活动：愿意从事事务性的工作，喜欢户外活动或操作机器，而不喜欢在办公室工作。

喜欢的职业：制造业、渔业、野外生活管理业、技术贸易业、机械业、农业、技术、林业、特种工程师和军事工作。

②选择I岛。

类型：研究型（Investigative）

喜欢的活动：处理信息（观点、理论），喜欢探索和理解、研究那些需要分析、思考的抽象问题。喜欢独立工作。

喜欢的职业：实验室工作人员、生物学家、化学家、社会学家、工程设计师、物理学家和程序设计员。

③选择 A 岛。

类型：艺术型（Artistic）

喜欢的活动：创造，喜欢自我表达，喜欢写作、音乐、艺术和戏剧。

喜欢的职业：作家、艺术家、音乐家、诗人、漫画家、演员、戏剧导演、作曲家、乐队指挥和室内装潢人员。

④选择 S 岛。

类型：社会型（Social）

喜欢的活动：帮助别人，喜欢与人合作，热情关心他人的幸福，愿意帮助别人解决困难。

喜欢的职业：教师、社会工作者、牧师、心理咨询员、服务性行业人员。

⑤选择 E 岛。

类型：企业型（Enterprising）

喜欢的活动：喜欢领导和影响别人，或为了达到个人或组织的目的而善于说服别人。希望成就一番事业。

喜欢的职业：商业管理、律师、政治运动领袖、营销人员、市场或销售经理、公关人员、采购员、投资商、电视制片人和保险代理。

⑥选择 C 岛。

类型：常规型（Conventional）

喜欢的活动：组织和处理数据，喜欢固定的、有秩序的工作或活动，希望确切地知道工作的要求和标准。愿意在一个大的机构中处于从属地位。

喜欢的职业：会计师、银行出纳、行政助理、秘书、档案文书、税务专家和计算机操作员。

活动二：定位职业类别象限

正如前面介绍的，人们经常喜欢做的事情是有类别区分的，比如说，有的人特别喜欢和人在一起，他们只有在与人互动的时候，才能体会到生活的美妙与自由（people）；有的人喜欢和电脑、体育运动等事物打交道（things）；有的人很容易记住老师布置作业时的数量与时间节点（data）；有的人还没听清楚老师布置作业的内容，脑子里就开始冒出很多新奇的想法怎么来做这些作业（idea）。

请参与者根据自己的情况选择职业类别象限（图1-2），根据自己的喜欢程度从0～5分打分，得到每个人的职业类型点。

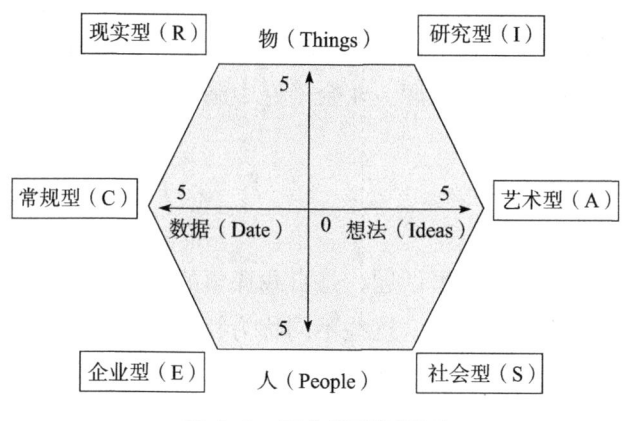

图1-2　职业类别象限图

[训练小结]

　　Prediger（1993）在Holland六边形模型的基础之上加上了两个维度——人和物维度、数据和观念维度——形成了维度模型。通过以上两个活动，基本可以确定你的适合职业类群。课后你可以参考《霍兰德职业兴趣索引》，拓展自身职业类群的视野。

　　当然会有部分相对兴趣类型的人，在寻找完全匹配的工作时往往会比较困难，可以考虑包含某种的，业余生活中寻找工作未能满足的兴趣。现实中人们往往难以单纯从事自己喜欢的工作，比如你们专业已经基本确定，考研是出路之一，但是更可行的办法是"主动适配"。同一专业也可以有很多职业，比如律师，社会型的可以做青少年法律援助、弱势群体援助，企业型的可以做商业律师；同样是工科专业，你可以去创意部、研发部，也可以去工程部、销售部。即使是完全相对兴趣类型，如果你是计算机专业的，可是偏偏是艺术型的，怎么办？可以到《电脑世界》这样的杂志社去工作，两相结合，一定程度上满足自身兴趣。当然，完全适配只是我们的理想目标，不断接近，不放弃对自己兴趣的重视才是我们想要的。

　　通过上面的活动，相信你已经找到了自己的职业兴趣所在，也许你会庆幸，我现在还大一，还有机会换专业，那么恭喜你，你还可以选择自己喜欢的专业学习，有更多的时间为进入你向往的职场世界而努力。也许你会感叹，我已经面临毕业，专业对口的岗位与我的兴趣一点也不对口，我应该怎么办？那么，问问你自己，你对感兴趣的工作能胜任吗？如果可以，即使与专业不对口，又如何呢？如果不能胜任，找一份与你专业相近的工作，而且你又能胜任，在成功中不断培养兴趣，或者在兼职、业余爱好中满足你的兴趣爱好，也是不错的选择。

训后实践

认识自己，是人类的永恒话题，是自我探索的根本内容。每个人都是独一无二的，都有与众不同的特点，这些不同称为特质。源于个人特质的不同，人的职业生涯因而具有其独特性。要真正做到深入、正确认识自己并不容易，我们需要在不同阶段做连续的探索。

一般来说，我们可以从职业能力与技能、职业兴趣、职业价值观及职业性格四个维度进行职业自我的认知与探索。我们可以通过梳理自己的核心能力与优势技能、挖掘职业兴趣、澄清工作价值观和明晰职业性格的基础上，综合分析与权衡，找到其"交集"，进而确定最适合自己的职业定位与职业生涯发展规划。

另一方面，全面充分、系统深入地了解职业自我，有助于在职业探索的过程中排除干扰、减少混乱，有的放矢；有助于在职业选择与职业生涯规划的过程中做到避免盲目与合理精准。我们都应该掌握职业自我探索的基础知识、基本方法和常用测评工具，科学决策，找到适合自己的职业生涯方向。

通过以上认识自我训练之后，再做如下一些学习与工作，可进一步解决职业选择可能遇到的个性化问题，提升训练效果。

- 观看电影《舞动人生》(*Billy Elliot*)，写一篇观后感的文章。
- 通过学校就业信息网或者其他网站进行相关的职业测评，分析测评报告，如有疑问，请记录下来。
- 浏览常见的招聘网站（如学校就业信息网、智联招聘、BOSS直聘等），筛选出感兴趣的单位和职位，梳理出最理想的10条招聘的详细信息。

第二章　职业世界探索训练

【训练导言】

　　这里，职业世界是指施展理想抱负与实现职业生涯发展规划的外部环境与条件。职业世界是多姿多彩的，又是动态发展变化的。职业世界的现实状况和未来发展趋势，是职业抉择与职业定位的客观依据。通过上一章的训练，我们从自我角度出发，已基本确定职业选择的主观愿望与需求。而要作出合理的、最终的职业选择，还需要从职业外部世界的客观需求与发展状况来寻求机会。

　　现在，想一想，自己是否可以准确地回答以下问题：

- 行业、职业、职位和工作有哪些区别？
- 行业、职业和职位有哪些类别，你对哪些类别有深入的了解？
- 未来行业、职业有哪些发展趋势？
- 自己心仪的行业与职业人才市场需求与素质要求如何？
- 探索职业应了解哪些信息，搜集整理职业信息有哪些方法和工具？
- 如何分析职业信息，如何高效利用职业信息作出科学职业选择？

　　……

　　美国哲学家约翰·杜威（John Dewey）说，幸福的关键是发现自己适合做什么并确保有机会去做。下面的训练内容，将带领我们去认知职业世界，探索职业环境，掌握职业信息搜集与分析利用的方法，帮助我们作出符合职业世界需求的职业抉择。

【训练目标】

　　认知目标：

（1）掌握行业、职业与产业的分类，以及职业发展环境的分析方法。

（2）理解职业信息对于求职就业的重要价值。

能力目标:

(1) 能根据个人实际有针对性地搜集、整理、分析和利用职业信息。

(2) 会通过各种方式探索行业职业需求状况，做好充分的职业准备。

【训练案例】

一、案例基本情况

赵某，女，上海市某师范大学计算机专业三年级学生，学习成绩优异，平均学分绩点均在3.8以上，多次获得国家级、上海市级奖学金，担任院学生会干部，参与组织多项活动，是校辩论队成员。自大三下学期开始，身边的同学纷纷准备起公务员、研究生考试，而赵某陷入纠结，她对自己未来有三种考虑：中学信息技术教师、销售总监、本专业研究生。

1. 中学信息技术教师

赵某很喜欢当老师，而且已经参加了教师资格考试，她认为中学信息技术教师的职业和自己专业对口，工作也比较稳定，但目前社会需求量并不大。

2. 销售总监

赵某希望毕业后用10年的时间成为一家上市公司的销售总监，她觉得这个职业符合自己的性格，而且薪酬非常丰厚，在暑假的时候赵某还兼职做过销售，业绩并不比老员工差。

3. 本专业研究生

赵某的父母都是高校教师，父母希望她能继续深造，读到博士，将来或到高校任计算机专业教师，或从事人工智能领域研究工作。赵某很喜欢教师工作，而且学习成绩优异，考研压力并不大，但她不太喜欢从事研究工作，感觉特别枯燥。

表2-1是赵某利用生涯决策平衡单作出的职业决策的结果：

表2-1 生涯决策平衡单

选择项目		加权分数					
考虑因素		重要性的权数 （1～5倍）+	中学教师		销售总监		考研
			—	+	—	+	—
个人物质方面的得失	1.符合自己的理想生活方式	5		8		7	9
	2.适合自己的处境	4		8	6		7

续表

选择项目 考虑因素		重要性的权数 （1～5倍）	中学教师		销售总监		考研	
			+	—	+	—	+	—
个人物质方面的得失	3.有较高的社会地位	4	5		8		9	
	4.工作比较稳定	5	8			9	9	
他人物质方面的得失	1.优厚的经济报酬	2		8	8		9	
	2.足够的社会资源	3		6	7		6	
个人精神方面的得失	1.适合自己的能力	4	8		8		7	
	2.适合自己的兴趣	5	7		7		8	
	3.适合自己的价值观	5	7		5		5	
	4.适合自己的个性	4	6		8		6	
	5.未来发展空间	5		3	8		9	
	6.就业机会	4	9		8			9
他人精神方面的得失	1.符合家人的期望	4	6			7	9	
	2.与家人相处的时间	5	8			8	9	
加权后合计			358	49	330	113	433	45
加权后得失差数			309		217		388	

赵某通过生涯决策平衡单的决策之后，她的决策方案的得分分别是：教研（高校计算机专业教师）＞中学信息技术教师＞销售总监，综合平衡之后，高校教师较为符合赵某的职业生涯目标。在进行职业选择时，赵某最为看重的职业是：是否符合自己的兴趣、职业价值观、职业是否有发展空间、是否是自己的理想生活的需要等几个方面。

二、案例分析与启示

在使用决策平衡单时，重点解释并确定各项考虑因素内容、分值及权重。引导学生在每一项考虑因素中，要结合自身特点和实际需求。例如，销售总监虽然在薪酬和资源获取方面高于高校教师和中学教师，但这并不是赵某看重的因素。通过咨询，赵某决定考研继续深造，因为高校教师的职业更加符合自己的生活方式和价值观。

第一节　了解职业世界

[基础知识]

一、职业与行业、产业的分类

（一）职业分类

所谓职业分类，是采用一定的标准和方法，依据一定的分类原则，对从业人员所从事的各种专门化的社会职业所进行的全面、系统的划分与归类。

《中华人民共和国职业分类大典》（以下简称《职业分类大典》）是我国对职业进行科学分类的权威性文献。在深入分析我国社会职业构成的基础上，突破了过去以行业管理机构为主体，以归口部门、单位甚至用工形式来划分职业的传统模式，采用了以从业人员工作性质的同一性作为职业划分标准的新原则，并对各个职业的定义、工作活动的内容和形式以及工作活动的范围等作了具体描述，体现了职业活动本身固有的社会性、目的性、规范性、稳定性和群体性的特征。

《职业分类大典》将我国职业归为8个大类，66个中类，413个小类，1838个细类（职业）（自《职业分类大典》出版以后，每年都要出增补版本，增补新增加的职业类型）。8个大类分别是：

第一大类：国家机关、党群组织、企业、事业单位负责人，其中包括5个中类，16个小类，25个细类；

第二大类：专业技术人员，其中包括14个中类，115个小类，379个细类；

第三大类：办事人员和有关人员，其中包括4个中类，12个小类，45个细类；

第四大类：商业、服务业人员，其中包括 8 个中类，43 个小类，147 个细类；

第五大类：农、林、牧、渔、水利业生产人员，其中包括 6 个中类，30 个小类，121 个细类；

第六大类：生产、运输设备操作人员及有关人员，其中包括 27 个中类，195 个小类，1119 个细类；

第七大类：军人，其中包括 1 个中类，1 个小类，1 个细类；

第八大类：不便分类的其他从业人员，其中包括 1 个中类，1 个小类，1 个细类。

（二）行业分类

行业分类是不同于《职业分类大典》的另外一种分类模式，主要是依据按经济活动性质的同一性进行分类的原则，即主要按企业、事业单位、机关团体和个体从业人员所从事的生产经营活动或其他社会经济活动性质进行行业分类，而不按其所属行政管理系统分类。某一行业就其实质来说是指从事一种或主要从事一种活动的所有单位的聚合体。

我国 2017 年第四次修订的《国民经济行业分类》对行业门类、大类、中类和小类进行了调整。新行业分类标准为 20 个行业门类，97 个行业大类，473 个中类，1380 多个小类。主要分类如下：

A　农、林、牧、渔业

B　采矿业

C　制造业

D　电力、热力、燃气及水生产和供应业

E　建筑业

F　批发和零售业

G　交通运输、仓储和邮政业

H　住宿和餐饮业

I　信息传输、软件和信息技术服务业

J　金融业

K　房地产业

L　租赁和商务服务业

M　科学研究和技术服务业

N　水利、环境和公共设施管理业

O　居民服务、修理和其他服务业

P 教育

Q 卫生和社会工作

R 文化、体育和娱乐业

S 公共管理、社会保障和社会组织

T 国际组织

(三) 产业的分类

产业是国民经济中基于共同标准划分的部分的总和，又是具有相同性质企业或组织群体的集合。在《辞海》中，产业是指由利益相互联系的、具有不同分工的、由各个相关行业所组成的业态总称，尽管它们的经营方式、经营形态、企业模式和流通环节有所不同，但是，它们的经营对象和经营范围是围绕着共同产品而展开的，并且可以在组成的业态里的各个行业内部完成各自的循环。

目前，国际上普遍认可产业划分是按照人类生产发展的历史顺序，即第一产业是农业，第二产业是加工制造业，第三产业是服务业。1985年，国家统计局明确地把我国产业划分为三大产业：把农业（包括林业、牧业、渔业）定为第一产业，把工业（包括采掘业、制造业、自来水、电力、蒸汽、煤气）和建筑业定为第二产业，把第一、二产业以外的各行业定为第三产业。

随着电子、信息技术的迅猛发展，信息技术渗透到了社会和经济的各个领域，近些年，从国际到国内又把信息产业称为第四产业。信息产业的发展不仅加快了市场经济全球一体化的发展步伐，同时打破了原有的一些产业和行业的格局，产业和行业需要不断地加速调整和重新划分以适应新的形势。新能源、新材料、节能环保、生物、高端装备制造等新兴产业不断涌现。

根据《国务院关于加快培育和发展战略性新兴产业的决定》的要求，为推动"十二五"国家战略性新兴产业发展规划顺利实施，国家统计局为满足统计上测算战略性新兴产业发展规模、结构和速度的需要，特制定了《战略性新兴产业分类》(2012)(试行)，具体内容可以到国家统计局网站查询。

产业、行业、职业都是社会分工的产物，是社会生产力不断发展的必然结果，这是它们在本质上的共同点。在社会发展中，随着新技术的出现，产生了新产品及相应职业的从业人员。随着新产品的生产及相应从业人员数量的不断扩张，新的行业逐渐形成，当新行业发展到一定规模时，就会与其他相关行业进行整合，依据发挥作用的程度并入或形成新的产业。产业、行业、职业的不同之处是它们在国民经济领域中，从着眼点的层次上是由高到低，概念上涉及的范围是由大到小。产业的着眼点是生产力布局的宏观领域，体现的是以产业为单位的生产力布局上的社会分工，产业由行业组成；行业的着眼点是企业或组织生产产品的微观领域，体现的是以行业为单位的产品生产上的社会分工，行业由企业或组织组成；职业的着眼点是组织内工作人员的具体工种，体现的是以人为单位的劳动技能上的社会分工，职业是由人的技能组成。

（四）主要用人单位的分类

1. 企业

（1）国有企业。国有企业，也称国营企业。国有企业作为一种生产经营组织形式同时具有营利法人和公益法人的特点。其营利性体现为追求国有资产的保值和增值。其公益性体现为国有企业的设立通常是为了实现国家调节经济的目标，起着调和国民经济各个方面发展的作用。比如：上海汽车集团、上海烟草集团、上海宝钢集团、上海电气集团等。

（2）外资企业。外资企业是一个总的概念，包括所有含有外商投资成分的企业。依照外商在企业注册资本和资产中所占股份和份额的比例不同，以及其他法律特征的不同，可将外资企业分为三种类型：中外合资经营企业、中外合作经营企业、外商独资经营企业。比如：曼·胡默尔滤清器有限公司、西门子、甲骨文、花旗银行、家乐福等。

（3）私营企业。私营企业又称民营企业，是指由自然人投资设立或由自然人控股，以雇佣劳动为基础的营利性经济组织。包括按照《公司法》《合伙企业法》《私营企业暂行条例》规定登记注册的私营有限责任公司、私营股份有限公司、私营合伙企业和私营独资企业。比如：吉利集团、上海复星高科技（集团）有限公司、三一重工股份有限公司、均瑶集团、苏宁电器集团等，这些都是民营企业。

2. 事业单位

事业单位，一般指以增进社会福利，满足社会文化、教育、科学、卫生等方面需要，提供各种社会服务为直接目的的社会组织。事业单位不以营利为直接目的，其工作成果与价值不直接表现或主要不表现为可以估量的物质形态或货币形态。事业单位是相对于企业单位而言的，是国家设置的带有一定的公益性质的机构，但不属于政府机构，与公务员是不同的。大体可以分为"全额拨款""参公（即参照公务员）""财政补贴""自收自支"四类。比如：高校、科研院所、上海市动物卫生监督所、医院、职业技能鉴定中心等。

3. 国家行政机关

国家行政机关是指一个国家的统治阶级根据其统治意志依照宪法和有关法律设置的、行使国家权力、组织管理国家行政事务的机关，也叫国家管理机关，简称政府，是国家机构的重要组成部分，是行政法最主要的主体。

我国的行政机关由国家权力机关产生，是国家权力机关的执行机关，它对国家权力机关负责，接受国家权力机关的监督。比如：国务院、国家质监总局、上海市教育委员会、上海市卫生局、杨浦区商委、宝山区民政局等。

二、职业的发展变化趋势

随着社会分工的发展和职业的分化，职业的种类也越来越多，已远远超过了"三百六十行"。21世纪是知识经济的时代，当今社会知识经济已经开始占据国民经济的主导地位，对人才的要求开始打破传统的模式，呈现出新的特点。

1. 打破了传统职业模式，逐步实现智能化

工业革命后，科学技术的发展逐渐出现了学校形式的职业教育。体力劳动者与脑力劳动者之间逐步形成新类型的"中间人才"，构成与社会经济发展相适应的人才类型结构。生产力发展的关键之一是增加职业岗位科技含量，改善劳动组织和生产手段，提高劳动生产率。能熟练应用信息管理方法的智能型操作人员，是今后职业岗位更新、工作内容更新需要的新型人才。

2. 转变了职业时空概念，职业岗位转移更加频繁

传统职业时空变化不大，不需要过多考虑单位的变更和职业的前景发展。现在同一职业或职位对就业者的要求也不断发生变化，使得时空变化加大。体力劳动脑力化和专门职业化会使部分职业或职位对就业者的某些要求发生变化。

3. 第三产业的兴起，对职业技能要求更高

第三产业是伴随现代工业社会的发展而崛起的一类新兴行业，它包括交通运输业、邮电通信业、商业、服务业、金融保险业、卫生、体育、教育和文化艺术等。分布于第三产业中的职位的比例在不断增加。社会生产力的提高，解放了劳动力，人们越来越多地需要社会服务行业为他们排忧解难、提供方便。第三产业的劳动人群将迅速增加，提供各种各样服务项目的社会服务业等将迅速发展壮大，不仅能产生大量新职业，而且是吸纳社会劳动力的主要渠道。

4. 人才类型的规格要求和比例结构发生显著变化

21世纪，我国仍将保持四种人才类型，即：学术型、工程型、技术型、技能型（其中后两种人才由职业技术教育培养）。技术型人才在劳动力结构中所占比例一直在上升。这一方面由于很多原来技能型人才的工作岗位实现智能化后改由技术型人才担任；另一方面，在信息技术发展后，原来由工程型人才担任的设计、管理等工作也有一部分采用信息技术，改由技术型人才担任。技能型人才可能是变化最大的一类人才。技术工人变换工作岗位的情况将越来越频繁，一部分技术工人的工作将被技术员所代替，如在钢材轧制的自动生产线上，原先的轧钢工人已被计算机前操作的技术员所代替；还有不少技术工人转向第三产业或更高的技术岗位，这些变化导致技能型人才总人数的减少。

5. 复合型人才的需求成为21世纪的重要特点

从目前招工、就业的情况分析，职业岗位的要求和劳动方式逐步由简单向复杂方面转化，过去单一技能就能胜任的工作，现在职业内涵发展扩大了，往往需要相关专业的许多知识和技能，需要更多的跨专业的复合型人才。

三、职业发展环境的分析方法

（一）行业环境分析

行业的整体发展状况会直接影响到个体的职业发展，同学们进行职业生涯规划时有必要对自己的目标行业进行全方位的解读，更好地了解职业世界。行业环境分析的主要内容包括如下。

1. 行业的内涵与外延

行业是指从事国民经济中同性质的生产或其他经济社会的经营单位或者个体的组织结构体系的详细划分。一个行业（或产业）是指从事相同性质的经济活动的所有单位的集合。行业一般是按生产同类产品或具有相同工艺过程或提供同类劳动服务划分的经济活动类别，如饮食行业、服装行业、机械行业、金融行业、移动互联网行业等。行业是依附于大众社会生活的具体需要内容而言的，如房地产行业是满足人们遮风避雨居住需求的，传媒行业是满足人们信息获取的，金融行业满足人们对资金的流转、升值等需求的，教育培训行业满足人们知识的传递，旅游行业是满足人们一种感受体验活动需求的，等等。

2. 行业现状及发展趋势

国家各级行业主管部门或者社会研究机构，每年都会推出各种行业分析报告，这是了解行业现状和发展趋势的最好资料。通过网络、图书或者听讲座等方式，了解该行业在国民经济发展中的地位，了解该行业当前的发展现状，分析其未来的发展趋势。

3. 行业人才需求状况

各行各业都有其准入门槛以及对人才素质能力的基本要求，了解行业人才需求状况，是进入行业的前提。所谓行业的人才需求状况，是指这个行业人才胜任能力标准，人才发展前景，人才培养目标及人才晋升路径。了解越详细，个人的职业定位也更加清晰，职业规划也更具有针对性。

4. 行业的社会评价与社会声望

行业不是孤立地存在于职业世界之中的，多倾听社会各界人士对该行业的评价，了解该行业的整体社会声望情况，也是进行职业选择与规划的参考依据。对行业的评价向来都是仁者见仁智者见智的，行业的社会声望也会是褒贬不一，在不同的舆论和倾向的影响下，同学们应该端正自己的认识，不宜随波逐流，人云亦云。

5. 行业代表人物

了解行业的代表人物是了解行业的一个较好的手段。三百六十行，行行出状元，各行各业都有自己的代表人物，通过调研行业代表人物的先进事迹、成长历程，可以加深对该行业的认识与了解；相反，了解行业反面典型的失败经历，也能够从侧面知道行业存在的风险与弊端，树立对行业全面、客观的认识。

6. 行业规范及标准

每个行业都有自己的行业标准及规范，这些规范可能是明示的，也有可能是潜在的；这些标准有可能是国家制定的标准，也有可能是行业内部的标准，这些都是了解行业的大好机会。行业的规范及标准代表了行业的人才准入门槛以及从业人员基本守则，掌握了该行业的规范与标准，也为进入该行业铺平了道路。

7. 行业知名企业名录

行业是由一系列细分领域内的企业共同组成的，这些企业既互相竞争，又互相依存，共同推动行业的发展与进步。行业知名企业一般是该行业发展的缩影，代表了该行业的最高发展水平，因此了解行业的标杆企业是了解该行业的最好方法。

（二）地域环境分析

大学生的就业地域环境，主要是指就业意向的地区的行业、生活、人才、人文等影响职业生涯发展的客观环境因素。大学生的就业地域环境分析，主要包括以下两个方面：一是基础性的综合环境，具体包括前文所述的人才环境、生活环境等；二是自己的意向行业在不同地域的已有发展水平及其在不同地域尚未挖掘出来的发展潜力。

1. 人才环境

了解当地的人才密集程度和主要是哪些种类的人才，了解人才的基本供求关系状况，比如当地人才的需求状况，包括数量、要求、类型以及薪酬状况等。人才集中的地方，竞争激烈，但会带动你更快的职业发展。

2. 发展机会

要了解当地的主要经济支柱和未来发展规划，了解该地的行业发展潜力，以结合自身实际和职业发展规划，判断自己的发展机会和发展潜力。

无论是大都市还是小城镇，人才结构都呈金字塔形，高端人才少；人才分布则呈山地型，有的地方人才多，是高地，有的地方人才少，是平地。东北振兴、西部开发和中部崛起对中高级人才的需求量都非常大，在进行职业规划的时候，毕业生可客观地分析自己，不必拘泥于传统的地域限制，应选择一个适合自己发展的平台，寻找更广阔的发展空间。

（三）组织环境分析

个人所在的组织环境对个人职业发展有着重要的影响，当组织环境适宜个人发展时，个人职业更容易取得成功。但组织环境同社会环境一样，也在不断地变化，这些变化同样对职业提出了不同的要求，因此，在制定职业生涯规划时，个人所在的组织环境也是应考虑的重要因素。从组织内部环境看，影响职业发展的因素也是多方面的，主要包括组织状况、人力资源管理现状、管理人员的支持和组织文化等。

1. 组织状况

组织规模不同的企业，其对职业管理的程度也不相同。一般来说，组织规模越大，越有利于组织对员工进行职业管理，个人职业选择和发展的机会就越多。

组织结构直接决定组织所属岗位的分布情况，并反映了组织运行时的状态。如组织结构制定合理，那么组织促进职业管理的力度就越强。

组织特征不同的企业对人力资源有不同的要求，该企业的行业属性、产品的组合结构、生产的自动化程度、产品销售方式等，决定了所属员工的发展空间。例如，对于传统产业部门的企业，生产技术和生产手段都接近规范化和程序化，对员工的要求主要是能掌握熟练的生产技术，这类企业对创新型的高科技人才的发展不利；而一些从事新产品开发的高科技企业，需要技术创新的开发人员，创新型人才的发展空间比较大，职业也易取得发展。

每个企业都有自己的发展目标，企业的所有生产经营活动都是围绕企业发展目标展开的，在人员的安排上同样也要体现企业的总体发展目标。如企业的发展目标定为进军新的行业产品，那么企业对新的行业产品的人才需求增加，适应新行业要求的员工容易在职业上取得较好的发展。

企业生产规模扩大、产品结构调整或升级、采用新生产工艺等，会导致人力资源层次、结构及数量的调整，这些因素会为某类员工的发展提供机会，同样会使某类员工的发展失去机会。因此，在制定职业生涯规划时应考虑所在组织的发展目标，把个人的发展与所在组织的发展结合起来考虑。

2. 人力资源管理现状

企业人力资源管理现状包括：人力资源规划、供给与需求的预测、招聘方式、晋升管理、工资报酬、福利措施、员工关系、发展政策等。

现在，大型的比较正规的企业一般都制定人力资源规划。通过人力资源规划，可预测组织未来的人力资源需求总量和人力资源供给总量，从而确定组织未来的人力资源净需求量，这包括企业未来需要什么类型的人才和各种类型人才需要多少。如果了解企业的人力资源规划，了解企业未来对人力资源的需求，就会知道自己职业发展是否有机会和有什么样的机会，进而把企业的人力资源需求与自己的职业发展目标结合，制定比较恰当的职业发展计划。

员工的职业发展，归根到底要靠人力资源管理政策来保障，包括合理的培训制度、晋升制度、考核制度、奖惩制度等。企业价值观、企业经营哲学也只有渗透到制度中，才能得到切实的贯彻执行。没有制度或者制度制定得不合理、执行不到位，员工的职业发展就难以实现，甚至可能流于空谈。

企业自身的人力资源结构对个人职业的发展有重要的影响。例如，企业年老的管理人员比较多，这意味着员工晋升的可能性比较大，发展的机会比较多。当然，企业的晋升制度、绩效考核制度、薪酬制度、培训制度等，都对员工个人的职业发展产生重要影响，这是员工制定个人职业生涯规划时应当看重和考虑的因素。

3. 管理人员的支持

一个企业的文化和管理风格，与领导者的素质和价值观有直接的关系，企业经营哲学往往就是企业家的经营哲学。如果企业领导者不重视员工的职业发展，那么员工在这个企业内的职业发展就很可能受挫。反之，如果企业的领导者非常重视员工的职业发展，关心员工的生活，注重与员工的情感沟通，能及时帮助员工分析职业发展过程中所遇到的困惑，那么其所属员工在获得职业发展满意的同时，会为企业创造更大的价值和财富。

4. 组织文化

组织文化决定了一个企业如何看待它的员工，员工的职业生涯也在很大程度上被企业文化所左右。一个主张员工参与管理的企业，显然比一个独裁的企业能为员工提供更多的发展机会，渴望发展、追求挑战的员工也很难在论资排辈的企业中受到重用。企业文化是影响企业经营效益的重要因素，如果员工个人的价值观与企业文化有冲突，难以适应企业文化，这也决定他在组织中难以发展。因此，企业文化是个人在制定职业生涯规划时应当考虑的一个因素，尽量避免与组织的文化冲突，是员工在职业发展过程中应遵循的原则。

【训练活动】

活动一：你眼中的职业世界

每个人眼中的职业世界都不一样。现在，用彩笔在白纸上画出你眼中的职业世界，并且予以解释。

活动说明：

不强调画的美术水平，只要能表达自己对职业世界的想法便可。有的画颜色灰暗，可能表达了职业世界中的人山人海和激烈的竞争；有的画中有人有山，有绚烂的彩虹，这些说明职业世界有令人茫然失措的一面，也有让人充满希望的一面。画面的差别与你是否全面了解职业世界有很大关系。如果你能够清晰、全面地了解职业世界，知道尽管毕业生众多，竞争激烈，只要自己仔细了解企业用人要求及工作发展的普遍路径和规律等，就能够结合自己的特点在社会中找到属于自己的工作。

活动二：从笔记本电脑想到的

随手拿起身边的一件物品，你会想起与其相关的职业有多少？这可以考量你对职业世界的了解。

拿出白纸和笔，现在开始头脑风暴。头脑风暴的主题是：围绕笔记本电脑，在 5 分钟的时间内，尽可能多地想出相关的职业有哪些。

模具制造、集成电路制造、软件开发等是与笔记本电脑相关的职业，你可否想过工业设计、广告业、外围产品制造如携带笔记本的包、销售、维修等也是与其相关的必不可少的职业？

活动启示：

一件物品涉及许多职业，从管理到制造，从研发到市场，这说明有很多专业和技能是可以变通的。同一个专业可以从事多种职业，比如机械学院车辆工程专业的学生，可以从事整车制造、汽车零部件制造的工作，也可以从事汽车研发的工作，还可以从事汽车销售的工作，甚至可进入如《车行天下》等汽车杂志的编辑出版业。我们要尽可能多地了解和自己专业相关的职业。

活动三：他们最适合去哪

通过了解以下信息，分组进行讨论，看看以下 A、B、C 三位同学最适合去什么性质的单位？适合去什么行业？给出理由。

①A 同学，女生，土木专业，中共党员，曾担任学院团委办公室副主任，成绩优秀，英语六级。性格内向，做事认真，责任心强。对是否从事专业相关的工作无所谓。

②B 同学，男生，汽车专业，曾担任学校学生会外联部部长，成绩中等，英语四级，性格外向，喜欢与人交往。从小喜欢汽车，不想放弃自己的专业。

③C 同学，男生，电气自动化专业，曾担任学校学生会主席，成绩一般，英语四级，专业课程成绩优秀，性格外向，做事果断，有想法。喜欢从事管理层工作，不喜欢被领导。

（一）参考信息一

1. 国企对人才的基本要求

（1）有责任心。吃苦耐劳，踏实肯干，"良好的态度就是成功的一半"。

（2）学习能力强。在国有企业，学历只是你的敲门砖。进入企业之后，企业最关注的是你的学习能力。

（3）工作能力强，具备良好的职业素质，如诚信、道德等。

（4）要有从基层做起的准备。

（5）专业基础扎实。

（6）注重实质内容，反对浮于表面。

（7）学生党员、学生干部优先。

2. 外企对人才的基本要求

（1）教育背景。外企对学历要求较高，一般本科以上。

（2）英语水平。外企面试一般不注重英语四、六级证书，会有专门的语言测试，更注重口语、翻译、写作等语言技能。

（3）计算机应用能力。通常的办公室软件，如 Word、Excel、PowerPoint；用于日常沟通的办公软件，如 Outlook；行业专用软件，如 AutoCAD、SolidWorks 等。

（4）道德、能力等。外企十分注重员工的操守，如诚实和责任感、团队意识、沟通能力、实干精神、工作效率、创新能力。

3. 私企对人才的基本要求

（1）技能。看中各种证书，最好是专业资质证书。

（2）学习。注重岗位所需的专业课成绩。

（3）能力。做事果断，效率高。

私企需要实用型人才，注重业绩，如果你能充分发挥你的才能，那么加薪、升职等不会论资排辈。

4. 公务员对人才的基本要求

（1）通过公务员录用考试。

（2）一般要求中共党员、学生干部。

（3）专业要求匹配度高。

（4）综合素质要求高。会有各种测试，如心理、行政能力、突发事件应对等。

因为要求高，竞争激烈，不建议学生作为求职的唯一目标和首要目标。

5. 事业单位对人才的基本要求

（1）基本同公务员。

（2）科研院所等对专业能力的要求很高。

（二）参考信息二

1. 制造业

（1）研发部门需要机械、动力、电气等相关专业毕业，有一定专业知识，懂得一至两类设计软件的运用，并具有一定的自主学习和创新的能力。

（2）特殊岗位需具备行业相关证书。

（3）制造部门需要具有快速掌握技术的能力，有吃苦耐劳的精神。

（4）具备一定的外语能力，如英语，有必要时需要掌握其他语种。

2. 建筑业

（1）土木以及建筑设计相关专业毕业，熟练掌握专业知识。

（2）能熟练运用一至两种建筑设计方面的软件。

（3）具有团队精神和吃苦耐劳的精神。

（4）具备一定的外语能力。

（5）参与工程承建的合同签订业务；参与图纸会审，负责向施工队进行图纸技术交底；负责现场组织施工设计。

（6）施工现场等一般需要男生。

3. 信息业

（1）计算机相关专业，熟练运用网络和软件开发语言。

（2）工作认真、细致，吃苦耐劳，有较强的独立解决问题能力和学习能力。

（3）具备一定的英语听、说、读、写能力。

（4）对市场的流行趋势比较敏感，具有一定的洞察力。

4. 金融业

（1）具有扎实的经济、金融、投资等领域的相关理论知识，敏锐快捷的市场反应能力和较强的风险控制意识。

（2）具有严密的逻辑思维和分析判断能力，良好的公众演讲能力和沟通能力。

（3）取得金融业专业资格认证者优先（CFA、CFP、RFC、CWM等）。

（4）有较强的英语听、说、读、写能力。

5. 服务业

（1）具有良好的沟通能力、语言表达能力，积极的工作心态。

（2）为人热情、积极、勤奋、进取，有一定的吃苦精神，勇于面对压力与挑战。

（3）形象气质佳，仪表端庄，举止大方，普通话标准，有较好的亲和力。

（4）有较强的团队协助精神和团队合作意识。

6. 新媒体与出版印刷业

（1）新闻、印刷、艺术设计等相关专业。

（2）较强的语言表达能力、文字编辑能力。

（3）具有创新思维。

训练小结

职业世界的探索，主要是对行业、产业和职业发展环境的了解与分析。职业世界的探索，一方面要注意分维度采取不同的探索与分析方法，以尽可能全面、透彻地把握职业世界；另一方面，对职业世界的探索与自我认知类似，是一个不断深入的过程，需要我们在平时加强实践认知，不断积累与更新对职业世界的认识。只有对职业世界宏观与微观都有了系统的了解与把握之后，才能做出科学合理的职业定位。

第二节 积累职业信息

【基础知识】

一、职业信息概述

职业信息是求职的基础，职业信息的搜集越广泛，求职的视野就越宽广，职业信息的质量越高，成功就业的把握性就越大。因此，应该主动出击并通过各种渠道、各种手段，力求广泛、全面、准确地有效搜集各类职业信息，寻找就业机会，这是获得理想工作的前提。

职业信息是指通过各种媒介传递的，与就业有关的消息和情况，包括就业政策、就业机构、人事制度、国家发展规划、经济发展形势与趋势、劳动力供求状况、劳动用工制度、就业方法和招聘信息等。职业信息的价值具有"会用则有，不会用则无"的特性。职业信息分为宏观信息和微观信息两大类。

宏观信息包括毕业生就业的总体形势，社会对人才的需求趋势、就业政策、就业活动等信息。

微观信息是指具体用人信息，即哪些单位需要什么样的毕业生，比如需求单位的性质、企业文化、专业要求、行业现状及发展前景、岗位描述，计算机、外语水平、生源地、性别要求，用人单位提供的用人条件、工作性质、晋升机会、工资福利待遇、空缺岗位等。

一条具体的职业信息包括以下主要内容：准确的单位全称、经济性质、隶属关系、地理位置（交通状况）、职位名称、招聘人数、职责范围、职位要求、薪酬福利体系、组织结构、用人理念、文化氛围、单位发展前景、详细地址、联系方法等。

二、职业信息的搜集

(一) 搜集职业信息的主要方法

1. 全方位搜集法

把与你的专业有关联的职业信息统统搜集起来,再按一定的标准进行整理和筛选,以备使用。这种方法获取的职业信息广泛,选择的余地大,但较浪费时间和精力。

2. 定方向搜集法

根据你选定的职业方向和求职的行业范围来搜集相关的信息。这种方法以个人的专业方向、能力倾向和兴趣特长为依据,便于找到更适合自己特点、更能发挥作用的职业和单位。需要注意的是,当你选定的职业方向和求职范围过于狭窄时,有可能大大缩小你的选择余地,特别是你所选定的职业范围是竞争激烈的"热门"工作时,很可能给你下一步的择业带来较大困难。

3. 定区域搜集法

根据个人对某个或某几个地区的偏好来搜集信息,而对职业方向和行业范围较少关注和选择,宜把注意力集中在所定区域的报刊上。这是一种重地区、轻专业方向的信息搜集法,按这种方法搜集信息和选择职业,也可能由于所面向地区的狭小和"地区过热"(即有较多择业者涌向该地区)而造成择业困难。

(二) 搜集职业信息的原则

一般而言,你要搜集到适合自己、高质量的职业信息,在实际操作中必须把握四个原则。

1. 准确性、真实性

近年来,社会上出现了各种各样以营利为目的的中介——职业介绍机构,有个别的中介用一些过时的或虚假的信息吸引学生,致使毕业生为此徒劳奔波。毕业生对此要加以警惕,尤其应当防止"陷阱"性信息导致误入传销圈套之类的恶性事例的发生。搜集信息过程中,一定要了解清楚信息来源的准确性、真实性。

2. 实用性、针对性

首先要充分认识自己,然后根据你的专业、特长、能力、性格等方面的综合因素搜集信息,避免范围过大且对你而言实属无法利用的无效信息。

3. 系统性、连续性

将各种相关的信息积累起来,然后分析、加工、整理与分类,形成一种能客观地、系统地反映当前就业市场、就业政策、就业动向的有效职业信息，为你的择业提供可靠的依据。

4. 计划性、条理性

首先要明确搜集信息的目的；其次应明确自己所需职业信息的范围，做到有的放矢。

总的来说，搜集职业信息要力求做到"早""广""实""准"。所谓"早"，就是搜集信息要及时，要早做准备，不能事到临头再去抱佛脚。所谓"广"，就是信息不能太窄，要广泛搜集各个方面、不同层次的职业信息，除了关注自己预先设定的目标搜集有关地区、行业和单位的职业信息外，还应搜集"后备信息"，以免在求职受挫时感到无所适从，造成被动。"实"，就是搜集的信息要具体，用人单位的地点、环境、人员构成、生活待遇、发展前途，对新进人员的基本要求、联系电话等各方面信息掌握得越具体越好。"准"，就是要做到搜集信息准确无误。

（三）搜集职业信息的主要渠道

1. 从本校毕业生就业指导机构获得信息

学校每年都向用人单位输送毕业生，与社会各有关单位保持着广泛而密切的联系，并在与用人部门长期合作中，建立了稳定的工作关系，了解和掌握了大量的人才需求动态和信息，是你重要的求职信息源。从学校就业部门获取的需求信息，针对性强，可信度高，是大中专毕业生获取职业信息的主要渠道。例如，某学校每年11月下旬举办的大型校园招聘会，300余家单位参会，学生积极参加的热情可见校园招聘会的重要性和必要性，还有每月一次由学校主办的中小型"Friday招聘会"。

2. 通过各级毕业生就业主管部门、人才服务机构及其组织的活动获取信息

各级毕业生就业主管部门和人才服务机构，是沟通用人单位和大中专毕业生的桥梁和纽带，是为毕业生提供就业服务的专业机构。你可通过参加他们组织的定期或不定期的人才交流洽谈会、毕业生供需见面会等活动获取需求信息，这也是获取信息的重要渠道。

3. 通过各种传播媒介获取信息

一些用人单位常常通过报纸、杂志、广播、电视等大众传媒介绍本单位的现状、发展前景和人才需求信息。需要特别注意的是，这种信息传播面广，竞争性强，时效快，成功率较低，而且其内容往往比较笼统，如果选用还应作进一步的了解。

4. 利用家庭和各种社会关系获取信息

从父母、亲友以及他们的社会关系中也可以获得需求信息。这种信息针对性更强，通常具有毕业生所希望的行业或地区的定向性，对用人单位可以进行更具体的了解，易于双向沟通，因而就业成功率较高。

5. 主动与用人单位联系或通过社会实践获得信息

毕业生本人通过电话咨询、登门求访、信函询问等方式，或者在毕业实习、参加社会活动等实践中，对相关单位的人才需求情况进行了解，也可以获取所需要的职业信息。

表2-2为大学生求职中的主要渠道的对比。

表2-2 大学生求职中的常见渠道比较

渠道	优点	缺点	关键点	举例
招聘会	信息准确全面，能进行面谈，效率较高	拥挤，竞争激烈	要求具有打动企业的品质要求	校内专场招聘会、社会大型招聘会
互联网	信息量大，成本低，使用方便	信息内容良莠不齐，反馈慢，成功率低	能从网上申请中被遴选出来	中华英才网、BBS求职专栏、搜狐求职频道
实习实训	竞争对手少，针对性强，有利于了解岗位真实状况	耗时长，易暴露自己不足，易与其他求职渠道时间冲突	表现好，给单位留下好印象	定岗实习、暑期兼职、课余兼职
学校推荐	针对性强，竞争较少，利于提高个人可信度	机会不多，被选中的概率小，易受专业限制	适合岗位要求能被学校选中推荐	就业指导中心或辅导员推荐
报纸杂志	成本低，方便	信息量小，时效性差	找到真正适合、有用的报刊	地方报纸的求职专栏、求职杂志
关系网	针对性强，命中率高，方便快捷	对家庭背景、社会资源要求高，需长期积累	要有愿提供帮助且能提供帮助的"关键先生"	朋友帮助、家族资源、专业教师、学长
自主求职	竞争少，有面谈机会，利于成长锻炼	成本高，考验意志，打击自信心	自觉性和坚强品质	登门拜访、异地求职
其他渠道	视情况而定	视情况而定	视情况而定	团队求职、互助求职

其实，选择哪种求职渠道，或几种求职渠道不是最重要的，重要的是有意识地、科学地寻找、搜集、处理和利用信息。

（四）网上检索信息的方法

在就业过程中，很重要的一点是搜集最切合自身的特定职业信息。数据分析显示，无论是招聘员工或者是寻找招聘信息，网络都是第一来源，所以会搜索工作信息应是一项人人必备的技能，这有助于你在即将毕业的时候比别人先一步获得信息，也许一个好的机会就这么降临在你身上。

通过网络搜集信息是一个十分经济有效的方法。下面重点介绍通过网上检索招聘信息的方法，让互联网海量的职业信息为你所用。

1. 选择搜索引擎与设计搜索关键词

目前，搜索引擎主要代表是百度（baidu.com），其是一种网页全文搜索引擎。网页全文搜索引擎的信息量大、准确性高、功能强、搜寻资料的速度也比较快。百度可以在搜索结果下显示一个多种组配的"相关搜索"功能，组配的检索词很有效，对于修正关键词很有帮助。因此对于招聘信息这一特定信息资料的搜集，推荐使用百度。

如果不考虑信息发布的渠道，直接使用关键词进行搜索，你应该使用复合关键词，即两到三个关键词组配使用，才能保证检索有效。假如只使用单一关键词，可能搜索到很多冗余的信息，你可以比较一下这三个关键词哪个更有效，"招聘""招聘＋计算机专业""2014＋招聘＋计算机专业"（"＋"的作用是保证检索出的条目中包含全部关键词，通常可使用空格分隔两个关键词）。

专业的招聘网站最容易检索，在任意搜索引擎里输入"招聘网"，都能得到数以百万计的条目，多得让人无法取舍，可见这并不是一个有效的途径，因为所得到的这个信息针对性太差，想找一个适合你的职位仍然像大海捞针。而且登录专业招聘网站往往看不到招聘企业的联系信息，最关键的是招聘网站的职位往往不适合应届大学毕业生。

可能你还觉得信息的针对性不强，可以尝试重新组配关键词。例如，在就业时人们都会有一个自己大致的工作意向，比如去哪个地方，从事什么专业的工作等，因此你只需在关键词上适当地加上地名、专业名称即可，如加上"北京"就可以查看北京高校的招聘信息，加上"理工"就可以检索到理工类院校的职业信息。

查询企业网站上的招聘与检索学校职业信息网很相似，例如一个计算机专业毕业生想到一家软件开发公司工作，可以使用关键词"＊软件公司"即可找到很多软件公司的网址，不妨登录一试，也许你的机会就真的来了。

2. 有针对性地选择招聘信息发布平台

目前网络上的招聘信息主要发布渠道是一些专业的招聘网站和学校的就业指导网站。学校就业信息网免费为学生提供信息（有些学校只对本校学生开放）。学校就业网站是针对应届毕业生，信息真实性非常高，有效性强。将关键词设定为"＊大学职业信息网""＊学院职业信息网""＊学校职业信息网"，那么所有学校的职业信息网都能让你检索出来，你只需要有选择的登录查找就行了。当然，一些有网站的公司也会在自己的主页上发布本公司的招聘信息。

常用的职位检索引擎有：

- 智联招聘：http://www.zhaopin.com/（每日更新实习、就业单位信息）
- 智联校园招聘：http://student.zhaopin.com/（毕业生校园招聘信息）
- 51job：http://www.51job.com/（每日更新实习、就业单位信息）
- 应届生：http://www.yingjiesheng.com/（针对大学毕业生的职业信息专栏）
- 中国高校毕业生就业服务信息网：http://www.myjob.edu.cn
- 中国教育在线就业频道：http://career.eol.cn
- 就业通：http://job.eol.cn
- 上海高校毕业生职业信息网 http://www.firstjob.com.cn
- 公务员考试网：http://www.gwyksw.com

以上列举的职业信息网站，非常及时地发布了大量可供选择的就业需求信息，且具有一定的权威性和较高的可信度。

3. 职业信息搜索的基本流程

（1）合理定位，明确求职目标；

（2）通过各种渠道进行职业信息搜索；

（3）建立职业信息搜索目录；

（4）尝试直接联系用人单位；

（5）做好有效的追踪工作；

（6）继续更新你的职业信息搜索目录。

三、职业信息的分类与整理

在搜集到各类职业信息后，你要做的是将这些来源不同、纷繁复杂的信息进行分类整理，一般而言，分类的依据以职业信息中罗列的相关要求和提供的相关待遇为主。

（一）职业信息的分类原则

1. 职业信息的专业分类

即根据招聘单位的所有制特点、专业性质及对毕业生的专业要求、学历程度、特别要求等进行分类，然后，以你的现实情况为标准进行排序。

2. 职业信息的时效性分类

现在是信息经济的时代，面对大量的职业信息，特别是从报纸、互联网上搜集来的信息往往令人眼花缭乱。仔细加以辨认，就会发现有许多已经过时的信息，所以首先要对信息的时效性进行分析，剔除那些已经过时的信息，然后按时间的远近顺序排列整理。

同理，在搜索到有用的信息时，你应在有效期内用好信息。俗话说，"过了这个村就没这个店了！""时不我待，过时不候"，找工作也是这个道理。

3. 职业信息按地域分类

即根据招聘单位所在省、市进行登记分类，然后采取不同的应聘方式，见表2-3。

表 2-3 用人单位基本情况数据库

企业性质	企业规模	工作性质	专业要求	学历程度	特长要求	时效性	地域要求	薪资待遇
所有制性质（国企、外企、事业单位等）	注册资金、年销售额、企业分布、员工数量等	工程技术人员（文秘等）	工科类（人文社科类）	本科（硕士等）	英语要求、相关资格证书等	有效（过期）	本地（外地或国外）	工资标准、涨幅规定、福利待遇等

（二）职业信息整理原则

1. 掌握重点

将搜集到的所有职业信息进行比较，初步筛选之后，把重点信息选出，标明并注意留存，一般信息则做参考。

2. 善于对比

当你从不同的渠道搜集到大量的需求信息后，可用对比的办法，确定其对自己的用处。

3. 不耻下问

当你搜集到一些需求信息后，为了弄清信息的可靠程度，应当通过各种办法，找有关人士打听、澄清，以确定信息的可靠程度。

4. 了解透彻

对于重要的信息要顺藤摸瓜、寻根究底，务求了解透彻，不能一知半解。要全面掌握情况，全面了解信息的核心内容。

5. 避免盲从

获取用人信息以后，不能一味盲从，那种认为亲友告诉你的信息一定可靠，报刊上传播的信息肯定没问题的想法是不可取的，绝不要未经筛选就轻率地作出选择，这样往往会错失良机。

6. 适合自己

一切信息都要用来对照衡量一下，看是否适合自己，千万不要好高骛远，挑选不适合你的工作岗位。

7. 注意信息的时效性

搜集到职业信息后，应适时使用，以免过期。

8. 确定信息搜集范围

不能局限于"热门"单位和周边较近的地区，否则会大大降低就业的成功率。

你在对职业信息进行初步筛选时，需注意如下方面。

（1）对于一些硬性指标，如用人单位需要的是什么层次、什么专业的人才，在生源、性别、相貌、外语水平方面有什么特殊要求，都要了解清楚，若与本人基本条件不符合，这样的招聘信息应果断予以剔除。

（2）用人单位招聘和商品信息一样，具有很强的时效性，你所了解的信息是不是过期的信息，公司是否已经物色到合适人选，这些情况都要搞清楚，绝不能似是而非。

（3）对于一些软性指标，比如担任学生干部优先、党员优先、薪资待遇，像这样的条件就不必卡得过死，保留这些招聘信息做进一步抉择。

（三）防范虚假职业信息

在对信息进行分类整理的过程中，要特别注意防范虚假招聘信息。如果有以下现象发生，你就应慎重考虑其信息的真实性：

（1）信息里提供的待遇十分优厚，明显高于平均值。

（2）企业的相关资质不齐全，其地理位置、注册资金等相关信息不符合实际。

（3）信息里的相关要求十分宽泛且不专业，与岗位需求并不一致。

（4）信息里提及入职前要缴纳诸如培训费、推荐费之类的费用。

在实际操作中，你可以根据以下几种方式来综合判断是否有上述现象的发生：

（1）通过老师或学长来了解本专业的应届生基本待遇的平均水平。如果信息中所提供的待遇明显高于平均水平甚至数倍，就要引起注意。

（2）通过老师同学、网络和实地考察等渠道搜集企业相关信息，并与信息中提供的资质进行对比，如果出入过大则要警惕。

（3）如果信息里提到入职前要缴纳诸如培训费、推荐费之类的不合理费用，则采取一票否决制坚决将该信息剔除。

在实践经验中，以上几种现象如在信息中出现，首先要将其毫不留情地进行剔除，即便待遇多么诱人，企业实力多么雄厚，这些无非都是各种欺骗手段，在现实社会中也屡见不鲜。

将这些社会上的非法中介机构的类型为你归纳为以下四种。

1. 冠冕堂皇型

中介公司看上去像模像样，既有气派的写字间，还有先进电脑装点门面，给人感觉很正派，但出示的经营许可证都是复印件，而这些复印件不是假的就是已经过期作废的，或者是冒用的。

2. 调虎离山型

有些设在本地的中介机构，专门将求职者介绍到外地（中小城市）去面试，引到目的地后再行骗。

3. 游击型

一些非法中介居无定所，打一枪换一个地方，飘忽不定，连检查部门也无法摸清他们的行踪，被骗的求职者更是投诉无门。

4. 双簧型

有的中介机构纯粹是为了骗取中介费，他们与一些不法工厂或企业勾结，合伙坑害求职者。这些中介在收取了介绍费后，会将求职者介绍到这些工厂或企业面试，工厂或企业在面试后，或"试用"后告知求职者不符合录用要求，然后与中介分赃。

总之，在各种信息面前你要把握好以下几项原则：

（1）不轻信，不盲从。

（2）动手动口动脚，全面深入了解。

（3）面对虚假信息，坚决予以剔除。

（四）信息的积累与联系

每一个求职的信息都是相对独立的，但当你搜集了一定数量的信息之后，需要通过自己的思考，把这些信息进行分析加工，使这些信息能够客观地反映当前就业的动向和趋势，使你能对当前的就业状况有一个全面的了解，从而使这些信息成为你择业的依据，见表2-4。

表 2-4　个人职业信息管理资料表

搜集单位							
单位招聘							
招聘学历		所在地		联系部门		联系 E-mail	
时间		名称		性质		专业	
人数		要求		网址		联系人	
备注							

将所有你感兴趣的真实信息由重要至次要作一个排序，从中选取对于你来说最重要的信息认真加以分析，而一般的信息则仅供自己参考。这样有利于你明晰求职的重点目标和具体方向。

首先要对自己进行分析，可以通过以下问题：

（1）我的核心竞争力是什么？

（2）我具备哪些专业理论知识和技术能力？

（3）我的兴趣爱好是什么？

（4）我的性格特征适合从事哪些职业？

（5）这份职业是否可以挖掘和提升我的能力？
（6）什么是别人做不到而我做得到的？

（五）信息的利用价值分析

对一条自己感兴趣的招聘信息，你在求职之前，还应该冷静地思考该信息传递出来的内在含义，比如这个信息所包含的内容到底是什么、用人单位到底要招聘什么样的人等等。同时，结合自身条件来考虑你与该用人单位、该职业是否匹配，比如你有什么优势、该职位是否符合你的个性、你用什么去打动用人单位以取得职位等。

分析职业信息的利用价值时，你应当注意的问题有：

- 用人单位的要求与求职者条件是否相符？
- 用人单位的招聘实际人数有多少？

有的用人单位所发布的招聘信息上说明只招一两个人，还有的单位名义上招几个人，其实在公开招聘前早已内定他人，特别是比较热门的用人单位。你对这种情况应鉴别并予以回避。

为提高求职的成功率，你可以选择那些招聘人员数较多的用人单位，比如外商投资企业，其招聘员工往往只看应聘者的素质而较少暗箱操作。

【训练活动】

活动一：小王如何决策

小王在网上获知广州一家计算机公司招聘技术人员，待遇很好。小王是学计算机的应届毕业生，投递简历的当天小王就收到了对方的回音，邀请他到广州进行面试，并表示公司会到火车站接他，非常热情。

你若是小王的同学，小王与你讨论他的这份邀请，你如何做才能让小王更加清晰地辨别该单位？你又会给小王怎样的建议？

请你和身边的同学进行模拟、讨论、分享。

给出建议和基本判断：很有可能这是一个骗局。找工作时应多留个心眼，如"待遇很好""当天收到对方的回音""会到火车站接你，非常热情"，应上网查清这家计算机公司背景，电话问询，查验营业执照，以免上当受骗，误入歧途。

活动二　职业分析清单

活动目标：做一份你心仪的职业的分析详单。

你心仪的职业是：_____。

按下面的职业分析详细清单，对自己心仪职业深入做一下分析吧。

工作性质：

（1）工作为什么会存在，这一职业所满足的需要，此工作的目的；

（2）所履行的工作职能，工作中主要的职责和责任；

（3）该职业所生产的产品或提供的服务；

（4）该职业中的专业细分；

（5）该职业中所使用设备、工具、机器和其他辅助物品；

（6）该职业的定义。

所需的教育、培训和经验：

（1）准备进入该职业所要求的（或有用的）大学或高中课程；

（2）进入该职业所需的工作经验；

（3）教育、培训或工作地点；

（4）获得必要教育背景所需的时间和经费；

（5）由雇主所提供的在职培训。

要求的个人资历，技能和能力：

（1）一个人要进入该职业所需的能力，技能或能力倾向；

（2）职业所要求的体力（举起重物，长时间站立）；

（3）其他身体要求（良好的视力或听力，非色盲，能攀爬，跪下，弯腰，搬动物体），个人兴趣（与数据、人或食物打交道）；

（4）特殊的品质或气质（能在压力下工作，精确，敢于冒险，有逻辑，能做重复的任务），需要达到的标准（一分钟能打60个字）；

（5）执照，证书或其他法律上的要求；

（6）必须或有益的特殊要求（懂一门外语）。

收入，薪酬范围或福利：

（1）所赚的钱（起薪，平均工资和最高工资由于所在地区不同而有所不同）；

（2）所提供的福利（退休金，保险，假期，病假）。

工作条件：
（1）物质条件和安全（办公室，户外，噪声，温度）；
（2）工作时间安排（小时，白天或夜晚，加班，季节性工作）；
（3）发挥主动性、创造性、自我管理和得到学习的机会；
（4）需要工作者自备的设备、物品和工具；
（5）作为参加工作的条件之一，要求具备工会和职业协会的会员资格；
（6）该职业的监督和管理类型；
（7）雇主对着装的要求和偏好；
（8）出差方面的要求；
（9）在该职业中工作者可能受到的歧视。

工作地点：
（1）工作组织的类型（公司，社会公共机构，代理机构，企业，雇用此类工作者的行业，自我雇佣的机会）；
（2）职业存在的地理位置（全国性的，或只存在某个特定的区域或城市）。

该职业中典型人群的人格特征：
（1）支配该职业环境的人或该行业中大多数人的人格特征；
（2）年龄范围，男性和女性的比例，少数民族工作者的数量。

就业和发展前景：
（1）进入该行业的通常方法；
（2）在地方、州和全国的就业趋势；
（3）提升机会，职业阶梯（你从哪开始，能达到什么位置）；
（4）在完成培训和教育之后得到雇用所需的平均时间；
（5）被提升到较高职位所需的平均时间；
（6）该行业中工作的稳定性。

个人满意度：
（1）该职业所体现的价值（高收入，成就，安全感，独立性，休闲和家庭生活的时间，变化性，帮助他人，社会声望，认可）。这些工作价值中哪些符合你的价值观呢？
（2）他人和社会对于该职业的地位的看法。关于该职业他们喜欢什么不喜欢什么？

【训练小结】

面对大量的求职信息，如何通过科学有效的方法来选择符合自身实际的企业作为毕业生走出校门初入职场的第一步，也是应届毕业生们所需具备的基本能力。本单元通过训练，让我们了解职业世界、信息的分类与整理和信息抉择三个部分，为我们提供了一种有效实用的求职信息选择方法。方法的科学掌握与运用能够为同学们在较短的时间内寻找到自己所需要的信息，进而有目的地为下一步简历的撰写与面试打下坚实的基础。

第三节 利用职业信息

【基础知识】

一、职业信息的分析

从上两个单元我们了解了什么是职业世界，认识到不同行业职位在职业招聘过程中的侧重点各有不同，并掌握了信息分类整理和初步筛选的方法。搜集、分类和整理职业信息是为了利用其作出科学抉择。现在，问自己以下几个问题：

①我搜集的信息足够多吗？
②我求职的时间足够长吗？
③我需要对不同的求职岗位进行有针对性的准备吗？

在求职过程中，我们通常会通过多种途径搜集尽可能多的求职信息以供选择，但我们求职的时间却只有短短的半年甚至更短的时间。在较短的时间内，我们可能会选择待遇较好较大的一些企业重点"攻关"，也可能选择"撒网"的方式进行"海投"简历。但这两种方式都存在其致命的缺陷：第一种方式往往局限性较大，覆盖面较窄，单纯地追求较高的待遇往往会使自己迷失方向，失去真正适合自己专业特长的工作机会，同时被录用的概率也相对减小；第二种方式虽然覆盖面广，但一份简历"打天下"，缺乏"就职位论特长"的针对性，每一个职位都用一份相同的简历无法让招聘企业在短时间内了解你的专业方向与兴趣特长，也就无法对你产生较为深刻的第一印象，如果第一印象没有树立突出，就很难在激烈的竞争中胜出，收到的效果往往也不会尽如人意。因此，现实情况告诉我们，需要根据诸如企业性质、规模、工作内容、薪资待遇以及你自身的专业特长与职业兴趣等因素来综合考虑优先选择哪些企业进行简历的具体设计与投放，只有如此才能获得企业招聘方的重视，进而提高求职效率与效果。

对搜集到的职业信息进行排序和分析，然后进行抉择是比较科学的方法。一般而言，在求职过程中对职业信息进行分析，需要考虑的影响因素主要有如下几方面。

（1）工作内容。企业所提供职位的工作内容，是否是自己今后工作中希望做的、是否是与自身职业定位相符合的。

（2）企业的性质、规模、文化以及对员工提供的发展空间及相应的培训计划。这些内容，是否满足自己的需要，并对企业文化产生认同感。

（3）能力与职位符合度。能力、特长等是否与企业提供的职位要求相符合，符合度有多大。

（4）企业为员工提供的薪资、福利待遇以及工作地点。这些细节信息，是否与自己的期望相符合。

二、职业信息抉择策略

在做出职业信息抉择时，通常会遇到很多决策障碍，下面分析几种常见问题，给出决策建议，以利于做出科学合理的选择。

（一）工作内容应是最先考虑的因素

工作内容主要指的是具体做什么样的工作，也可以称作职位描述。其中主要包括工作种类、权责划分、工作分工等。该因素应该作为我们首要考虑的因素，如果工作内容与你所学专业以及兴趣特长大相径庭的话，所带来的显而易见的后果有以下几点：

①很长的工作适应期；

②巨大的工作压力；

③很快便进入了职业倦怠期；

④很难实现个人的价值；

⑤变得消极被动，疲于应付工作；

⑥甚至会影响到自己的生活,使生活也变得索然无味;
⑦逐渐失去了事业方向,变得迷茫而不知所措。

如果发生了上述的情形,试想下,即便再好的薪资待遇、再高的社会地位,对于你个人来讲,其中的意义又在哪里呢?更何况在无法做出业绩的情况下也不可能为你带来更好的物质待遇与精神需求。

案例 ❶

选择的智慧——适合自己的才是最好的

余某和李某是大学的同班同学。上大学时,李某性格很文静,喜欢看书和写作,在当地小有名气的刊物上还发表过自己的短篇小说,但是由于不太爱说话,老师和同学对她的印象比较模糊。余某则恰恰相反,他担任过系学生会干部、班级体育委员,经常组织大家进行体育娱乐活动,加上性格开朗、英俊帅气,大家对他的印象都很深。

大学毕业以后,余某回到老家考上了当地公务员,在某局机关办公室从事文秘工作,李某则进入一家广告公司做文案策划。余某对自己的工作非常满意,虽然收入不高,但是很体面,而且工作相对轻松,下班后还能约同事打篮球。但是随着时间的推移,余某越来越厌烦自己的工作,文秘工作不仅很枯燥,而且经常需要加班,如果领导不满意还要重写,每天除了写材料还是写材料,慢慢地他失去了工作热情和动力,原本活泼开朗,充满阳光的帅小伙,现在越来越消沉。李某进入广告公司后,凭借自己优秀的写作能力迅速得到主管和同事的认可,再加上自己也很喜欢这份工作,短短两年就升任了策划部经理。

点评: 很多学生在找工作时过分看重薪资待遇、社会地位等因素,不太在意工作内容是否适合自己,结果就是使自己的优势变成劣势,职业发展也受到影响。人们在适合自己的岗位上更容易发挥主动性获得满足感,否则再体面的工作对适合的人来说也只是"鸡肋"。

客观上来讲,近年来随着人们就业观念的转变,考公务员热正在逐渐降温,就业环境慢慢变得多元、宽容、自由。社会鼓励年轻人试错,对失败的容忍度

---

❶ 张生勇. 赢在起点——大学生职业规划与就业准备 [M]. 北京:现代教育出版社,2017:6. 原文有删减。

也在提高，希望年轻人能在适合自己的岗位上发挥个性。找到适合自己的工作已经逐渐成为择业人群的共识，公务员热潮的减退也在一定程度上表明人们实现自身价值的方式更加多元。

从上述个案中我们可以看出，在求职过程中只有首先找到适合你自身的专长与兴趣，或者是符合你个人的自我定位的工作内容才能使你建立起一个良好的事业起点，从而为今后长远的发展奠定坚实的基础。因此，我们把工作内容作为求职过程中首要的考虑因素打 5 分。

（二）大公司对你来说真的有那么好吗

企业的性质、规模、文化以及对员工提供的发展空间等因素对我们来说也是十分重要的，在这里，需要首先澄清一个观念，那就是并不是大公司就是绝对好的，小公司就一定不好。

辩证法告诉我们，任何事物都有两面性，大型企业在大多数人看来薪资待遇较好、企业规模大、管理规范、知名度高，能够为你带来较高的社会地位。但你可能没有考虑到另外一面，一般而言，大型企业也有自身的劣势：

（1）机构庞大，部门繁多，缺乏灵活性，带来的是工作效率的损失。

（2）在全球经济还未出现较大复苏的形势下，大型企业同样无法确保其稳定性和长期的营业增长，公司大规模裁员的情况也比比皆是。

（3）企业的大型化使每一个员工个体的工作内容变得相对固定单一，且容易变得机械化，缺乏工作的挑战性与交叉性，久而久之容易产生职业倦怠感，从而影响到今后的事业发展。

反观之，小公司虽然名气不大，短期内可能无法给你带来较高的社会地位和薪资待遇，但具有很强的市场敏锐性和灵活性，人员也相对较少，虽然小企业无法给你带来表面的光鲜，但它也有大企业无法比拟的优势：

（1）企业规模较小，便于管理，带来的是较高的工作效率。

（2）企业具有较高的自主性与灵活性，能够较快对市场做出反应，同时有利于规避市场风险。

（3）企业人员较少，相对较为人性化，能够较快地树立归属感和培养认同感。

（4）每位员工负责的工作相对较多，得到的锻炼机会也较多，员工能够在其中较快地发展与成长。

[案例] ❶

从国企、外企等公司员工流失看大公司员工发展利弊

一、国企员工离职的原因

随着我国市场经济的发展和对外开放政策的进一步推进，私营企业和外企迅速发展，国企由于人才晋升通道不畅通和薪资待遇等问题，对人才尤其是高端人才的吸引力有所下降，出现专业人才外流的现象。

1. 员工需求达不到满足

造成国企员工尤其是高端人才流失的主要原因是在薪资条件上很难同私营企业和外企竞争。由于企业性质原因，国企除了参加市场活动，实现盈利，还要承担相应的社会责任，要拿出一部分收入完成社会工作，不可避免地影响了企业的经济效益，导致薪资水平达不到员工的期望程度。由于薪资水平不具有市场竞争力，员工的工作积极性和主动性会在一定程度上受到影响，进而阻碍国企的发展，出现恶性循环。高素质人才往往在自身能力得到进一步提高以后选择离职，寻找能给出更高薪资待遇的私企或外企。

2. 个人能力与岗位不匹配

首先，从事招聘的工作人员由于缺乏相应的知识背景和工作经历，再加上招聘方式单一、固化，导致对招聘进来的员工很难做出合理的岗位分配；其次，国企论资排辈现象导致高素质员工缺乏畅通的晋升通道；最后，如果不能对高层次员工及时安排富有挑战性的工作，增强他们的成就感，也会导致员工流失。

二、外企员工离职的原因

1. 企业规模——职业发展空间和潜力

即便是世界500强企业，都是力求经营成本最小化，岗位设置不会太多，尤其是高管基本都是外籍人士担任，客观上造成了员工职业发展空间受限，导致人才流失。

---

❶ 郑惠珍. 企业员工流失的原因及对策分析 [J]. 西北第二民族学院学报（哲学社会科学版），2005, 2 (66) 79-82. 原文有删减。

2. 外企管理模式

个别外企为了追求效率，可能会实行扁平化管理，管理层级较少，集权程度高，控制性强。这种集权属于软控制，基层员工只需要按照管理手册行事即可，发挥创造性空间较小。管理岗位还呈现出更深层次或更"冷"的软约束，主要表现为绩效考核和管理权限。

3. 文化冲突

外企由于文化背景不同，不可避免地会因文化差异导致各种思想和行为的碰撞，简单来说就是价值观方面的分歧，概括得再简洁一点就是价值观存在根本的分歧。一个企业在文化上存在根本差异所导致的危机，基本上都体现在人事危机方面，而外企在接纳这种差异所体现出来的能力并不足以平衡内部的矛盾，这种问题在合资企业中最为明显。

从上面的案例中我们可以看到，大公司也存在着其相应的弊端，并不存在绝对的好与不好。因此，你首先要考虑的不是企业有多大，而是企业能为你提供什么机会，工作是否具有挑战性，是否有定期的员工培训和发展计划，这才是有利于我们长远发展的。另外，自身能力与职位的符合度也是同等重要的，要求太高或太低都会在后期出现各种各样的问题。所以，我们将这两项打4分。

（三）薪资待遇对初入职场的你来说真的那么重要吗

薪资待遇是基本上每一位求职者都十分看重的因素，毕竟我们工作的主要动因之一就是通过挣得的酬劳来满足自身工作之外的物质与精神需求，同时也通过它在一方面体现自身价值。但你要认识到一点：薪资待遇是与劳动成果抑或是为企业创造的价值成正比的。对于初入职场的你来说，首先要问自己几个问题：

①多高的薪资是我能够接受甚至满意的？
②公司能够给我满意的薪资待遇吗？
③我能够通过自身的努力让公司给我满意的薪资待遇吗？
④高薪对现在的我来说真的就那么重要吗？

通常来说，企业都有自己固定的薪资标准，对于初入职场的你来说，最主要的任务是首先适应新的工作环境，尽快地转变角色，并对公司建立信任感与认同感，通过自身努力不断地积累工作经验，因此，企业在薪资标准上一般会根据学历、工作经验、岗位适合度等条件来确定每一位员工的薪资待遇。对应届毕业生来讲，虽然根据企业的性质和相关标准不同，所确定的新入职员工的薪资各有不同，但从企业内部来讲，对于应届毕业生其薪资都是较低的，因为你不可能在短时间内为企业创造较大的价值，另一方面企业还要对你进行投入来培训和提高。设想下，如果你是企业的领导人，会盲目地为新入职的应届毕业生提供比企业里同等职位的老员工更高的薪资待遇吗？结论显而易见。

[案例] ❶

毕业后去大城市还是回家

毕业后不同的选择会导致人们走向完全不同的生活，陈某和王某的例子就很好地诠释了这一点。

陈某出生在广西的一个小县城，是家中的独子。直到陈某上大学前他都没出过广西，更没想过有一天会离开老家在外生活。陈某的父亲是当地某机关单位的领导，母亲是中学老师。父母希望陈某大学毕业后回到老家，通过公务员考试进入国家机关单位，然后和熟人的女儿结婚，事实上早在陈某上大学前，父母已经为他在县城买了婚房，陈某也一度以为自己的人生会按照父母希望的走下去。

但自从陈某大学去了广州读书以后，他的世界被彻底改变了。广州在网上被称为"第三世界国家的首都"，他从来没有见过这么繁荣、开放、包容的城市，经过大学四年的学习生活，他早已经习惯了广州，所以毕业后就留在广州打拼。

陈某凭借着自己的专业水平和吃苦耐劳的精神，在随后的几年里不断升职加薪，有了人脉以后又开始创业，事业可以说小有起色，和大学同学的爱情也非常稳定。直到29岁过年回家的时候，父母和他长谈了一夜，希望他能留在家乡，过稳定的生活，陈某特别纠结，不知道自己到底该怎么办。离开家的那天早上，他在火车上收到了父亲的微信："儿子，爸爸希望你过得开心，按照自己的想法生活吧，你妈那我来做工作。"

陈某看到微信后忍不住掉下了眼泪，他暗暗下定决心，一定要在广州闯出

---

❶ 中国经济网微信公众号，原标题为"毕业后去大城市or回家？"原文有删改。

一番天地，然后将父母接到自己身边。回到广州后，陈某更加努力地赚钱，终于五年以后在广州买了一套别墅，希望家人能生活在一起。

现在陈某已经和自己的大学同学结婚了，事业也在稳步前进，父母因为已经习惯了老家的生活并没有搬过来和他们一起住，老两口将之前给陈某买的婚房卖掉，到处旅游。一家人都过上了不错的生活。

王某出生在贵州某市，父母除了上班之外还经营了两家商铺，家里物质条件不错。王某在北京毕业以后就留在了北京工作，每天都要五点钟起床，从燕郊坐公交到国贸上班。

工作很辛苦，他对自己的未来并没有明确的规划，也不知道自己想要的成功是什么样的，他只是不想回去，不想回老家，不想每天被父母逼婚。他的全部生活就是出租房和公司之间的两点一线。虽然已经在北京生活了五年，但是王某依旧没找到自己喜欢的事业，只是每天疲于应付而已。最终王某还是回到了贵州老家，经营家里的两个商铺，生意也还可以，同时他还在准备公务员考试，王某觉得自己现在的生活比之前在北京要好很多。

以上就是陈某和王某两个人的故事，他们家庭环境相似，求学经历也差不多，但是最后一个留在了广州，一个回到了家乡，当然这两种选择并没有好坏之分。

毕业后到底要留在大城市还是回到小城镇，在互联网上已经被人争论了好多年，对不同人可能有不同的答案。首先，我们从性格角度来分析，你到底适不适合留在大城市，大城市包容、开放、机会多，是冒险家的乐园；小城市生活节奏慢、工作压力小，生活得会比较舒适。

从上面的案例中我们可以看出，就业要看重的是工作和生活质量，不是你所在城市的 GDP 排名，城市越大压力也同比例增大，无论在哪里工作，重要的是工作带给你的发展机遇与经验的积累，而不仅是大城市所谓的高工资。因此，薪资待遇和工作地点在现阶段的我们来说只需作为参考条件，我们在这里打 3 分。

【训练活动】

活动一：就业选择因素排序

准备笔和纸，根据自身实际，对表 2-5 中几个方面进行思考，根据其对自己的重要性进行排序并给出分值（按照优先考虑的程度赋予不同的分值。从 3～5 分，分值越高表示重要程度越大，应放在优先考虑的位置），然后简短阐述排序的理由。

表 2-5 就业观因素划分表

就业观因素	等级（重要性）	标准
工作内容	一级（很重要）5 分	是否与自身专业和定位相符合
企业性质规模、文化以及员工发展规模	二级（重要）4 分	是否产生认同感
自身能力与岗位符合度		能力是否符合要求
工资待遇、工作地点等	三级（一般重要）3 分	是否符合自身期望

注意：时间要求 1 分钟，不要过多考虑，仅凭第一感觉做出选择判断即可。

活动解读：

通过本活动，可以看到有的人对薪资待遇看得很重，认为只要工资高、福利待遇好，去哪儿都无所谓；有的人最想进国企或者事业单位，认为这些企业或单位稳定、待遇也不错，还没有外企那么累，如果进高校还有寒暑假，等等。这些想法都无可厚非，每个人都有自己特定的想法，况且我们努力寻找工作的目的之一就是为了更好地生存与发展。

从长远发展来看，切忌急功近利。对于缺乏社会阅历和工作经验的大学生而言，需要长期不懈的积累与沉淀才能不断提升自身的工作资历与经验，比如学管理的同学，初入职场时企业不可能给你一个管理岗位，而会安排一个基础岗位。在做决定时，需要考虑职场规则，摆正自己的就业心态。

活动二：职业信息抉择方法

在这里，假定在经过初步筛选后，有 6 家企业的招聘信息较为符合个人求职意向，如表 2-6 中所示，有小糸车灯有限公司、泛亚技术研发中心等。这 6 家企业各自具有不同的属性和对应聘同学的特殊要求，同时，在薪资待遇等方面也不尽相同。

表 2-6 企业招聘信息

公司	公司性质	职位描述	企业要求	学历要求	特长要求	地点	待遇	信息来源
上海小糸车灯有限公司	中日合资	产品设计	机械、光学、仪器、机电、汽车等相关专业	本科	英语四级及以上，口语流利者优先	上海	4000元/月；四金	Friday校园招聘会
上海通用汽车/泛亚汽车技术中心	中美合资	储备工程师（制造部/信息部/采购部/工艺技术部/物流部）	车辆工程，机械制造及其自动化，机械电子工程，机械设计及理论，材料学，材料加工	本科或以上	1.英语四级以上，先考虑；具有良好的听说读写能力；2.熟练掌握办公自动化软件；3.获得奖学金/学生干部/党员优先录用；4.具备良好的团队合作精神和工作主动性	上海	5000元/月；七险一金	校园招聘会
精智实业有限公司	民企	销售	机械类专业	本科以上	自动化理论知识扎实，有相关行业实习经历，可塑性强，人际交往能力强	上海，出差	2500-4000元/月+提成；四金	辅导员
中国电子科技集团公司第二十一研究所	事业单位	科研项目管理	电机等相关专业	本科	1.必须是工科背景；2.有较强的策划、沟通和协调能力，有较好的文字表达能力；3.计算机能力：熟悉使用各类办公自动化软件；4.诚实、认真，能吃苦	上海	工资面议；七险一金；出国培训计划	学校就业网
专科学校	事业单位	实验员	机械制造及其自动化	本科以上	英语六级；学生干部优先	上海	国家工资，四金；寒暑假	家长
上海机床厂	国企	质量控制	自动化控制、机电一体化等	本科以上	自动化理论知识扎实；具有较强的学术科研能力	上海	国家工资；四金	外部网络

下面，我们就开始对这6家企业根据各种因素进行排序。通过排序能够使我们较为清晰地认识到哪些企业我们要认真对待，并对后面的简历设计提供科学的指导。

前面我们对搜集信息的来源进行了分类，并使大家认识到通过校园招聘、校园网职业信息以及辅导员老师、家长等渠道获得的信息具有很高的真实性和时效性。在6家企业的图表中我们可以看到，前5家企业就是通过上述途径搜集到的，所以要引起大家的重视。

在表2-6中罗列出了6家企业各自用人的不同标准与要求，如同第一节讲述的，不同性质的企业对应聘者规定了不尽相同的标准，比如高校更加看重应聘者的政治面貌或是否具有学生干部的履历，外企则更加看重应聘者的外语沟通能力以及创新精神。不同的职位因创造价值的性质不同对应聘者的要求和标准也不尽相同。对于你来说，要根据自身的求职愿望和兴趣专长来对不同的企业或单位进行科学合理的排序。

表2-6的第一行是信息抉择的影响因素，第一列是6家企业。在信息抉择的影响因素上，我们设定了1~6的权重，以方便大家根据自己的实际情况和认知态度进行选择，比如在工作内容因素中，你认为泛亚是你最满意的，可以把权重设定为6，以此类推。

下面就请你在表2-7中打分，打好后根据下面提供的计算公式相乘并加总，最后得出的总分就是每家企业的总得分，在总得分得出后按照从高到低的顺序依次排列，就得出了你心目中这6家企业的排名了，这为我们之后的简历设计提供了科学的依据。

表2-7 职业信息重要性打分表

公司	工作内容5分（1~6）	公司吸引力4分（1~6）	自身能力与岗位符合度4分（1~6）	待遇吸引力3分（1~6）	总分
小系车灯					
通用泛亚					
科研研究所					
精智实业					
专科学校					
昆明机床厂					

计算公式：

（工作内容分值 × 权重）+（公司吸引力分值 × 权重）+（自身能力与岗位符合度分值 × 权重）+（待遇吸引力分值 × 权重）= 公司总得分

在现实中，我们经过初步筛选得出的符合自身实际的企业不止6家，往往在数十家，在这种情况下，我们有必要进行排序，在短时间内将主要精力放在排名前30%的企业，重点搜集并了解企业信息，做到知己知彼，并根据职位要求有针对性地设计和撰写简历。

【训练小结】

搜集整理职业信息的目的是为了找到适合自己的工作，为求职做好目标准备。为了在大量职业信息中，找到符合自己职业生涯发展要求的目标，需要对职业信息按照上述方法进行筛选和排序。对职业信息进行筛选与排序过程中，除了关注这些目标能提供给我们薪酬、福利、工作环境和未来发展空间等情况外，还应结合自身实际，比如择业定位、能力优势、自我价值和发展愿景等情况。同时，随着时代的发展，我们还应顺应职业世界的发展潮流，及时调整自己的就业观和职业发展观。

【训后实践】

对职业世界的探索，应伴随我们的学业发展、职业发展与成长全过程。对职业世界的探索、认知、分析、理解与领悟，都会关系到每个阶段的职业选择。从职业世界本身而言，这是一个结构化的外在环境，可以通过特定的模式进行分析，进而获得最符合现状的结果。

职业世界探索的根本价值在于趋利避害，妥善利用各种优质资源，为职业规划和发展添砖加瓦。总而言之，对职业本身的认知和对职业环境的有效分析，是大学生合理规划职业生涯的保障。

通过以上职业世界探索的训练之后，再做如下一些工作，可进一步做出求职择业的准备，提升训练效果和求职效率。

实践一：行业调查

从以下角度进行行业信息的搜集，并做整理分析记录成表格。（参见表2-8）

（1）工作时间。

（2）工作内容与职责。

（3）工作环境和地点。

（4）平均薪水。

（5）发展空间。

（6）如何成为从业者：专业方向、人格特质、知识储备。

（7）从事该行业的利弊。

（8）职业前景：岗位需求、人才供给。

（9）被访谈者的个人情况（从事该行业的年限、是否喜欢、为什么选择这个行业、对这个行业的看法等）。

表 2-8　行业调查记录表

工作时间			
工作内容与职责			
工作环境和地点			
平均薪水			
发展空间			
如何成为从业者	专业方向		
	人格特质		
	知识储备		
从事该行业的利弊			
职业前景	岗位需求		
	人才供给		
被访谈者的个人情况	从事该行业的年限		是否喜欢
	为什么选择这个行业		
	对这个行业的看法		

实践二：企业走访

通过老师、家长或朋友进行目标企业的走访，真实地体验职业世界，了解企业文化、管理模式和对人才的需求等，形成职业世界的深入概念。

在企业走访的过程中，主要从以下10个方面去了解企业，将走访结果作摘要记录。

（1）企业的简介。

（2）企业的产品或服务。
_____
_____

（3）企业的经营战略。
_____
_____

（4）企业的组织机构。
_____
_____

（5）企业的企业文化。
_____
_____

（6）企业的人才需求。
_____
_____

（7）企业的薪酬福利。
_____
_____

（8）企业的员工规模。
_____
_____

（9）企业的图片活动。
_____
_____

（10）企业的其他信息。
_____
_____

通过以上行业企业的走访调研活动，归纳出招聘单位对大学毕业生具备的人才基本素质和能力要求。

第三章　求职简历制作训练

【训练导言】

简历，是对个人学历、经历、特长、爱好及其他有关情况所做的简明扼要的书面介绍，是有针对性地自我介绍的一种规范化、逻辑化的书面表达，属于应用文体。对求职者来说，简历是求职准备的必备基本材料，是"敲门砖"，可视为"求职名片"。

简历具有广告属性，是自我推销的有力工具，主要用来展示工作技能以及证明能满足未来雇主需要并能创造其特定需求的价值。成功的简历就是自我营销的核心武器，用来获取求职面试的机会。

现在，想一想：

- 以前写过简历吗？简历的运用效果如何？
- 你了解过简历的结构与内容吗？
- 你知道哪些简历撰写的技巧和误区？
- 你知道如何优化自己的简历吗？
- 你知道求职时怎样投递简历吗？

……

通过本部分的训练，有助于打造出属于自己的、亮丽的求职名片，提高求职效率。

【训练目标】

认知目标：

（1）掌握简历撰写的要求与方法。

（2）理解简历对于求职应聘的重要性。

能力目标：
（1）能结合自我实际，写出个性化的完美简历。
（2）会根据求职目标，合理修改简历并选择有效投递方式。

【训练案例】

一、案例基本情况

（一）修改前的简历

简　历

李某某

女 | 19×× 年 10 月生 | 现居住于上海市杨浦区 ×× 号

188××××1111

E-mail：188××××1111@163.com

教育背景

2010/09—至今　　　上海理工大学 | 工商管理 | 本科

工作经历

2012/09—2012/10

上海 ×× 咨询有限公司 | 咨询部 | 实习生

工作描述：在咨询部担任实习生，主要帮助项目负责人搜集并整理资料，协助项目负责人完成静安区政府的大型项目策划书。其间，主要锻炼提升了自己的团队沟通协作能力。

2012/07—2012/09

上海 ×× 速递有限公司 | 客服部 | 实习生

工作描述：该公司为初创型企业，产品项目受到市领导的关注与关心。担任公司市场调查员，负责公司产品投入市场前的市场调查工作，任职期间主要从事问卷调查、拦截访问、统计数据及资料整理工作，实习结束时市场调查工作圆满完成，公司顺利投放了第一批产品设备。其间，锻炼了与人沟通交流的能力及数据分析整理能力。

在校实践经验

曾担任班级团支书半年，组织过团支部各种大小活动；

担任某社团宣传部部长,负责组织社团的各种宣传活动;

通过担任班级团支书和社团宣传部部长锻炼了我良好的组织策划能力。

在校学习情况

上海××大学学习优秀奖学金一等奖3次,二等奖2次

国家励志奖学金2次

"优秀学生""优秀团员"荣誉称号 | 院校级

证书

大学英语六级(CET-6)成绩优秀

全国计算机等级考试(二级C语言)成绩良好

全国计算机等级考试(三级数据库技术)成绩良好

上海市会计从业资格证

自我评价

性格温和、平易近人,喜欢与人沟通。工作认真负责,不畏艰苦劳累,具有不断进取和勇于挑战自我的精神。遇到难题定会积极向人请教,尽心做到更好。曾担任社团部长、宿舍长等,还积极参加班级活动、社会实践活动和兼职工作。四年的大学生涯大大提升了自身组织、协调、管理等处事能力与人际交往能力,并磨炼了吃苦耐劳的意志,具备良好的心理素质。

案例点评:

这是一个初学者写的一份简历,应该说写得还是比较好的简历,求职者把简历写在一页纸上,而且列出了自己的个人信息,包括姓名、联系方式等一些重要的、便于招聘单位联系的内容,放在了比较醒目的位置,这是非常可取的,同时这个求职者也把自己的工作经历列得比较详细,也很不错。但是,这份简历还是存在着一些问题,主要以下几个方面:

(1)简历中没有写明自己的求职意向,这是非常不可取的。不写明求职意向,招聘单位不知道你要应聘什么职位,很有可能就会把你的简历直接放弃了。

(2)在"工作经历"中,求职者将自己实习描述过于多了点,把自己具体负责的工作写得详细一些就可。

(3)在"学校经历"中,没有时间,笼统说了自己所做的工作,没有具体的工作内容,很难有说服力。

（4）在"在校学习情况"中，获得奖项没有时间、级别等说明，过于简单。

（5）在"自我评价"中，求职者写了自己的性格特征、担任的社会工作、在校的自身提升等，这样写是不合适的。自我评价部分是对自己的整体把握，在简历中是可有可无的，如果实在要写的话，只要找性格中跟你所要应聘的职位要求最相关的内容来写即可。

（6）还有重要的一点就是，这份简历总体上看没有很强的、突出的特点。

根据这份简历的以上几个不足，求职者进行了修改，请看修改后的简历。

（二）修改后的简历

简　　历

李某某

性别：女　　　　　　　出生年月：19××年10月生

联系地址：上海市杨浦区××号　　　联系方式：188×××1111

E-mail:188×××1111@163.com

求职意向

财务部实习生

教育经历

2010/09—至今　　　　　上海理工大学 | 工商管理 | 本科

工作经历

校外：

2012/09—2012/10　　上海××咨询有限公司 | 咨询部 | 实习生

主要帮助项目负责人搜集并整理资料，协助项目负责人完成静安区政府的大型项目策划书。

2012/07—2012/09　　上海××速递有限公司 | 客服部 | 实习生

担任公司市场调查员，负责公司产品投入市场前的市场调查工作，任职期间主要从事问卷调查、拦截访问、统计数据及资料整理工作，实习结束时市场调查工作圆满完成，公司顺利投放了第一批产品设备。

校内：

2011/09—2012/01　担任班级团支书，编排并组织了团支部的历史穿越剧之重走建团路。

2010/09—2011/01　担任某社团宣传部部长，主要负责社团英语角的宣传活动。

获得荣誉

2012 学年、2013 学年　国家励志奖学金　2 次

2010/9—2013/6　上海××大学学习优秀奖学金一等奖 3 次，二等奖 2 次

2012/11　上海理工大学　"优秀学生"

2013/5　上海理工大学　"优秀团员"

个人能力

大学英语六级（CET-6）成绩优秀

全国计算机等级考试（二级 C 语言）成绩良好

全国计算机等级考试（三级数据库技术）成绩良好

上海市会计从业资格证

自我评价

性格开朗，勤奋好学，吃苦耐劳，认真细心，具有良好的交流沟通能力和团队合作能力。

二、案例点评与启示

在原来的基础上做了修改后，这个求职者的简历比原来的更加系统，也更加完善了，修改后的特点主要体现在以下几个方面：

（1）我们可以看到在原来的基础上求职者加上了"求职意向"部分，这样便于招聘单位进行挑选。

（2）在"工作经历"中，这个求职者在以前的基础上又进行了细化，把自己具体参与的工作内容和成果都进行了说明，这样能够增加说服力，使人更加信服，能够让招聘单位看到这个求职者的能力。

（3）在"获得荣誉"中，加上了获得奖项时间、级别等，使之更可信。

（4）在"个人能力"中，将与求职意向相关的、比较重要的证书用黑体列出，这样突出了自己的"卖点"，让招聘单位一眼就能看到。

（5）在"自我评价"中，求职者所描述的性格特征都是紧紧围绕求职意向来写的，并用黑体列出，使人一看就感觉到，求职者的性格与求职意向的岗位要求相符。自我评价写得不多，就一两条，这样使得求职者的"卖点"更加突出。

第一节　认识求职简历

【基础知识】

一、简历的结构及内容

一般说来，简历的格式有七个部分组成：个人基本信息、求职意向、教育背景和荣誉、工作经验和社会实践、培训经历、语言和证书、自我评价。

（一）个人信息

（1）简历标题：不宜使用"简历"两个字作为标题，直接用你的名字"×××"。这样显得更突出，更一目了然。

（2）出生年月：一定要按实际填写并与身份证上的信息相符。

（3）联系电话：把手机和固定电话都写进去。尤其是一定要填上可以长期找到求职者的固定电话号码。不少求职者经常会更换手机号码，或者手机碰巧没有电，错失了招聘人员通知面试的机会。电话号码最好放在靠前醒目的位置，这样便于招聘人员与你联系。

（4）E-mail：尽量用自己常用的私人邮箱，不要用各大招聘网站分配的邮箱，否则显得很没有诚意和不专业。

（5）户籍所在地：如果是本地生源，务必写上，有些企业或者机关单位会指定只要本地生源。

（6）政治面貌：如果应聘的是国企或政府单位，政治面貌是党员的话，请写上，这一项会得到加分。但如果应聘外企就不必了，外企不关心政治面貌。

（7）学历和专业等其他信息。一般专业对口的话，可以写，不对口建议不写。

（二）求职意向

求职意向必须写清楚。很多公司会同时招聘很多职位，对于没有写清楚申请职位和职位编号的简历，筛选人员是无法进行职位分类的，因此，这类求取意向不明的简历很有可能在第一时间被删掉。

（三）教育背景和荣誉

该部分主要写与你求职目标有关的专业，最好是与目标有关的在班级中做过的最成功例子（例如团队或个人项目），以及其他重要的事实（例如荣誉、奖励、证书、成就等）。切忌在醒目位置罗列所有课程。

写荣誉时，要注意强调奖励的含金量，可使用数字和比例，以营造比较优势。比如奖励年级排名前5%的学生，获奖比例不足千分之二等表述就能突出其含金量。如果奖励众多，要有所选择，注意奖励与职位的相关性，同一种奖励，写一项即可，可表述为多次获得"优秀三好学生"。

（四）工作经验和社会实践

这是所有企业都关心和注意的地方。这一项写得好与坏，直接决定他们是否有兴趣把简历的其余部分读下去。

写出在校期间参加各种实践活动的经历，如在校担任过哪些职务、是否参加过志愿者工作、有哪些兼职等，这些经历能很好地说明你具备相关的工作能力，这对没有参加工作的大学生来说是非常重要的，可以视为工作经验。

下面的技巧有助于写好工作经验。

1. 回顾与职位相关的实践经历

仔细思考，罗列出以往所有的短期实践经历。记住，哪怕做过一天的社会实践，只要和申请的职位有关系，也要把它写下来，这可以成为丰富你简历的良好素材。比如说，你申请的是"市场专员"这个职位，有以下这些实践经验：

（1）2016年暑假，在AA外语学校担任英语教师。

（2）2016年11月—12月，为三星公司做兼职手机促销员。

（3）2017年3月，为某咖啡新产品的上市做前期市场调查。

（4）2017年暑期，在北京电视台新闻频道实习。

（5）2017年9月，参与某学校培训产品的市场推广策划。

经过分析，只有（2）、（3）、（5）条是和申请的职位有直接关系的，可以把它们提出来进行加工润色，而和目标职位没有直接关系的实践经历，就可以省略了。

2. 细致描述社会实践活动

这是工作经历撰写的重点与核心，学会把做过的活动详细描述，用（1）、（2）、（3）、（4）条罗列表示出来，这是非常必要的。比如一个学生只是参加了一个周末为某公司进行的市场促销活动，可以根据工作内容把它们罗列如下：

（1）新款手机产品性能的讲解。

（2）协助进行现场活动抽奖。

（3）发放并回收新产品上市的市场调查问卷。

（4）搜集现场客户资料。

这样一来，工作实习的内容就变得丰富多了。

3. 用专业术语和数字描述

同一件事情，用不同的方式表达，产生的效果可能相差很大。在保证真实的情况下，我们可以尽可能用专业化的语言来表达，这样也从另一个侧面反映专业素质。比如，原来从事"秘书"工作，可以表达为"助理"；"传单发放"可以表达为"传播产品信息"，等等。同时，数字的使用会让整个简历变得更有说服力，这远远比那些只用了"很多""大量"等含糊语言的简历更能够吸引招聘主管。把上面那位同学的工作内容加工一下，就形成了以下文字：

（1）在大型市场推广活动中，为潜在顾客进行产品展示和产品性能解说。

（2）在展会活动中，参与组织和安排大型抽奖活动，当天吸引3000名潜在顾客参加活动。

（3）协助公司进行某手机的市场调查，组织20人发出2000份调查问卷并有效回收90%。

（4）用多种方式进行客户资料搜集、分类，进行客户资料管理。

（五）培训经历

求职者可以把自己在业余时间学习的与职位有关的课程写上去，如各个名牌企业的认证培训课程（如微软MCSE认证和思科Cisco认证培训课程）、英语进阶课程、计算机课程、海外学历培训课程、管理课程等。但要遵循的一个原则还是你的培训经历必须与所申请的职位相关，没有针对性的话毫无用处。

（六）英语和证书

英语水平要注明等级。英语四级是企业最基本的要求，六级和专业八级要特意说明，会有加分的。

应聘欧美外企的时候，如有托福（TOFEL）和雅思（IELTS）成绩尤佳。但最好是托福达到600分以上和雅思平均分达到7分以上才写上去，并要说明近期没有出国的计划，否则还不如不写。

应聘日资企业，除了英语证书外，一般要求国际日语水平测试二级以上，一级可以加分。

如果应聘翻译工作，要有高级翻译、口译等证书，这在找工作时会很有帮助。

（七）自我评价

自我评价要符合职位要求，求职意向跟所应聘的职位是一致的。尽量三言两语说清楚，不要自我主观发挥，更不要写成抒情散文，如"我经过""我觉得""通过什么……我学到了……"等这些学生腔。最好按顺序用1、2、3、4……来列出自己的优点和技能。

二、优秀简历写作原则

1. 实事求是

真实是简历最基本的要求，诚实的记录和描述能够使阅读者产生信任感。一些学生为了达到较好的包装效果，故意遗漏某一段经历，造成履历不连贯，或对经历夸大其词、弄虚作假，很容易被阅历丰富的人事主管识破。费尽心机修饰而与事实不符的简历，经不起面试的考验。行文中所表现出的语气要遵循诚恳、自信、礼貌的原则，陈述时既不妄自尊大也不妄自菲薄，要客观评价自己的优势又避免夸夸其谈，客观陈述自己反而更能赢得好感。

2. 自我推销

简历的作用是推销自己，表现自己，你有什么特长，尽量在简历上表现出来，让用人单位发现你的价值，切忌过于谦卑，不好意思向别人陈述自己的优点和成绩。如果你不说清楚你能干什么，那又有谁会知道你是一个有用的人才呢？所以，在简历上，你不仅要列举你所干过的工作，更应该强调你能干某项工作的技能以及你所取得的成就和证书。

3. 扬长避短

个人简历里面的内容，应实事求是，决不能虚构。但这并不是说，在个人简历上你要把所有有关你的事情都写上去。个人简历的主要作用是让用人单位了解你胜任某项工作的资格，所以，与之无关的对自己不利的内容完全可以不在简历上出现。

4. 人职匹配

简历从某种角度看就是一篇论述性文章，其中心论点是你是应聘岗位的最佳人选，而简历中的所有信息都是证据。所以，写简历时要分析目标企业和职位的要求，巧妙突出自己的优势，给用人单位留下鲜明深刻的印象。通常，简历中的求职意向、教育背景及学历、专业、外语水平、计算机水平、实践经历、实习经历、特长、爱好、自我评价、其他重要或特殊的信息等都是证明自己人职匹配的关键信息。

5. 简洁凝练

招聘人员每天要面对大量的求职简历，在阅读和筛选时，平均每份简历所用的时间不超过一分钟。对于应届毕业生的简历，衡量的标准是简洁、清晰，篇幅不超过一页纸。言简意赅、流畅简练、令人一目了然的简历，是最受欢迎的。撰写简历前应根据不同的单位、职位和要求进行必要的分析，突出重点，有针对性地设计简历。

6. 美观规范

行文要准确、规范。作为实用型文体，简历句式以短句为好，文风要平实、稳重，以叙述、说明为主，不可动辄引经据典、抒情议论，不要使用拗口的语句和生僻的字词，更不要有病句、错别字。好的简历，版面设计也是一个非常重要的因素，是真正的"第一印象"，基本要求是条理清晰、标识明显、段落不要过长、字体大小适中、排版美观、疏密得当。不要为了节省纸张而排得密集局促，令人看得吃力；也不要出现某一页纸上只有几行字，留下大片空白；还要注意版面不要太花哨。

[训练活动]

活动一：角色扮演——挑选最中意简历

这个活动是让参与者进行角色扮演，假设各位都是公司招聘人员。采用小组讨论的形式，4～5人一组，提供已制作好的简历，分组讨论挑选出你认为适合参加面试的简历，并说明选择的原因。

阶段1：
小组讨论选出他们认为适合的简历，时间为5分钟。

阶段2：
每个参与者和同伴讨论分享他们的选择，时间为10分钟。

阶段3：
组织者结合招聘人员挑选简历的标准进行讲解，时间为15分钟。

总结
很多招聘人员在审核简历的时候，往往会边读边画圈，一旦发现某个符合所招聘职位的特征，立刻画圈予以标记。如果一篇简历看下来，"圈"寥寥无几，那么，这份简历无疑是失败的。

活动二：优秀简历分析

下面是一份被招聘人员肯定的优秀简历。

×××

138-××××651

××××@163.com

上海市上海理工大学×× 宿 ××

求职意向：×× 管理局人事劳动教育助理

教育背景

上海理工大学　　管理学院　　管理学学士　　工商管理
2013.09 至今
主修课程：市场营销、经济法、项目管理、国际工商管理、产业经济学、宏观经济学、微观经济学。

■ 上海理工大学一等奖学金 （全校仅 *% 的学生获得）　　　　　　　2013.10

项目经验	职责与成绩	锻炼的能力
上海理工大学 ×× 活动 2015.06—2016.04 项目成员	课题申报，演讲并以9.8分获得第二名；开展6个小区问卷调查工作，共走访95户居民；3000多项数据分析，负责成果论文的80%主体部分。	讲解演示 团队合作 项目分析

■ 上海理工大学第四届 ×× 工程优秀项目二等奖（商院 ×× 多名本科生，×× 人获奖）
■ 论文《×××》发表于南大核心期刊《×××》

校内活动

商学院学生会 2013.09—2014.11 海报组长、宣传部副部长 班级宣传委员 2015.03 至今	主要负责院系内宣传活动40多项；参与企业文化节海报、节标设计和团队竞技；"×××"公益活动宣传策划。组织班级各项宣传活动；2015优秀班级板报设计制作，获二等奖。	策划能力 设计、合作 沟通协作 组织宣传 板报设计

社会实践

上海××电脑公司 2015、2016（课余时间） 创立、经营者	远程管理，通过网络进行销售策划和品牌宣传； 参与供货会谈3次，达成供货协议2个； 制定公司每月销售计划；组织2次在××学院宣传活动。	策划沟通 交易商谈 计划组织
上海××科技有限公司 2016.03—2016.06 销售助理实习	提出2项销售建议在公司销售会议上受到好评； 联系客户：××公司、××等； 参与××公司售机协议商谈并负责3个月的专项维护。	善于思考 客户需求 分析 协议商讨
SKA大学生创业团队 2014.03—2016.08 创办、组织者	上海、哈尔滨、桂林、南宁各高校，18名成员； 在各高校经营经营电脑生意，共销售300多台； 开办中小学暑期学习班，提供电脑培训、升学辅导； 招收、培训120多人，深受家长好评	组织沟通 经营技巧 影响力

技能

■ 英语：CET-4，已达CET-6水平，擅于阅读和写作；
■ 电脑：C语言，Photoshop，论坛开发与管理，Office，硬件维护，参加了9月份三级考试；
■ 其他：粤语、客家语、桂林话；报考11月份市场营销助理资格考试。

爱好

■ 歌唱（曾获高中歌唱赛一等奖）、软笔书法（曾获高中软笔书法二等奖）、足球、旅行。

分析该份简历，好在哪？为什么？

【训练小结】

好的简历就是一份推销自己的广告，其最重要的目的就是吸引招聘人员的目光，获得面试机会。成功的广告通常简短且富有感召力，并且能够多次重复重要信息，一份罗列了所有经历和内容的简历在招聘经理眼里是一盘散沙。如何在资源有限的约束下，用最有效的信息展现出独特的自我，就需要发挥我们的智慧。没有包打天下的简历，要针对用人单位招聘需求订制一份可呈现个性、素质和能力的简历，要证明自己是胜任且适合的。

第二节　撰写求职简历

【基础知识】

一、求职简历主要内容的撰写

如果你开始认为写好一份简历非常困难，那看过以下内容后，你肯定就茅塞顿开了，其实，写好一份简历并不难。

首先，我们先要总体了解下简历的成功与失败之间那一步之遥的区别，见表3-1。

表 3-1　简历的成功与失败

简历要素	成功简历	失败简历
个人信息	简明、扼要，必要信息清晰	面面俱到
求职意向	有，针对性强	无，大招聘会式简历
教育背景	叙述清晰简练，写出比例	从小学开始，罗列所有课程
工作经历	与职位相关，条理清晰地写出时间、公司、职位、内容、业绩	简单罗列，内容简单，没有特点
奖励情况	分类清晰，写出比例	按年度罗列
个人技能	专业、英语、计算机都具备，重点突出	没有针对性地突出内容
个人特长	强项，闪光	概念大，平凡
总体印象	条理清晰，言简意赅，重点突出，逻辑性强	平淡乏味或繁杂无序

其实，简历的成功与否与你本人的经历多少、背景是否辉煌、个人能力是否突出等并没有直接关系，有些人经历很丰富，但体现在简历上要么没有重点，要么让人觉得没有可取可看之处，根本在于你的简历写作水平高低。

一份简历中的最基本信息，我们概括为：

一个中心：求职意向；

两个基本点：个人信息、教育背景；

三种经历：工作实习经历、项目经历、社会实践经历；

其他：奖励情况、英语计算机及专业技能。

除了这些客观信息，还可以写出你的爱好特长，以及你对自己的评价。

对于高校毕业生来说，我们建议大家结合自己的背景和特点，按照这个概括来写简历，并不是所有项都必须出现在你的简历中。要记得把重要的、能突出自己优势和职位要求的内容向前排；不重要的内容向后排，甚至从你的简历中直接删除。

下面我们按照这个概括，一步一步开始真正的简历写作吧！

（一）一个中心：求职意向

求职意向写与不写各有说法，说"写"的人大致理由是目标明确，投其所好，表达求职者钟情某个职位的决心和态度，但同时也会在某种程度上限制你的求职范围。但如果不写，招聘人员很难在极短的时间内为你匹配一个合适的职位，或者说他根本不会花时间为你去想这个问题，机会就白白溜掉了。对于高校毕业生，我们一般还是建议要写上求职意向。

求职意向也许只是简历开始短短的一行字，但你要懂得充分利用这个小小空间提供的机会，向招聘人员展示出你对这个职位的无比向往和珍惜，第一时间吸引他的眼球。一定要针对你所应聘的公司和职位，书写要具体，等于明确地告诉雇主：我在寻找什么样的工作机会，包括职位类型、角色定位等，让对方有这么一个印象：你就是这个职位的最佳人选！不要模棱两可，让招聘人员不确定你是否胜任该职位。

在撰写求职意向时，要充分表明自己在该方面有优势和特长。求职意向要切中要点，不要空泛，比如"给我一个机会，还您一个惊喜""寻求一份可以获得挑战与丰厚报酬的工作"等等，这些都是无用的工作目标。求职意向可以直接写职位，或者"拥有某方面技能和经验，想要在哪些领域或方面实现自己的价值"。

求职意向是一份简历中最重要的部分，或者说就是整份简历的中心思想，要充分体现出你的可利用价值和潜力，而不是你对未来公司和职位的要求。

一份简历只能有一个求职意向，如果有多个职业目标，最好分别撰写不同的简历，什么都能干、什么都行、什么都想做其实就等于你什么都不行，什么都做不好。

当然，如果我们去参加大型招聘会，这个内容可以省略，除非你提前知道参会单位和他们的具体要求，不然就大大限定了你的求职范围。

错误示例：

（1）求职意向：能吃苦耐劳，适应各种环境，要求能提供基本福利保障，签订正式合同协议，有发展空间。

（2）求职意向：本人积极上进，为人开朗大方，在校期间与同学关系融洽。学习上刻苦努力，成绩优秀，每学期均获得各类奖学金，具有扎实的专业基础和较强的实践动手能力。工作认真负责，责任感和集体荣誉感较强，积极投身于校内外的各项实践活动。本人在不断完善自己，发挥自己特长的同时，努力扩展专业知识、社会交往能力。寻求在各企事业单位文书、广播传媒、公关等相关文职。

优秀写法示例：

（1）求职意向：销售方面的初级职位。最终目标：销售部门经理。

（2）求职意向：计算机软件开发工程师，熟练掌握××语言。

（二）基本点之一：个人信息

这部分内容的主要作用是方便招聘人员知道简历是属于谁的；如果对这位应聘者感兴趣而且想联系他的话，能够很容易拨通他的电话。个人信息应该简单、清晰，没有多余信息。

姓名和联系方式（手机、固定电话、邮寄地址、E-mail）是必填信息，这是应聘任何性质的公司都需要的，要写在简历最前面最醒目的位置，方便查找。至于性别、年龄、政治面貌、籍贯、民族、照片等，要根据应聘单位的性质和职位要求来取舍，一般来说，国企、事业单位倾向于个人全面信息，外企则没有这方面要求。

例如：

王××

上海市杨浦区××号第四宿舍××室，200093

（86）135-6450-×××　（021）5527-×××

info@yingjiesheng.com

（1）姓名。中文简历一般直接写名字，以大号字、黑体、加粗来突出表示，可以写在一份简历正文中，也可以写在简历最上面。如果名字中有生僻字，最好加拼音标注。在英文简历中写自己的姓名，最好给自己取个英文名字，如果没有的话可以写上自己的姓名全拼。

（2）地址。中文地址由大到小，英文地址由小到大，应该是当前能够联系上应聘人的有效邮寄地址，注明邮编。有些公司筛选简历时，特别是一些中小企业，会对应聘人的居住地址有要求，因为居住地离公司近，可以节省公司住宿的成本和员工上班的时间成本，招聘人员会优先考虑。对于到异地求职的同学来说，在简历中注明自己身处招聘公司所在城市很重要。

例如：某同学就读高校在上海，应聘公司在北京，而他本人也已经身在北京，那么应写北京的居住地，而不是上海高校。这一点很重要，利用地址信息，招聘人员明显看到你是可以非常方便参加面试的，因为招聘人员在安排面试时，也会担心应聘人能否按时参加面试。

一般来说，简历中的地址信息在公司寄送录取通知单时也会用到。

（3）电话。固话要加地区区号，号码之间加一个"－"，如 010　6788-9166。手机号码建议采用 3-4-4 或 4-3-4 原则，如 1381-×××-2555。你留下的固定电话或手机必须真实有效，保证企业招聘人员可以在任何时间通过你留下的电话号码及时找到你。如果在第一时间通过手机或固话无法联系到你，有些职业素质比较好的招聘人员通常还会隔一段再次与你联系，有些可能直接将你从面试名单上划掉。

（4）电子邮箱。要选择比较稳定的邮箱系统，防止邮件发送和回邮过程中发生问题。用户名也要特别注意，要显得正式、职业化，标准的格式建议采用中文名字全拼，例如刘×平的邮箱用户名应当为 × ping liu，千万不要看上去很傻，比如 super man, little girl 等极不专业。

如果是应聘国企或者事业单位，个人信息除了以上必有信息外，可能还需要增加其他可选的个人信息，例如：

王 × 上海市杨浦区军工路 ×× 号第四宿舍 ×× 室，200093 （86）135-6450-×××　　（021）5527-××× info@yingjiesheng.com 性别：女　出生年月：　政治面貌：　民族：　籍贯：	照片

(三)基本点之二：教育背景

高校毕业生的教育背景应该置于简历上比较醒目的位置。一般按照时间逆序的写法来写，我们通常从大学阶段开始写，如果是现在是即将硕士毕业，那么要先写硕士再写本科。教育背景中必填的信息包括就读的时间段、学校、学院或专业、学历，此外，研究方向、主修专业、辅修专业、相关课程、研究项目、成绩排名等要素可以根据实际情况有选择地填写。

例如：

教育背景
2015.09—2018.06　　新南威尔士大学　　国际商务专业　　　　　　硕士学位
　　　　　　　　　　GPA：3.2/4.0，排名：3/30
2011.09—2015.07　　复旦大学　　　　　国际经济与贸易专业　　　本科学位

教育背景
2014.09—2017.06　　管理科学与工程专业　　硕士　　上海财经大学
　　　　　　　　　　主修课程：管理学、系统科学
2010.09—2014.07　　英语语言文学专业　　　本科　　上海大学
　　　　　　　　　　主修课程：商务英语

（1）就读时间段。每段教育经历都要有起止日期的时间段，需要衔接。

（2）学校。如果你是名校出身，那么校名就是你的加分项，可以加粗显示。

（3）专业。如果你所学专业和职位对口，那么就加粗强调。如果你是跨专业求职，那么你的双学位或辅修经历就非常重要，比如你本科是学中文的，但你辅修了经济学，如果你想从事金融方面的工作，那就要淡化中文专业背景，强调突出经济学背景，要注意规避劣势。

（4）相关课程。一般列出三四门相关课程即可，让招聘人员了解你所学的专业，成绩还不错的话，可以标注相应成绩。

（5）排名情况：如果你的专业排名比较靠前，不妨写上，比如"排名：年级前10%"或是"排名：4/30"。

(四)经历之一：工作实习经历

这是简历中最重要的一部分内容，但这块内容往往是高校应届毕业生最薄弱的一环，也是有些企业不招应届毕业生的根本原因。对于很多中小型企业，招聘应届生往往要付出培养成本，不能即时产生效益，而规模较大、较正规的大型企业往往愿意付出培训成本招聘应届毕业生，从头开始对企业文化、企业制度、工作技能等进行系统培训，比如我所了解的通用汽车，应届生进入后至少要经过一年左右的轮岗，然后根据你的专业技能、适应能力、个性特点等定编定岗在某个岗位上。工作实习经历也是招聘人员在浏览简历时重点查阅的部分，能够系统反映个人能力、素质、特点、个性等重要信息。如果已有的工作实习经历与应聘的职位或者公司业务需求相关，那通过简历筛选的概率很大，因为对方往往会认为你具有与职位要求相关的技能。

错误实习经历描述实例：

> 工作实习经历
> 2015 年 9—10 月，沃尔玛超市收银；
> 2015 年 11—12 月，为 ×× 公司做兼职手机促销员；
> 2016 年暑期，在必胜客做服务员；
> 2016 年 10—11 月，参与 ×× 英语培训公司英语培训产品的市场推广；
> 2016 年 3—12 月，高三学生家教。

优秀实例：

> 工作实习经历
> **2017 年 6 月至今　××公司　技术总监　上海**
> - 创立并扩充公司的开发部门，在一年多时间里，将部门从两位工程师为一个客户工作发展到有 30 位工程师为三位不同的客户工作。公司的年营业额增长了 200%。
> - 在三年内成功地管理了 8 个项目并与三个不同的客户合作。所有的项目都按照客户要求按时高质量地完成，使公司的业务得到了迅速发展。
> - 成功地为公司的软件开发建立了一整套质量保证体系，并在实际中加以完善，使其逐渐符合 ISO9001 及 CMM 体系的要求。
> - 管理、参与并按时高质地为客户开发了 CDMA 系统建模及仿真软件。

1. 工作时间

这是招聘人员判断应聘者实际工作经验丰富与否的一个标准。先写目前的工作，再写以前的工作，一般放在行首或行尾。如果工作时间较早或者工作时间在两年以上，或者为了拉长你的工作时间，可以只写年份。如果工作时间较短，但公司的知名度或者与应聘公司相关度比较高的话，你就用行首位置用来强调公司，工作时间放在行尾。

2. 公司名称

加粗。以最为人熟知的名称来写，可以是营业执照上的公司全称，也可以是公司简称。例如 IBM 的大名在中国家喻户晓，但它的全称"INTERNATION BUSINESS MACHINE"却很少有人知道。

3. 公司简介

对于招聘人员不熟悉的某些行业的公司、新公司或小公司，可以适当用一句话简要介绍。外籍招聘人员可能不太知道中国的公司，也可以介绍一下。

4. 部门名称

公司名称之后注明职位所属部门，加粗显示。如果在同一公司经历不同部门和职位，需要分别介绍在不同部门的工作内容和业绩。

如果并不了解自己之前实习工作所在的部门名称，建议按照一般公司常设的部门名称，来为自己的实习工作划定一个部门，一般常设：人力资源部、市场部、采购部、销售部、技术部等。

5. 职位名称

加粗显示。这是招聘人员浏览简历时的一个关键词。如没有正式的职位名称，也不要轻易用"实习、实习生、兼职"之类的词来代替，看不出工作性质。应根据具体的工作、实习内容及对应的部门性质，在真实的基础上，为自己的实习职位定义一个有具体意义的职位名称，如销售代表、业务助理等。不要夸大职位头衔。

6. 工作实习具体内容

这部分包括你的主要工作和职责，工作结果与主要成就，你从工作中学到的技能与素质等。但是我们在写这部分内容时常常会：有的人是缺乏内容甚至没有工作实习经历；有的人未来的工作设想与已有经历不相关；有的人经历很丰富，内容很充实，但却草草罗列，看起来平淡乏味，引不起任何人的兴趣。在简历写作过程中，很多人在写工作经历时容易存在两个问题：一是按照时间、地点、单位的模式简单罗列，叙述平淡无奇，或者是像写记叙文一样对每段工作经历都浓墨重彩地描述，重点不突出，让招聘人员看得云里雾里。所以，要记住，在写工作经历时要用短句，避免用大段的文字描述。而且短句的长度最好不要超过两行，句数也不宜超过八句。这是因为招聘人员习惯捕捉前三句信息，八句以后基本不会看。那么，这部分内容应该怎样写才能入招聘人员的法眼呢？

（1）"PAR"法则。采用问题（P）描述、采取的行动（A）、工作业绩（R）的框架来描述，也就是工作目标、内容、所扮演角色、工作业绩。

例如：网络推广实习生实习经历描述对比

> 工作实习经历
>
> 2015.3—2015.9　上海××科技有限公司　市场部　市场推广专员　上海
> - 通过电话对目标高校就业办老师进行访谈，联系了200多所的高校就业办老师。
> - 通过电话方式拜访企业客户，调研招聘需求，达成合作意向。

> 工作实习经历
>
> 2015.3—2015.9　上海××科技有限公司　市场部　市场推广专员　上海
> - 公司经营的网站应届生求职网（http://www.yingjiesheng.com）是中国排行第一的专门面向大学生及在校生的求职招聘网站。
> - 独立负责网站与目标高校、企业的合作推广计划的实施。
> - 对全国约400家重点高校就业网进行调研，确定200多所目标院校就业办老师名单，并负责与这200多所目标院校就业处老师联系沟通及访谈，保证2～3次后续跟踪，完善网站制订的高校合作计划文案。
> - 通过电话访谈方式对700多家企业进行招聘规模、渠道及目标生源等校园招聘需求调研，撰写长达5000字的调研报告，并根据调查结果对企业有针对性地推介网站服务项目，最终与近625家目标企业达成合作意向。

（2）工作成就要用数字来说话，尽量具体化，不要使用"许多""大概"等。我们通常接触的数字包括成本、收入、预算等钱的因素，也包括提高时间效率，规模数量等。

例如："开发了销售和市场项目，使购物中心的利润提高了33%。在行政法规听证会上，作为法律代表为客户公司进行辩护，胜诉率达80%以上。"

"使邮政业务量提高9%，从80%提高到历史最高纪录89%，而标准工作量则为75%。"

"负责华东地区23家商店的销售和损益，改组了整个服务部门，提高了工作效率。

（3）将看上去"含金量"不高的内容，尝试用相关的专业术语来包装，显得比较专业。要善于使用一些比较强势的动词突出自己的成绩，例如你在肯德基收银和记账，可以写成"主要负责现金收支项目的管理与账目申报工作"。

①增加行业专业词汇和关键词。

修改前：

> 工作实习经历
> **2016.6—2016.8　上海××有限公司　销售经理助理**
> ● 负责与客户进行电话沟通，每天工作长达6小时；
> ● 参与公司市场扩展项目，具有扎实的专业知识和良好的工作业绩。

修改后：

> 工作实习经历
> **上海××有限公司　销售经理助理　上海　2016.6—2016.8**
> ● 作为销售部门的助理，负责项目策划及实施、市场跟踪、信息调查以及分析，主要客户包括大众、通用等；
> ● 协助公司新产品在苏州成功进行市场投放活动。

②用专业化语言优化工作成就。

修改前：

> 2015.5—2015.7　××集团　实习生
> ● 整理人员档案，汇总数据报表并进行分析总结。
> ● 负责办公室卫生、打印、饮水等日常维护，通过一系列努力改善了办公室的办公环境。

修改后：

> ××集团　市场调研员　中国上海　2015.5—2015.7
> ● 负责全球大客户部每日市场调研情况的汇总分析，销售人员绩效评估。
> ● 成功策划、组织并完成"办公环境改进与减压提效"项目。

③关键词体现优势。

制作简历时目标明确，投其所好的最有效办法是掌握一些经典关键词。虽然很多带有行业特征的关键词我们不甚熟悉，但是有一些是通用的，包括沟通技巧、解决问题的能力、团队工作精神、领导力等。而且关键词不仅仅都是名词，动词的作用也非常重要，比如，你拥有出色的沟通技巧，用"领导团队""建立团队"比"参与团队工作"更能吸引招聘者的目光。要善于用一些比较强势的动词突出自己的成绩，如负责、发起、独创、独立负责等，比参与组织等词更有优势。不要过分使用时髦用语，这不仅不能说明你工作经验，有时候会给你的简历带来负面作用。

材料分享：美国著名求职网站 Monster.com 统计人力资源经理搜索最多的 100 个关键词。

部分列举如下：

- sales 销售
- administrative assistant 行政助理
- recruiter 招聘专员
- customer service 客户服务
- outside sales 外部销售
- receptionist 前台
- accountant 会计师
- accounting 会计
- mortgage 抵押
- CPA 注册会计师
- Manager 经理
- financal analyst 财政分析员
- insurance 保险
- physical therapist 物理治疗学家
- executive assistant 执行助理
- inside sales 内部销售
- human resources 人力资源
- pharmacist 药剂师
- nurse 护士
- java

④行为词优化语言

在简历中使用行为动词，会让你看起来更像一个目标明确、充满活力的人，而这样的人正是绝佳的招聘对象。比如，"Managed a team of 20 employees"听起来就要比"Was in charge of 20 employees"更为有力。行为导向原则也要求从你的工作经历中看出你的能力在不断提高！这样能够证明你是有发展潜力的，并且是可以创造价值的人。

材料分享：一些常用的行为词

部分列举如下：

- Achievement 表示个人成就的
- accelerated 加快
- accomplished 完成
- achieved 取得
- activated 激励
- attained 取得
- competed 竞争
- earned 争得
- effected 实现
- elicited 得出
- executed 执行

案例分析：

> 2016.8—2016.9　××大学"农民之子"摄影团领队，带领35名社团成员奔赴甘肃考察农村情势
> 策划此次活动，并吸引到××杂志的3万元资金赞助
> 安排全体成员住宿问题
> 与当地政府联系，提供车辆等物质支持
> 与保险公司谈判，为全体成员购买总价值35万元的人身保险

要坚持"重要优先"的原则，将与职位相关的经历重点描述，与职位相关度不高或者没有关系的经历简单描述，甚至不写。同时，在成就中可以先写最重要的成就，最高职位，不要刻板地按照时间顺序从前向后写，关键是要让招聘人员第一时间发现你的闪光点。不要认为简历中的经历越多越好，全部罗列，以免混淆了招聘人员的视线。如果缺乏工作实习经历，就重点描述学校社团、学生会等社会实践活动。

（五）经历之二：项目经历

项目经历反映求职者某个方面的实际动手能力，对某个领域或某种技能的掌

握程度，一般在应聘 IT 类职位、研究所研究员或高校老师等职位时，比较重要。在现实中，可能研究生阶段参与项目的经历会比较多，本科生较少或者几乎没有。

项目经历属于工作经历的一部分，具体描述时应该借鉴工作实习经历的描述注意事项，注重项目成果、相关技能关键词的强调。

（六）经历之三：社会实践经历

有的同学参加学生会、学生社团等，有的参加支教、"三下乡"等暑期社会实践，有的参加各种形式的商业比赛。描述方法与工作实习经历类似，社团名称对应公司名称，社团职位对应工作职位。也应该参照"与职位相关"原则，将与职位要求相关的内容重点来写，不相关的轻描淡写或者不写。

例如：

社会实践

2016 年 4 月 组织开展主题为"保护环境 杜绝浪费"团风活动 获得成绩：该次主题团风活动被 XX 大学校团委评为"2016 年度 XX 大学十佳团风活动"。活动期间主要负责的工作如下：
- 宣传本次活动的主题；
- 负责组织本次活动的主题座谈会，扩大活动影响；
- 组织进行调查问卷，宣传调查结果；
- 分析调查数据，并向提出相应的解决方案；
- 配合学校后勤公司做好宣传及引导"改变消费方式，减少浪费"等工作。

（七）其他要素之一：奖励情况

要特别注意奖励的级别及特殊性。这部分的书写也需要很强的技巧性。因为几乎每份简历上都会有这样或那样的奖励，奖学金、优秀学生、优秀干部等，招聘人员都司空见惯了，所以你仅仅罗列一堆奖励名称是没有太大意义的，如果能把所获奖励的难度以数字或者获奖范围来表示，突出所获奖项的含金量，就会增加简历通过筛选的概率。

例如：

奖励情况

市级：上海市奖学金（全校仅 10 人）、上海市高等学校优秀学生
校级：上海理工大学优秀学生奖学金一等奖（前 2%）、上海理工大学优秀学生
　　　奖学金二等奖（前 5%）

对于一些比较特殊或者比较罕见、能够反映你某方面特殊才能的奖励，可

以放在简历靠上的位置，例如挑战杯、全国数学建模大赛等，可以在教育背景部分单独显示。

对于大量的性质、级别类似的奖励，可以按照类别，分门别类地描述。

例如：

修改前：

奖励情况
- 上海理工大学二等学生奖学金　　　　　2017 年
- 上海理工大学优秀团干部、优秀团员　　2017 年
- 上海理工大学运功会 1500 米长跑第三名　2016 年
- 上海理工大学校园十佳歌手　　　　　　2016 年
- 上海理工大学三等学生奖学金　　　　　2016 年
- 上海理工大学优秀学生干部　　　　　　2015 年

修改后：

奖励情况
- 学习类：上海理工大学单项学生奖学金（前 5%）2 次
- 社会活动类：中山大学优秀团干部、优秀团员
- 文体活动类：多次在运功会长跑比赛和歌唱比赛中获奖

（八）其他要素之二：英语、计算机及专业技能

在以上所有的信息书写完毕后，别忘了锦上添花，对于英语、计算机及专业技能做一些单独描述。如果你会的东西很多，一定要遵循相关性原则，重点描述那些与应聘职位最相关及未来工作最有用的能力，无关的应考虑从简历中删除。

例如：

专业技能：通过注册金融分析师（CFA）一级考试
英语技能：CET-6（550/ 总分）、TOEFL800 分，英语高级口译证书；具有良好的英语听说读写和翻译能力，英语口语流利；
IT 技能：熟练使用 Office 办公软件、PASCAL、JAVA 等软件

---

1. 英语技能

英语方面标准化的考试包括：CET4/6、BEC、TOFEL、GRE、GMAT 等。有时从工作经验中能够推导出相关能力，比如英语口语方面，例如"工作语言为英语""给国外客户做陪同翻译"等，关于口语能力强就比较有说服力了。除

了听说，英语读写能力反映在日常文档报告、E-mail 的交流等书面层次。

2. 计算机技能

要根据应聘要求，有选择地列出相关软件操作技能，比如机械的 UG、PROE 等。

3. 专业技能

那些与专业相关的技能、资格、认证证书等，相应的证书能为你的应聘加分不少。

（九）其他个人信息

1. 个人爱好

一般来说，我们不建议在简历中写个人爱好，除非是公司的申请表有明确要求。因为你很难保证这个兴趣爱好能够投招聘人员所好，主观性太强，又占据篇幅。

如果要写的话，首先要写强项，弱项一定不要写，因为如果招聘人员关注你的个人兴趣的话，可能会比较轻松地和你闲聊几句，如果发现这项并不是期望中的"高手"的话，很可能会让招聘人员失望，最糟糕的情况是会影响你的信用。同时，个人爱好不要罗列得太多，两三项即可，因为在很多方面都很强的人毕竟极少数。个人爱好要具体，不能只是"音乐、读书、运动"等概括性的词汇，甚至有的应届毕业生会写"幻想"，让人啼笑皆非。

有时可以通过个人爱好来体现你所具有的某种素质和能力，也许正可以和应聘的职位需求匹配。比如：足球、篮球、排球等大球运动能体现团队协作精神；棋类运动能体现你的思维缜密、逻辑性强，并且具有战略意识；演讲和辩论则很好地反映了沟通、表达能力。

2. 自我评价

最好不要写，除非也是公司的申请表有明确要求。因为自我评价基本都是夸自己的，很多都是相同的空话、套话，过于主观，可能会引起招聘人员的反感。

如果企业的申请表注明了这一项，那么应该结合应聘职位的特点，分别用一句话来总结各项素质。比如：应聘销售要强调自己的沟通能力、抗压能力；应聘行政要强调责任心强、细心谨慎，然后用一句高度概括性的话，对各项素质做例证。

3. 让劣势也变得"吸引人"

许多人在写简历时总会发现自己这里或那里的不足，缺东少西，尽情展示过自己的优势后,对于劣势束手无策,特别是一些重要部分的劣势又不能忽略不计。简单的省略、遮盖、修饰都是没有很大作用的,通过表3-2的列举可以帮助你保持简历的真实性和吸引力。

表3-2 求职劣势例表

你的劣势	处理办法
成绩一般	突出相关的、高分的课程;突出工作实习、社会实践经历
英语缺证	用相关活动和英语工作环境来证明
非名校毕业	展示学术活动、培训计划、强调从事高学历者负责的工作经历
工作经验不足	突出实习和兼职经历,社团活动,强调你的成就和快速学习能力
专业不相关	找不要求专业背景的工作,强调双学位、辅修、选修课程,突出个人技能
太年轻	不刻意要求薪水、工作条件、工作量,敢于挑战和承担
工作经历中断	短期的跳过,长期的简要解释
应届毕业生	强调最近的教育与培训,相关课程与实践活动,研究相关工作技能和最新知识,制作功能型简历

二、简历写作创新技巧

(一)劣势分析和应对策略

应届毕业生是职场上的弱势求职群体,有的同学潜意识里想在简历中做一些虚假的修饰,比如没有当过学生会干部的却写上"担任过学生会主席"这样的字眼,这种做法是万不可取的。明智的做法是认清自己的优势,正确对待不足或劣势,对简历进行科学取舍、突出重点、合理扬弃,这样既使简历更有吸引力,又不失简历的真实性。

1. 劣势一:初出校门,缺乏工作经验

雇主喜欢工作经验丰富的人。很多应届生在求职过程中屡次受挫后抱怨:许多企业在招人的时候要求要有工作经验,而企业不给我们工作的机会,我们又怎么会有工作经验呢?

应对方法:

首先,刚出校门的毕业生应尽力扬长避短,重点强调自己最近几年所受的教育和培训的情况,包括那些与应聘工作最有直接关系的特别课程或活动。

其次,实习的经历要作为相应的工作经验写进简历中。因为这期间的工作性质和内容与许多岗位工作相似，实习者经常是自主完成多项任务的，可以在这段经历中展现自己取得了哪些收获或成绩，最好还能用具体的数据来进行说明。

最后，列出你已掌握的跟你所应聘的工作有直接关联的知识或技能。你用这些知识或技能进行了哪些实践活动，取得了哪些成绩。这可以让人事主管看出你的人才价值和可培养的潜力。

2. 劣势二：学历或学位问题

大学本科毕业生是受过高等教育的专业人才，相对没有受过高等教育的人来说具有学历上的优势；而相对于研究生来说，其学历又显得层次较低。

应对方法：

首先，更加明确就业的方向。一般而言，高校所设立的各个专业都是应用性很强的专业，因此要明确哪些地区、什么样的单位更需要自己这个专业的人才。更加明确就业的方向，学历或学位问题就不是最重要的影响因素了。

其次，专业和职业更加匹配。重新审视所学专业的培养目标是什么，有哪些适合的职业种类，要有明确的目标性，有目的地来撰写简历，以增加求职时的竞争力，而不是盲目地追逐热门却不适合自己的职业。

最后，突出个性品质和才能。企业在招聘时，要寻找的往往不是最优秀的那一个，而是最合适的那一个，简历中要根据所应聘的职位如实描述自己的个性品质并一一列举出与之相关的各种才能、才艺，让人事主管通过你的简历，看出你可能就是该岗位的合适人选。

（二）个性化简历创新技巧

在各种简历模板的约束下，许多简历失去了个性，被招聘人员扔进了垃圾筐。只有个性突出、特征鲜明的简历，才更容易吸引招聘主管的眼球。

1. 为目标企业量身定做

认真分析所应聘的企业的情况，研究招聘主管的心理愿望，再结合自己的情况写简历。在你的简历中出现招聘主管最想看到的几个要素，是最容易打动人心的个性化简历。例如：小王想应聘到某图书公司工作，他把自己的简历按公司图书的样式来制作，封面展示的是该企业的LOGO、企业名称、企业主导色等VI系统元素。当招聘主管看到简历上的这些元素时，立刻产生情感的共鸣，很大程度上加深了对简历主人的认同感，希望能够见到这位应聘者，并进行面谈，自然小王的简历不会被随手扔在茫茫的简历堆里。有了招聘主管对简历的认同，也就增加了求职成功的概率。

2. 结合应聘岗位来创意

简历从求职者应聘岗位需要的职业技能和职业修养的角度进行创新。例：小李想应聘某公司的网站设计工作，他仔细了解该公司和该职位的要求后，发现公司正在对原网站进行改版。他利用自己所掌握的专业知识，提出了网站改版的思路，并精心设计了网页。当招聘人员看到这样的简历时，很快判断出小李具备所应聘岗位要求的能力、水平和职业意识，马上拿起电话通知他前来面试。

3. 从所学专业上创新

各个专业有其专业特点和专业语言，从专业角度出发进行求职简历创新，可以通过简历体现专业素养。例如：小张是会计专业毕业的，在应聘某公司财务人员时，他把求职简历做成了一份会计报表。会计报表是会计人员体现专业技能的主要形式，能表现出极好的专业意识和专业素养。对于招聘主管而言，看到这样的简历，首先不会怀疑小张的专业能力和修养，其次面对每天千篇一律的求职简历，突然间看到这样一份耳目一新的简历，马上约见就不足为奇了。

简历是一个传递信息的工具，目标就是为了获得面试的机会。创新并不是一件困难的事情，但要注意简历创新要把握好方向，切不可偏离目标，更不要离谱得使人难以接受，能有效帮助求职者获得面试机会的简历才是成功的简历。

【训练活动】

活动一：测试你的简历写作水平

来做一个简短的测试吧——总共20个题目，全部单选！

（1）毕业生简历上最重要的因素是（　　）。

A. 课程成绩和主要的成就　　　B. 和职位要求相匹配的技能

C. 工作经历　　　　　　　　　D. 简历上信息的表述方式

（2）制作一份令人印象深刻的简历，你需要（　　）。

A. 使用具有较高水准的语句

B. 非常简洁的表述，使用要点并包含工作相关的关键词

C. 对自身成就和经历做深入的叙述

D. 使用色彩明亮的纸张来打印简历

（3）毕业生的简历始终应该包含两个证明人（　　）。

A. 正确　　　　　　　　　　　B. 错误

（4）你应该提到你的最低薪资期望，以免以后获得太低的待遇（　　）。

A. 正确　　　　　　　　　　　B. 错误

（5）不在简历上写下自己的出生日期是正确的做法（　　）。

A. 正确　　　　　　　　　　　B. 错误

（6）你没有工作经历，为了给对方一个积极而深刻的印象，其他哪些因素可以用来代替工作经历？（　　）。

A. 学术成就　　　　　　　　　B. 校园课外活动的成就

C. 能够转换成任职能力的个人才能　D. 以上全部

（7）简历写作最重要的因素之一是你应该避免任何的字词和语法错误（　　）。

A. 正确　　　　　　　　　　　B. 错误

（8）毕业生的简历始终应该包含课程成绩（　　）。

A. 只有当课程成绩非常突出时才列出

B. 始终应该列出

C. 不应该列出

D. 只列出主要课程或与应聘职位相关课程的成绩

（9）你的教育信息应该始终包括（　　）。

A. 学校名称和毕业时间，以及主修专业和辅修专业

B. 主修专业及课程成绩

C. 所有的主修和辅修课程，学校的名字

D. 毕业时间、学校名称和完整地址

（10）在简历中陈述过去经历的最好方式是（　　）。

A. 用要点方式按照年代递减的顺序陈述，重点叙述与应聘职位相关的工作经历

B. 用段落方式按照年代递减的顺序陈述

C. 除非与要应聘的工作有关系，否则不要提及

D. 用要点方式按照年代递增的顺序陈述

（11）当你列出过去的经历时，需要传达给期望的雇主的最为重要的信息是什么？（　　）。

A. 你的技能和专业知识

B. 你负担的职责和工作内容

C. 你曾经工作过的公司及部门

D.你在每份工作或每个职位所取得的业绩

（12）你的个人爱好还应该始终能反映出和所申请工作的协调或相关性（　　）。

A.正确　　　　　　　　　B.错误

（13）如果毕业生没有或仅有少许的工作经历，向雇主证明你有能力胜任工作的最好方式是（　　）。

A.把你的软性技能作为任职能力来突出

B.列出你在学校期间所完成的所有项目和班级工作

C.列出你所从事过的所有带薪的或义务的工作（和应聘工作有关系的）

D.以上全部

（14）毕业生简历上最为关键的因素是什么？（　　）。

A.任职能力　　　　　　　B.课程成绩

C.相关经历　　　　　　　D.如何恰当地陈述上述内容

（15）一份有专业水准的毕业生简历应该始终包含在一页纸的篇幅内（　　）。

A.正确　　　　　　　　　B.错误

（16）你在一份报纸上同时发现了你感兴趣的5家公司的招聘广告，你很激动地想要全部应征他们的职位。为了尽可能多地获得机会，你应该（　　）。

A.立刻寄给他们你的标准版本简历和标准版本的求职信

B.针对不同的公司的企业文化和应聘职位的要求，修改标准的简历和求职信，然后寄出，因此，所寄出的简历与标准版本相比，基本内容相同，但更有针对性

C.立刻寄给他们你的标准版本简历和为每一家公司专门撰写的求职信（最多用两个段落强调并匹配你的技能和对方的工作要求）

D.寄出标准版本简历和用颜色明亮的纸张打印并能让你的申请显得非常突出的求职信

（17）你是个毕业生而且你希望申请尽可能多的职业机会，以便自己能够尽早开始工作。你很清楚自己需要一份令人印象深刻的简历。就你自己的意见，什么样的简历才可以让人目光一扫即留下深刻的印象？（　　）。

A.非常简洁且明确集中的求职目标

B.能够让雇主停下其他事情来给予关注的幽默图片

C.列在开始位置的五句专业水准的内容概述

D.以上全部

（18）雇主第一次的简历筛选只需要20秒钟即可完成。为了确保你的简历通过首次的筛选，你需要（　　）。

A. 准确地列出你所具备的和应聘工作相匹配的技能

B. 以递减的时间顺序列出你的经历，陈述的内容尽可能匹配应聘工作的要求

C. 强调你的学术及个人成就

D. 以上全部

（19）在简历中列出你的志愿者工作是明智的做法（　　）。

A. 正确　　　　　　　　　　B. 错误

（20）吸引雇主注意力的最好方法是用颜色明亮的纸张打印你的简历（　　）。

A. 正确　　　　　　　　　　B. 错误

请对照下面的正确答案：

1、B　2、B　3、B　4、B　5、B

6、D　7、A　8、D　9、A　10、A

11、A　12、B　13、D　14、D　15、B

16、B　17、A　18、D　19、A　20、B

每道题目回答正确得5分，你的分数是多少呢？

0～45分：欠缺对简历的正确理解和基本的写作能力。

50～65分：能够写出基本合格的求职简历，但对于简历的理解和良好表达方式的运用还存在较多的问题。

70～75分：具有较好的简历写作能力，写出的简历能够较好地体现求职者的相关资历。

80～90分：非常优秀的简历作者，能有意识地提高简历的针对性且具有出色的措辞和编排能力。

90～100分：能够拿到90分以上的人估计是预先知道答案或者是出题人自己。

活动二：根据目标梳理简历素材

活动目的：根据你自己预设的目标职位，初步撰写个人简历，掌握针对性的简历的写作技巧。

活动说明：按照以下提示，编制针对性的简历。

（1）你的目标职位是＿＿＿＿＿＿＿＿＿＿＿＿＿＿＿＿＿＿＿＿＿＿

（2）目标职位应该掌握的核心技能是

_____

_____

_____

（3）你的实践实习经历是否支持你胜任这个职位。

①你的实习工作情况：组织或公司名称、工作名称及角色、工作职责和目标任务等情况。

_____

_____

②你曾经处理过的问题。

_____

_____

③你对工作的投入程度。

_____

_____

④你取得的工作业绩。

_____

_____

⑤你能为公司创造价值的才能。

_____

_____

训练小结

一份好的简历，在撰写时需要注意以下细节：

（1）A4纸一页，字体大小适中，内容充实又不杂乱。

（2）通过加粗、改变字体字号、加阴影的版面设计技巧，使得个人的突出特点和经历非常醒目。

（3）有一张着装整洁的正装照片，并且通过彩色打印的方式使照片非常的鲜艳、抢眼。

（4）在对经历的具体描述中，较少用到形容词，更加注重用数字、用事实来说话。

（5）个人的突出特点，比如丰富的获奖经历、突出的英语能力、担任主要学生干部等，都体现在简历的开始或结尾部分，比较引人注意。

（6）简历的文件名一般都是姓名＋学校＋专业＋求职目标。发送简历的时候，一般都是正文中粘贴一次，同时再以附件方式发送一份。

以上细节都是让简历更加职业化的关键，是从招聘人员的角度，也就是简历阅读者的角度总结出来的。撰写简历时，注意以上 6 点，基本可以完成一份较为职业化的简历。

第三节　完善求职简历

【基础知识】

一、求职简历的版面细节

（一）版本

根据求职的需要，我们一般会准备 WORD、PDF、纸质等版本。其中 WORD 版式是最基本的格式，适用于很多场合；PDF 版能够弥补 WORD 易带病毒的缺点，又比较美观；纸质版是参加各类现场招聘会必不可少的版本。

（二）篇幅

一般来说，对于篇幅影响最大的是工作经历要素，工作经历丰富的人，可能要写到 2～3 页，工作经历相对较少的人，一般 1～2 页为宜。对于高校应届毕业生来说，简历内容最好压缩到一页纸。对简历进行压缩有时是很困难的，一方面是难以区分取舍，另一方面可能是舍不得取舍。

如果经过压缩，你的简历还是会在一页半左右，千万别草率了事。因为你不可能直接给应聘公司发一页半简历，招聘人员会以为你的简历是没完成的作品，那就通过增加简历栏目，或是增加栏目下的内容，或是对工作内容更加细致描述来扩充你的简历至两页。

（三）重要内容

（1）一定要坚持"重点优先"的原则，重要信息要出现在第一页，重要因素要提前。

（2）写项目标题（如个人信息、教育背景、求职意向等）时可以加粗，按重要性从大到小排序分行列出。也可以加上项目符号。但是同一篇简历中不能使用太多种类的项目符号，避免过于花哨，给人留下不够简练的印象。

（3）在简历中，可以使用加粗字体来强调某些内容。英文简历中，可以将公司或机构的名称大写加粗，但为强调而使用的大写字母或黑体字要适量。加粗字体应该遵循"相关性"原则，要用于你所从事的工作，特别是与所申请工作有关的事情。

（四）照片

照片的使用也是需要仔细考虑的，因为你无法准确把握招聘人员在看到你的照片时的感觉。如果对方没有要求，建议大家尽量不要使用照片，除非你对自己的照片非常自信。

贴在简历上的照片最好是单纯背景的正式职业照，切忌贴上你的生活照、艺术照或是大头照，因为这些照片可能会产生不同的效果，比如本人与照片差距比较大，招聘人员见到你时可能会因为你没照片上那么吸引人而失望，或者是照片上的你看上去太平常，不能吸引招聘人员的注意力。

（五）字体

一份个人简历中字体的使用不应该超过两种，中文简历正文部分一般采用宋体，小标题和题头部分的姓名可以用黑体。

至于英文简历，"Times New Roman"和"Palatino Linotype"都是值得推荐的字体，也可以适当使用一些斜字体（用来突出你曾担任过的职位），但不要太多。在有数字的情况下，要注意数字字体和英文字体相匹配。

（六）字号

个人简历的标题中文通常用小三或四号，英文用14号或16号；项目标题可以用五号黑体字来强调；正文文本最好用五号字，如果为了扩充简历版面，也可以用小四号字。在简历写完之后，要仔细检查所有项目的字体是否协调一致，做到雅观得体。

（七）留白

有些高校应届毕业生牢记着"简历一般是一页"的教条，拼命要把简历的所有内容都挤到一张纸上，密密麻麻，让人看得头昏眼花。我们试想一下，当招聘人员面对成百上千份简历时，在短短的十几秒时间内，是会选择一份版面拥挤不堪，看起来非常吃力的简历呢，还是会选择纸边留有适当空白，看起来一目了然的简历呢？

其实，简历版面中留白是需要把握的一个关键点，你应该设身处地为招聘人员考虑，在读了 100 份简历后，他还能否承受在有限空间内挤入太多信息的纸张的折磨？

（八）对齐

你的联系方式，如姓名、电话、邮件、住址等信息可以是左对齐、居中或者右对齐，千万不要几种方式并用，让人无所适从。

（九）一致

简历的各项内容写完后，要统一进行行距和缩进量调整，确保所有文字的格式是一致的，不要出现对不齐的现象，重点注意检查下面几个方面的一致性：缩进、大写、字体、行距。

（十）纸张

首先是纸张的重量，至少应该有 80 克或 100 克左右，这样使纸张看起来比较有质感，尤其是对于申请你本人比较向往的企业和职位时，这样才能让招聘人员感受到你对工作机会和职位的重视与向往。

其次是纸张的颜色，最好为乳白色，让人看起来干净、柔和。有人会认为使用彩色纸张更能在一堆白色简历中"脱颖而出"，殊不知对于招聘人员来说，彩色纸可能比较刺眼，有哗众取宠的感觉，大可不必。

（十一）打印

出色的简历要求每页着墨均匀，浓淡一致，不要出现条纹或污迹。要使用 80 克左右的乳白色纸；不要选择彩色打印；不要选择喷墨打印；尽量少用复印的简历。

二、求职简历的有效投递

把你的简历顺利提交到招聘人员面前，让招聘人员浏览那宝贵的 10 秒钟，是成功的第一步。成功是由无数个小细节构成的，递交简历这个小小的细节在求职过程中也充满了学问。很多人都知道根据用人单位的要求，按照既定的方式投递简历，却忽略了一个重要问题：简历怎样投？

一般情况下，高校应届毕业生在刚刚开始求职阶段，一是没有什么工作经验，二是对自己想要从事什么样的工作没有清晰的概念，所以都是没有明确目标的"海投"，参加各类大大小小的现场招聘会、密切关注各大求职门户网站、每天投出去几十份简历，这是很多高校应届毕业生求职期的主旋律。确实，随着接触企业的增多，面试机会的增多，积累了一定的经验，对自己在求职中的定位和职业规划有了比较明确的认识后,毕业生的就业方向也渐渐清晰,这之后的求职就是有的放矢了。

如果你的求职目标明确,基本上集中在一个行业,那事情似乎就简单一些了,可以集中精力公关几家或某一家。

招聘企业搜集学生简历的渠道也很多,并且各不相同,大致包括公司内部网站、公共招聘网站、高校就业服务网站、宣讲招聘会等。

在简历投递的过程中,有时会在招聘会上看到很多捧着一叠简历四处投递的"专业户",还有的在招聘网站上把一个企业的每个岗位都统统投一遍的"多面手全才"。我们建议大家在选择应聘岗位之前,对自己最好有正确的定位,明确求职方向,这样不会使自己在海量信息面前迷失方向,也不会随心所欲,贪多求全,精力过于分散。

简历投递时要择己所需,尽量不要应聘同一企业发布的不同岗位,搜索应聘岗位时要将条件设置的先紧后松,当搜索不到完全符合自己包括工作地点、薪资、单位性质、岗位要求的第一志愿时,再考虑将条件放宽。

下面分别说一说投递简历的几种常见方式。

(一)通过 E-mail 发送简历

1. 让你 E-mail 的附言成为"美言"

通过 E-mail 发送简历的时候,要写下有针对性的附言,好的附言,如同"美言",能传达给招聘人员这样的信息:

(1)言简意赅勾勒出自己"合格"的背景,立刻引起招聘人员注意。如新东方理想中的老师形象就是:男青年(五官是否端正无所谓),英语好,有授课经验。

(2)为招聘人员着想,给招聘人员行方便,那是相当的体贴。

(3)一句幽默的"好好工作,天天快乐",可能令招聘人员欣然笑纳你的简历。

温情的结尾语:

①敬候您的佳音! Your early response would be highly!

②十一黄金周将至,提前祝您有个愉快的假期! October 1st Golden Week is coming, I'd like to take this opportunity to wish you a Happy Holiday!

2. 写好 E-mail 的"主题"

以下是大家发送简历常用的邮件主题,请你站在收信人的角度评价一下:

(1)邮件主题:应聘销售代表(job application for Sale Representative)。

(2)邮件主题:张某的简历(Zhang Lin's resume)。

(3)邮件主题:张某应聘"销售代表"中英文简历,谢谢您!(Zhang Lin's

resume for "Sales Representative"）。

显然（3）中的邮件主题表达方法最好。求职目标绝对是一份简历最重要的信息，一定要在邮件主题中列出。如果招聘启事中列出确切的工作名称，如"OTC销售代表"一定要压邮件主题巾注明。

3. 附件要求

简历应该以邮件正文的形式发送，不要以附件的形式发送，因为一是不能保证收件人能够打开附件，二是带有附件的陌生邮件往往被当作病毒邮件来处理。

如果有招聘企业要求你用附件形式发送简历，要按照对方要求的格式来进行。如果没有特定要求，使用最多的是PDF格式，同时要注意不要忘记粘贴附件，只发了一封空信过去，这会给招聘人员留下过于粗心的印象。附件也不能太大，更不能带有病毒。

有的申请人随E-mail发送好几个附件，比如："中文简历""英文简历"及"自荐信"。也有的申请人把所有的求职材料放在一个附件里，比如：张某应聘"销售代表"。招聘人员一看到有三个附件，一般只会下载"中文简历"，而你精心制作的另外两份材料，一眼都没看到。

4. 写E-mail，请使用中文（绝大部分公司）

即使很多外企使用英文作为招聘语言（可能是为了突出企业的欧美形象），但是下载求职信的都是中国人，使用汉语更加方便。但是，如果你申请的是一些相对高级的职位，比如"人事主管"等，假如对方的招聘启事完全是英文的，则尽量使用英文写E-mail，因为很可能外方经理直接阅读你的简历。

（二）招聘会上投简历

参加各类招聘会是应届生求职的重要途径之一，在招聘会前，尽量了解参加招聘会的公司名录和职位设置情况，这样目标比较明确，避免出现面对大量招聘单位眼花缭乱的情况。还要准备充足数量的简历，最好是有针对不同行业、公司、职位的不同简历。

如果之前不了解与会公司名单，也不要盲目地漫天撒网，要看清楚公司和职位要求，并结合自己的情况进行选择性地投递。也不要匆匆忙忙地把简历丢给招聘人员就走，最好能简单推销下自己，给对方留下较好的第一印象，这样获得面试机会的概率比较大。同时，要记住投递简历的公司名称和联系方式，可以会后再仔细了解，避免对方给你打面试电话时你还云里雾里，电话挂断还没反应过来我是什么时候投的？什么公司？什么职位？

[训练活动]

活动一：模拟演练，完善修改简历

在已有简历的基础上，修改完善自己的简历，掌握"人职匹配"原则，提升自我分析与简历写作能力。

阶段1：
介绍个人简历基本信息后，让学生修改完善自己的简历，时间为15分钟。

阶段2：
每个参与者和同伴讨论分享修改后的感受，时间为15分钟。

阶段3：
组织者结合目标职位对修改后的简历进行点评，时间为20分钟。

总结：
怎么做出"抗筛选"的电子简历或网上申请表，才能让那个"电子漏斗"怎么筛选也筛不掉呢？答案非常简单，就是"关键词简历"（Keywords Resume）。所谓关键词简历，就是"抄袭"招聘启事中的关键词，并让它们多次出现在简历当中。需要仔细研究招聘广告里的工作内容描述，特别是那些必需的工作技能，它将为你透露很多有用的关键词，圈出这些关键词汇，让关键词出现在简历里。

明确公司对该职位的资格和经验要求，然后从储备清单中筛选出合适的项目填充到简历中。针对不同的公司，你在制作简历时还应考虑诸如公司文化、企业背景等信息，才能做到有的放矢，把你的亮点有目标地展示给公司，使之与企业的理念相契合，从而引起共鸣，最终顺利地赢得这份工作。

活动二：简历挑错游戏

为了让大家检验一下自己对简历水平的评审能力，请你在10分钟之内从李某某初版简历中挑出13个失误之处。

这个练习为了让大家检验一下自己对简历水平的评审能力，帮助参与者明确简历要素，提高简历制作水平。要明白写完简历并非大功告成，简历完成后要进行仔细、不断地修改和修正，因为有错别字或语法错误的简历，通常是最容易被刷下的。

阶段1：
每个参与者从给定简历中挑出13个失误之处，时间为5分钟。

阶段 2：
每个参与者和同伴讨论他们的选择，时间为 10 分钟。

阶段 3：
组织者结合简历要素及制作要求进行讲解，时间为 10 分钟。

总结：
如果你不能在规定时间里将错误全部挑出来，表明你的写作能力有待提高，你自己在写作简历中恐怕也会犯同样甚至更多的错误。有经验的招聘经理能在 5 分钟之内就挑出所有错处。如果把你的简历和一个与你背景相似的人的简历放在一起，谁的错误更多便一目了然，正规公司对你的取舍也将不言而喻。

〖训练小结〗

简历写作本身既体现了求职者的推销意识、沟通能力，也反映了求职者的文字以及专业水平，甚至可以看出求职者是否在正规公司工作过，是否受过良好的商业训练，是否能够在今后工作中与内部人员和客户高效沟通。对于绝大多数人来说，简历是找工作的敲门砖，一份好的简历，在求职过程中起到四两拨千斤的作用。简历绝不止是一张履历表，好简历的写作需要智慧，也能体现智慧。

良好的开端是成功的一半，成功制作一份漂亮的简历，你会发现用人单位的第一扇门都会向你敞开。

〖训后实践〗

实际上，许多人在找工作阶段习惯于每天投出大量简历，从某种程度上说这是机会主义者的游戏做法，因为他可能会认为投出 50 份简历肯定比投出 10 份的成功概率大。与其把大量的时间和精力花费在投递上，不如先认真对待你的简历，想办法让你的简历成为一项能在最短的时间内吸引招聘人员的优质资源。

通常招聘人员都很忙，每天都要翻阅大量简历并进行许多面试，所以你必须抓住有限的时间展现优势和潜能。他们的工作就是不断做比较，挑选出最合适的人，所以你只是他们的参照对象之一，不知道要被比较多少次，先是和招聘职位要求比，然后是和无数的应聘者比，所以你必须首先要明白自己能够胜任什么要求的职位，求职的针对性越强，被比下去的机会就越小。

通过以上简历准备的训练之后，撰写并制作一份自己的个性化简历，开启自己的求职之旅吧。

第四章　面试技能提升训练

【训练导言】

面试是用人单位精心组织的、考察筛选人才的主要招聘环节和方法。面试，可看作是一种特殊的考试，是用人单位通过特定流程与方式，由表及里测评应聘者的知识、能力、经验和综合素质等有关方面，来判断应聘者是否能满足其岗位要求的一种考试。

当前经济与就业形势持续严峻，找到一份好的工作并不容易。在求职应聘的路上，面试无疑是最关键的一步，也是求职的最后一步。如果面试失败，意味着前面的所有努力与付出都失去意义。

现在，想一想：
- 你了解面试吗？
- 你了解哪些面试形式？
- 面对各种面试类型，你能轻松应对吗？
- 针对面试，需要做哪些准备，需要注意些什么？
- ……

通过本部分的模拟面试训练，将为你创设仿真的面试场景，让你亲身体验面试过程，提升面试技能与成绩，搞定面试官。

【训练目标】

认知目标：
（1）掌握面试的本质与言行准则。
（2）理解各种面试类型的考察要点。

能力目标：
（1）能有效应对各种面试场景和问题。

（2）会结合自己与面试流程，进行针对性准备。

[训练案例]

案例一

一、案例背景

我们现在看到的是一个星级饭店所出现的问题，如果你是经理的话，你认为最需要解决的问题是什么？给下面的选项作一个你认为适当的排序。

A. 酒店大堂的钟表除了北京时间，其他各国时间均不准确，并有较大出入。

B. 大堂服务人员不热情，上班时间打私人电话。

C. 酒店客房服务人员不到位，有问题无法及时反馈。

D. 酒店卫生不彻底，有蟑螂。

E. 酒店水温不稳定，毛巾消毒不彻底。

F. 酒店餐厅的饭菜水平较低，自助餐分量不够。

G. 酒店娱乐休闲设施档次不够，有宰客行为。

每个人先给出自己的排序并陈述理由，时间两分钟，然后小组讨论30分钟，最后达成一致意见，并给出理由。

二、案例分析与启示

【命题解读】这个问题需要每个考生能够充分说出自己的理由，并且需要去说服别人，让别人也同意自己的观点。这个过程必然会发生辩论，每个考生都会认为自己的排序是最有说服力的。所以，要让其他考生能够听取自己的建议和意见是需要技巧的，一方面论据要有说服力，要能打动大部分人，另一方面还要注意沟通技巧，不要贬低别人，抬高自己。

【参考答案】我认为酒店出现的问题中最主要的是人事层面的问题，尤其是队伍建设问题。所列各项中，最先需要解决的问题是B、C两项，因为作为服务行业，大堂服务人员是酒店的形象，其服务质量是客人选择入住的第一影响因素，B项中大堂服务人员不热情，上班时间打私人电话，这说明酒店的队伍建设存在很大问题，会给客人留下不好的印象，严重影响酒店的声誉，C项也是同一问题，都是服务人员的服务质量存在很大问题，这说明酒店的队伍建设已经到了非抓不可的地步了，所以要最先解决该问题。其次需要解决的是酒店的服务细节问题，即 A、D、E 三项，A 项国外时间不准和 D 项卫生不彻底以及 E 项水温不稳定都是服务不注重细节的体现，会给客人留下不好的印象。客人入住酒店的第一要求就是要住得舒服、安全和卫生，在这种情况下，我想客人是不会再次光顾的。搞好服务的关键因素在人，所以应该在加强服务人员队伍建设的基础上，解决服务细节的问题。再次需要解决的问题是 F 项和 G 项。这两项属于酒店的配套服务设施建设，也是体现酒店服务质量的重要方面，因此在解决好上述问题之后，也要重点解决这两个问题。

【答案评析】考生如果能够给出这种风格的答案，显然表明考生有很强的组织纪律观念，重视人事管理工作，强调队伍建设。抓人事管理队伍建设工作，虽然短时间内不会取得立竿见影的效果，但却是干好一切工作的必要条件。从长远的角度看，这是解决酒店所有问题的基础，因为人的因素是最为基础最重要的。考官通过对这种风格的答案分析评判，可以判断这种类型的考生往往适合从事人事管理或组织队伍建设工作。

案例二

一、案例背景

2016 届本科生小刘来自四川，他是网络工程专业的学生，大四的时候去当了 2 年义务兵，刚退伍回来。因为当兵在户籍方面有优惠政策所以他决定在上海找工作，最终解决上海户口。

面试节选：

……

面试官：小刘你好，看了一下你的简历，你的学号是 2008 级的，为什么现在才毕业？

应聘者：因为我去当了 2 年兵，刚回来。

面试官：那你为什么会想到要去当兵？是为了考军校？

应聘者：也不是，只是为了体验一下军旅生活，锻炼一下自己。

面试官：那你觉得 2 年的参军经历除了让你在经济方面有了收获，还有其他的收获吗？

应聘者：结交了一些朋友吧。

面试官：那你专业方面的知识，现在已经遗忘得差不多了吧？

应聘者：2年没接触了，还是遗忘了很多的。

面试官：我看到你在校期间还参加过一些专业方面的竞赛，应该说当时成绩还是不错的，那你现在还希望在本专业就业吗？

应聘者：是的，但是现在感觉就业挺难的。

面试官：现在就业是比较严峻，你肯定是要留在上海工作吗？

应聘者：是的，因为只要在上海找到就业单位，按照当兵的优惠政策，就能解决上海户口。

面试官：那你觉得在上海生活和工作压力大不大？

应聘者：应该挺大的，现在上海的房价好贵的。

面试官：现在有很多人从事黑客，主要是为了钱，那如果以后有人出重金让你从事这方面的工作，你会怎么做？

应聘者：我应该不会的，而且就我现在的能力，人家也看不上我。

面试官：那你知道从事编程方面的工作，工作的状态大概是什么样的吗？

应聘者：因为没有实习过所以也不是很清楚，但从电视和媒体中都看到过，应该都比较辛苦，要经常加班吧。

面试官：那你觉得你一星期加几次班能接受？

应聘者：最好不超过3次吧。

……

二、案例分析与启示

这段面试过程，主要是想问求职者这样一个问题"你的经验和现在的工作的联系"。这个问题要求求职者首先要了解公司及应聘岗位的具体职责和技能要求，甚至具体到这个工作中一些很实际的问题，进而在回答问题的时候与其他求职者进行比较，克服自己背景中显示出来的弱点，同时强化自身优点，说明你在了解这个岗位、了解自己的前提下，觉得很胜任这份工作。

这位求职者当兵的经历，会使他在专业知识方面有所遗忘，但是他在校期间成绩优秀而且参加过相关的竞赛还获得了奖项，在一定程度上可以弥补他的一些短板，而且他可以从兴趣点上赢得认可，强调他对专业的认可和热爱，以突出他的优势。而且因为这个岗位需要较强的吃苦耐劳精神和超负荷的工作，他当兵的经历也能突出他的适应性技能（时间观念，纪律观念较强），包括面试中提到的黑客的问题，他也可以用他从军之后更加强化的敬业精神、正义感等优点予以正面回答。对岗位的了解，通过媒体等来了解是一方面，通过学长和同学能更真实地了解一些具体的信息。对这位求职者而言他有更多这方面的资源，因为他的同学都已经在 2 年前踏上工作岗位，所以可以给他提供更多的信息。

在面试中我们发现，普遍存在的问题是，求职者没有很好认清自自身优势，也没有很好地理解和思考面试官问题所隐藏的真正含义，而在整个面试中出现了被面试官完全套住的情况，显得非常的被动。

案例三

一、案例背景

2017 届本科生小李来自安徽，他是土木工程专业的学生，因为父母都在上海打工，所以想在上海找一份与专业相关的工作。

面试节选：

……

面试官：小李你好，很高兴你来应聘我们公司，请问你对我们公司和这个行业了解吗？

应聘者：有一定的了解。

面试官：你通过哪些途径了解的？

应聘者：网络、专业老师和专业课程的学习等。

面试官：我看你整个大学期间都没有实习，为什么呢？

应聘者：感觉跟专业相关的实习比较难找，也没有太多时间。

面试官：那据你所知，你们这个专业的同学都没有相关实习吗？

应聘者：嗯，好像有的。

面试官：我看你大学期间参加过志愿者活动，你觉得这些活动有什么意义吗？

应聘者：关心一下弱势群体，感觉他们都挺可怜的，去敬老院看看老人，陪他们说说话，到阳光之家去看看那些"孩子"感觉挺好的，觉得自己的付出挺有意义的。

面试官：你是应届生，又缺乏经验，你觉得你如何能胜任这项工作？

应聘者：我觉得我挺能吃苦的，而且也挺好学的，沟通能力也不错。听说到了公司也都会有师傅带的，我想只要我好好跟他学，应该很快能胜任这个工作的。

面试官：对这项工作，你觉得会有哪些可预见的困难？

应聘者：听说这个工作刚开始的时候都是要去工地和工人们吃住在一起的，我担心那些工人会倚老卖老，觉得我是应届生，怕跟他们沟通上不太顺利。

面试官：你在找工作时最看重的是什么？为什么？

应聘者：其实对于一个应届生来说，我在这方面也没有太多的想法，但我比较看重岗位的发展空间，我觉得在工作当中能否有积累，能否学到东西还是挺重要的。

二、案例分析与启示

面试时，关键是有效回答面试管提出的尖锐问题。而面试中，面试官可能会结合应聘者的简历或者应聘者在回答问题时的阐述作进一步的提问。要想在面试中表现得尽可能出色，必须为此做好准备，充分了解自己的优势和短板，在面试中扬长避短。在这个面试过程中，对于没有相关实习经验的问题，如果招聘单位对应届毕业生提出这个问题，说明招聘单位并不真正在乎"经验"，关键看应聘者怎样回答。对这个问题的回答最好要体现出应聘者的诚恳、机智、果敢及敬业。这位求职者在大学期间有很多志愿者工作经历，应该说培养了较强的可迁移技能和自我管理技能，他可以将这些优势体现出来以弥补专业实习的欠缺。而对于应届生缺乏经验如何胜任工作的问题，其实也是一样的，考核的不是有没有过硬的专业技能问题，而主要是态度和综合能力。回答可以是："我有较强的责任心、适应能力和学习能力，而且比较勤奋，所以在学校的社会实践中均能圆满完成各项工作，从中获取的经验也令我受益匪浅。请贵公司放心，学校所学及社会实践的经验使我一定能胜任这个职位。"又如："工作中可能遇到的问题和困难"，这是一个相当宽泛的问题，不宜直接说出具体的困难，否则可能令对方怀疑应聘者的自信心，同时它又给求职者提供了一个机会，可以让求职者表明自己的热情和信心，说出应聘者对困难所持有的态度："工作中出现一些困难是正常的，也是难免的，但是我相信只要有坚韧不拔的毅力、良好的合作精神以及事前周密而充分的准备，任何困难都是可以克服的。"可以举例在学校中曾经遇到过怎样的困难，是怎样解决的。

第一节　谙熟面试本质

【基础知识】

一、面试的主要类型

在校园招聘中，企业采用的面试形式越来越丰富，面试流程也越来越复杂，其目的是为了提高面试筛选的准确度和效率，降低招聘成本等，对于应届生来说，有必要了解企业招聘的面试形式和面试流程，结合自身的实际情况做好面试准备，以便在面试中灵活应对，展现出良好的状态，博得面试人员的青睐。

按照面试的开展形式及手段、面试的内容、面试考核的重点等，企业在校园招聘中采用的常见面试方式见表4-1。

表 4-1　面试类型及其特征

面试类型	主要特征
电话面试	面试人员通过电话来对应聘者进行提问的面试。一般发生在笔试之后，是在面对面的面试之前经常采用的面试手段，针对某些特定问题进一步了解
视频面试	面试人员与求职者利用连通了互联网的电脑，通过视频摄像头和耳麦用语音、视频、文字的方式进行即时沟通交流的招聘面试行为
结构化面试	面试人员通过设计面试所涉及的内容、试题、评分标准、评分方法、分数等对面试者进行系统的结构化的面试，其主要目的是评估应聘者工作能力的高低及是否能胜任该岗位工作
无领导小组面试	无领导小组面试是一种测评技术，其采用情景模拟的方式对考生进行集体面试。它通过给一组应聘者一个与工作相关的问题，让考生们进行一定时间的讨论。在这个过程中，多个应聘者需要合作完成某个项目——可能是实际商业环境下的有见地的案例讨论，也可能是集体游戏
情景模拟面试	面试人员设置一定的模拟场景，要求被应聘者扮演某一角色并进入角色情景中，去处理各种事务及各种问题和矛盾

（一）电话面试

出于面试效率、成本等因素的考虑，特别是招聘单位与招聘地点不一致的情况下，初步的筛选面试步骤，招聘方会采用电话对求职者进面试的方式。在求职材料递出后，特别是投递了外地用人单位的求职者就要随时准备着目标公司的电话面试。

应对电话面试应提前准备好提纲，以从容应答。当然，正式电话面试前，要将对方单位名称、岗位以及你所感兴趣的职位等信息弄清楚。假若面试人员表示占用时间很短，要你配合的话，不要紧张，理清思路，先做简短的自我介绍，之后有条不紊地回答提问。

一般电话面试，面试人员会首先确认求职简历的真实性。此时，求职者必须冷静快速地回答问题，回答过程中的任何犹豫都有可能给对方造成说谎的印象。因此，最好将简历放在手边，可以看着内容回答提问。其次，电话面试人员会针对应聘岗位问些专业技术方面的问题，比如求职者专业技能、对应聘职位的看法，有时会问得更细一些。对于这些问题，千万不要慌张，抓住问题要点，要尽量显示你对那些专业术语非常熟悉，并能用简短的语言表达清楚，重点突出，不要回答得含糊不清。

电话面试时，如果可能最好在手边放一些纸和一支笔，记录面试人员的问题要点，便于回答。在电话面试过程中不要机械地背诵你所准备的材料。回答问题时语速不必太快，发音吐字要清晰，表述要简洁、直截了当、充满热情，使得谈话有趣而易于进行，快了反而会弄巧成拙。如果问题没听清楚，要很有礼貌地请面试人员重述一次，如有必要，甚至还可以要求面试人员改用其他方式重述他的问题，不要不懂装懂，答非所问。

（二）视频面试

求职者参加视频面试，在用人单位安排的面试时间前，要提前安装好摄像头和耳麦等相关设备，并检查电脑、网络、摄像头、耳麦、灯光等设备的使用情况，以保证视频面试按时、正常进行。

因为视频面试不能看到求职者更多的姿态、动作，因此求职者的发型、服饰等给面试官留下的印象更深刻，要尽量做到干净整洁、朴实大方、和谐得体，符合大学生身份，给面试官一个良好的印象。调整好摄像头，把自己最具风采的一面展示给面试官。

由于视频招聘更多的是通过语音聊天来展示自己，因此要特别注意语言表达，要注意口齿清晰，表达有条理。视频过程中有可能出现没有听清的情况或者视频突然断掉，要非常有礼貌地解释清楚，其实这个时候你的反应也许就会成为面试官判断的标准。

视频面试过程中的一颦一笑，一举一动都有可能成为面试官判断你的依据，不要有过多的小动作。在面试过程中，眼睛要直视对方，目光游移不定会影响面试官对你的判断。

（三）结构化面试

结构化面试又称标准化面试，它是通过设计面试所涉及的内容、试题、评分标准、评分方法、分数等对面试者进行系统的结构化的面试。其主要目的是评估应聘者工作能力的高低以及是否能胜任该岗位工作。用人单位会根据岗位的特点确定面试的具体内容模块、测评流程、安排和要求，如面试达到的目的、职位的具体要求等。目前，公务员机构和外企使用此类面试比较多。

[案例]

结构化面试试题

1. 简单寒暄

你怎么过来的？

2. 观或听

应聘者的仪表风度、精神面貌、行为礼仪等。

3. 口头表达能力

请你先用几分钟简单介绍一下自己吧。

4. 兴趣爱好

平时常看些什么书？最喜欢的课余活动是什么？

5. 上进心与自信心

谈谈你在担任学生干部的经历中令你感到成功的事例及成功的因素是什么？

6. 灵活应变能力、工作态度等

你在选择工作中更看重的是什么？

（若薪酬不排在第一，问）你可不可以说说你在薪酬方面的心理预期？（待回答完毕后）那你刚才的意思也可以这样理解：薪酬方面可以适当低于你的心理预期，对吗？（若薪酬显得不太让步，可问）有人说挣未来比挣钱更为重要，你怎样理解？

（若薪酬排在第一，问）——有人说挣未来比挣钱更为重要，你怎样理解？

7. 责任感与归属意识

如果你的班级在一项比赛中处于竞争劣势时，你有什么想法和行动？

（四）无领导小组面试

这是一种集体面试的测评技术，它通过给一组考生一个与工作相关的问题，让考生们进行一定时间的讨论，来检测考生的组织协调能力、口头表达能力、辩论能力、说服能力、情绪稳定性、处理人际关系的技巧等方面的能力和素质是否达到拟任岗位的要求。

【案例】

无领导小组面试试题

1. 开放式问题

开放式问题，是其答案的范围可以很广、很宽。主要考察考生思考问题时是否全面，是否有针对性，思路是否清晰，是否有新的观点和见解。

如：是什么决定成败

有人说细节决定，也有说战略决定成败。

请问：你同意上述哪个观点？并陈述你的理由。

2. 两难问题

两难问题，是让考生在两种互有利弊的答案中选择其中的一种。主要考察考生分析能力、语言表达能力以及说服力等。

你的主管按照经理的安排让你到外地出差，在你准备就绪就要出发时，经理找到你，让你准备好汇报材料和他到公司汇报工作。你找到主管说明情况，主管说："你必须马上出差，出了问题我负责。"此时，你是马上出差，还是与经理一起到公司汇报工作？

3. 多项选择问题

此类问题是让考生在多种备选答案中选择其中有效的几种或对备选答案的重要性进行排序，主要考察考生分析问题实质，抓住问题本质方面的能力。

如：海上救援

现在发生海难，游艇上有8名游客等待救援，但是现在直升机每次只能够救一个人。游艇已坏，不停漏水。寒冷的冬天，刺骨的海水。游客情况：将军，男，69岁，身经百战；外科医生，女，41岁，医术高明，医德高尚；大学生，男，19岁，家境贫寒，参加国际奥数获奖；大学教授，50岁，正主持一个科学领域的项目研究；运动员，女，23岁，奥运金牌获得者；经理人，35岁，擅长管理，曾将一大型企业扭亏为盈；小学校长，53岁，男，劳动模范，五一劳动奖章获得者；中学教师，女，47岁，桃李满天下，教学经验丰富。

请将这8名游客按照营救的先后顺序排序。

4. 操作性问题

操作性问题，是给考生一些材料、工具或者道具，让他们利用所给的这些材料，设计出一个或一些由考官指定的物体来，主要考察考生的主动性，合作能力以及在实际操作任务中所充当的角色。

如：给一些材料，要求相互配合，构建一座铁塔或者一座楼房的模型。

5. 资源争夺问题

此类问题适用于指定角色的无领导小组讨论，是让处于同等地位的考生就有限的资源进行分配，从而考察考生的语言表达能力，分析问题能力，概括或总结能力，发言的积极性和反应的灵敏性等。

如：让考生担当各个分部门的经理，并就有限数量的资金进行分配，因为要想获得更多的资源，自己必须要有理有据，必须能说服他人。

（五）情景模拟面试

情景模拟面试，是设置一定的模拟场景，要求求职者扮演某一角色并进入角色情景中，去处理各种事务及各种问题。考官通过对考生在情景中所表现出来的行为，进行观察和记录，以测评其素质潜能，看其是否能适应或胜任工作。

【案例】

情景模拟面试试题

（1）面对现在就业难的问题，有家长要求目前正在读大二的学生开始找工作，并放弃就读。如果你是这个学生，你怎么办？

（2）你负责一项工作，在关键时期，一名骨干人员突然要带薪休假，你怎么办？

二、面试主要考察内容

了解面试官在面试中到底要测试什么，可以有意识地提前做好相关准备。面试的考核要素一般有以下几项。

（一）所具备的基本素质

1. 仪表举止

这是指求职者的衣着举止、精神状态、风度气质等。研究表明，仪表端庄，衣着整洁，举止文明的人，一般做事有规律，注意自我约束，责任心强。被面试者应该注意着装得体，举止文雅，大方，表情丰富，回答问题要认真、诚实。

2. 道德品行

主要在于考察求职者责任感是否强烈，能否令人信任地完成工作；考虑问题是否偏激；情绪是否稳定；对于要求较高深的业务能否适应。求职者回答时应该突出自己的自信心，坚强的意志，强烈的责任感。责任心强烈的人，一般都确立与事业有关的奋斗目标，并为之积极努力，且不安于现状，工作中常有创新；上进心不够的人，一般都是安于现状，无所事事，不求有功，但求无过，对什么事都不热心。

3. 求职动机

了解求职者为何希望来应聘单位工作，对哪类工作最感兴趣，在工作中追求什么，判断应聘单位所能提供的职位、工作条件等能否满足其工作要求和期望。

4. 自我控制能力与情绪稳定性

自我控制能力在工作中显得尤为重要。一方面，在遇到上级批评指责，工作有压力或是个人利益受到冲击时，能够克制、容忍、理智地对待，不致因情绪波动而影响工作；另一方面工作要有耐心和韧劲。

5. 工作态度

一是了解求职者过去学习、工作的态度；二是了解其对应征职位的态度。如果在过去学习或工作中态度不认真，做什么、做好做坏无所谓的人，在新的工作岗位也很难说能勤勤恳恳，认真负责。

面试时主考官还会向求职者介绍本单位及拟聘职位的情况与要求，讨论有关工薪、福利等求职者关心的问题，以及回答同学们可能问到的其他一些问题等。

（二）具备的相关能力

1. 口头表达能力

用人单位一般观察求职者能否将要向对方表达的内容有条理地、完整地、准确地转达给对方；引例、用语要确切；发音是否准确，语气是否柔和；说话时的姿势、表情如何。面试中求职者是否能够将自己的思想、观点、意见或建议顺畅地用语言表达出来，考察的具体内容包括：表达的逻辑性、准确性、感染力、音质、音色、音量、音调等。

2. 综合分析能力

面试中，要考察求职者是否能对主考官所提出的问题，通过分析抓住本质，并且说理透彻、分析全面，条理清晰。

3. 思考判断能力

用人单位一般观察求职者能否准确、迅速地判断面临的状况；能否恰当地处理突发事件；能否迅速地回答对方的问题，且答案简练、贴切。

4. 反应能力与应变能力

用人单位主要观察求职者对主考官所提的问题理解是否准确，回答的迅速性、准确性；对于突发问题的反应是否机智敏捷，回答恰当；对于意外事情的处理是否妥当等。

5. 学习能力

所谓学习能力是指理解并接受新事物、新观念的能力。担任任何职位都必须具有良好的学习能力，因为世界每时每刻都在发生变化，不断有大量的新事物、新观念涌现出来，而要使自己跟上时代发展的步伐，必须及时地接受并理解与自己所任职位有关的新事物和新观念，只有这样才可能不断提高自己的工作水平，有创造性地完成职位规定的各项职务。

用人单位首先看应聘者是否具有掌握和学习新知识、新技能的强烈愿望和兴趣，只有这样，一个人才能在学习新知识、新技能时有巨大的推动力；其次要看应聘者是否掌握了一些基本的学习技能、技巧和方法，只有具有良好的学习方法，才能在尽量短的时间内掌握尽可能多的新知识、新技能。

6. 人际沟通能力

在面试中，面试人员通过询问应聘者经常参与哪些社团活动，喜欢同哪种类型的人打交道，在各种社交场合所扮演的角色，可以了解其人际交往倾向和与人相处的能力。

7. 实践操作能力

很多企业在面试时，除了看重求职者的一些学习能力外，对工作实践经验也非常重视。特别是招聘技术型和技能型人才时，用人单位主要考察特定岗位的专业技能和实践操作能力。大学生在校时，除了重视专业实习外，还要多利用课余的时间通过兼职、假期实习等方式多培养一些实践操作的能力，丰富社会阅历的同时积累一些工作经历，提升面试成功率。

8. 职位需要的特殊能力

不同的行业、职位对求职者有不同的特殊能力要求。例如，对新闻记者的考察，会看求职者是否具备这几个方面的特殊能力：

（1）下笔迅速而清楚。

（2）须能在嘈杂场所而不乱文思。

（3）须善于记述问答式的文字。

（4）有推定力，能迅速推定新闻之真相。

（三）与应聘职位的匹配度

1. 个性特征

通过了解求职者的兴趣、爱好等来了解其个性特征，这对录用后的工作安排常有好处。

2. 专业知识

了解同学们掌握专业知识的深度和广度，其专业知识更新是否符合所要录用职位的要求。作为对专业知识笔试补充，面试对专业知识的考察更具灵活性和深度，所提问题也更接近招聘岗位对专业知识的需求。

3. 工作实践经验

一般根据查阅求职者的个人简历或求职登记表，做些相关的提问；查询求职者有关背景及过去工作的情况，以补充、证实其所具有的实践经验，通过对其工作经历与实践经验的了解，还可以考察求职者的责任感、主动性、思维力、口头表达能力及遇事的处理能力等。

三、面试前需要做的准备

面试就像一次登台表演，"台上三分钟，台下十年功"，要想抓住机会，得偿所愿，就必须做好充分准备，成功总是眷顾那些有准备的人。应聘者要以最好的状态，用最好的形式，把最拿手的好戏呈现给挑剔的观众，要想博得满堂的喝彩，平时就要"曲不离口，拳不离手"，做到有艺在身，有备而来。

面试准备有四大方面：信息准备、形象准备、状态准备和答案准备。所有的准备都为了一个目标：以最好的表现留下最好的印象，从而赢得工作机会。

（一）信息准备

1. 了解单位和职位

面试前全面地调查单位，面试时胸有成竹地谈论单位，能充分表现出你对该单位的重视和热情，给面试官留下"做得好""待得住"的印象。通过公司网站、行业网站、招聘宣讲会、经验交流、实地参观等各种方式，搜集尽可能多的有关单位的信息，包括：单位的名称、性质、业务、规模、主导产品和服务、地位和经营状况、理念和文化风格、目标和发展方向、竞争对手和竞争优势、面临的主要挑战和问题等。如果公司有面向大众开放的商店、办事处、展厅、营业点等，至少要去其中一个地方看看，最好能产生一些交互行为，这对于市场销售类职位尤为重要。

再次读一遍招聘广告，逐词逐句分析。搜集其他公司类似职位的广告作为对比，找出关于应聘职位的信息，包括：职位名称、备选职位、职位任务、工作强度、工作方式、职位要求的知识、职位要求的经验、职位要求的素质、职位的薪水待遇水平以及其他广告用词用语的含义等。

针对单位信息、职位信息、预期问题，准备好对应的简历、求职信、文凭、成绩单、证书、照片、身份证件、荣誉证明、作品等必备材料。记住，一定要带上足够份数的简历，不要以为单位已经有了你的简历，就不需要带了。如果到了现场，你让某个面试官自己去打印简历，那就麻烦了。另外要记得带上一本比较正式的笔记本和一支好用的笔，以便随时做好记录。最后要问一问自己，我对招聘过程清楚吗？是否还有其他需要做的准备？如果不清楚，应立即打电话咨询一下招聘单位。

2. 掌握路线，避免迟到

面试迟到是绝对不应该发生的事情。面试迟到，会造成"不重视该公司和职位""不知轻重""不会安排时间""无诚意""不守约""不礼貌"等等不好的印象。因此，一定要记好公司地址、联系方式、联系人、行车路线。预备两套方案，预留比行程多50%的时间，宁可提前，也不能迟到。在行程中如果发生意外，有可能迟到，应该果断更换方式，比如打车。如果过早到了，不要立即坐到接待室，那样会让人觉得你过于焦虑，可以到咖啡馆休息一下，带一份报纸看看，但还是要保证提前10分钟到场。万一要迟到，一定要尽早告知他们，并给出一个合理的解释。

（二）形象准备

以貌取人是人的天性，在初次见面的5～10分钟内，面试官就会产生对你的第一印象。随后的交流会依此展开，你可能没有机会改变人家的印象。为了不让形象掩盖住自己的才华和愿望，一定要对自己的形象做仔细的检查和装扮。

很多学生，特别是技术、艺术、文学类学生，喜欢做"真我"，以自己平时的状况去应试。其实，包括面试官，谁都知道在面试时的打扮未必是平时的打扮，问题是面试是正式场合，"真我"是什么？就是最好的自己！面试官想看到的就是一个人最好的精神面貌，他们希望找到的就是一个感觉良好、状况良好、充满活力、精力充沛的新员工。

一个公开的秘密是：面试官就喜欢招自己喜欢的人。所以，你得招人喜欢，至少不要招人嫌弃。

具体的形象要求，在不同的行业、职业和企业文化下，是不一样的。大多数企业喜欢西装革履式的职业化形象，有些行业和单位，例如外企则喜欢略有活力、时尚或潇洒意味的形象。在面试前，应该及早了解他们的形象标准，以便有充分的时间准备，但无论是哪一种倾向，以下倾向是共同的：一是打扮合乎主流而不是合乎潮流，奇装异服的风险很大；二是打扮应该干净、整齐、得体、大方，蓬头垢面、气味难闻、鞋带泥灰、邋里邋遢、衣着不合体、不合时都犯忌讳；三是如果不能断定企业文化倾向，男生应着深色西装，女生应穿正式套装，但衣饰不可过于严肃、艳丽或奢华，总体目标是让人亲近喜爱，避免疏远厌恶；四是打扮反映出的精神面貌应该是干练、稳重、活跃，举止姿态要显得健康、沉稳、自信、从容、礼貌。

（三）状态准备

忽然和一个陌生人作一次正式的、严肃的、似乎是决定命运的交流，难免让人心潮起伏，紧张不安。面试前应克服以下不良心态。

1. 自卑

一些同学感到自卑，并罗列出一大堆不利的理由：学校不好、学历低、专业不对口、成绩不够好、没有干部经历、社会实践少、没有本地户口、农村长大、见世面少等。其实，大学生自己的评价标准、甚至是社会普遍的评价标准，和单位对人的评价标准差别往往是很大的。对于自卑的学生而言，他的实际情况往往要比他自己的感觉要好得多，是一种自我否定的力量抑制了个人良好状态的正常发挥。

大学生一定要记住：你向人推销的不是你的过去，而是你的未来！过去不精彩并不重要，重要的是未来你能不能给单位带来价值。在面试前想象自己在理想状态下，在该单位会如何做事、如何创造业绩、如何做人、如何发展、如何给公司创造价值。当想清楚这些的时候，你就可以信心十足地去面试了。

2. 自傲

有些同学自我感觉良好，或者对面试单位不太满意，因而犹豫不决；或者觉得自己优势突出，因而疏忽大意。以这样的心态，在面试时就会漫不经心。

面试官都是敏感的，大学生任何的不满和犹豫，都会被看在眼里，他们只招那些有强烈愿望认可自己单位的应聘者。对于犹豫不决的同学来说，一定要重新考虑，如果不想放弃机会，就应该仔细研究这家公司的优势，并做一个自己在该公司的发展规划，从而让自己有渴望进入该公司的状态。

3. 紧张

除了因自卑引起的紧张以外，由于过于重视这个机会，或者担心自己性格内向、不善言辞，也会引起紧张。对于这类紧张，解决的主要办法有：一是事前进行模拟面试，多进行几次，让紧张提前产生和释放；二是回想一下哪些事情、哪些方面、哪些活动会让自己感到轻松愉快、信心十足，比如有的同学爱打篮球，那就去打一场篮球，情绪是能转移的，当你在球场上挥洒自如、兴高采烈之后，有利于消除面试中的紧张情绪。

(四) 答案准备

万变不离其宗，面试中的大部分问题，实际上都是可以好好准备的。应聘者应该做好以下问题的答案：我对单位的了解有哪些方面，够吗？单位是否适合自己？单位哪些地方吸引了我？为什么要选择我们单位？为什么不是选择其他的单位？对于类似问题，我如何回答？我对职位了解哪些？职位是否适合自己？自己能否胜任该职位？该职位的核心要求是什么？自己竞争该职位有何优势和劣势，如何凸显优势，回避劣势？在知识、经验和素质方面，面试官会提出哪些问题，如何回答？有哪些证书可以证明自己满足该职位的要求？有哪些例子可以证明自己的知识、经验和素质，足以胜任该职位？自己在该单位1年、2年、5年的发展计划是怎样的？

在找工作以前，就应该把通用的问题和答案准备好，演习好。面试前，应该针对面试单位准备好特定的答案，做到熟烂于心、熟练于口。

这类题目都可以用"STAR法"来回答。

STAR法是一种结构化的陈述典型事例的方法，包括四个环节，如图4-1所示。

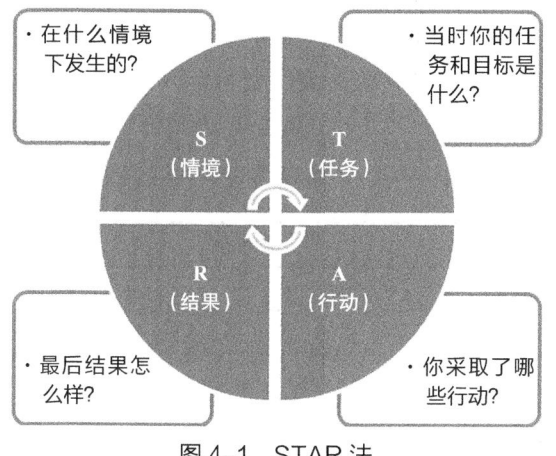

图 4-1　STAR 法

如果要想让STAR的效果更好，可以再多讲一点点，即"STAR-L"，在依次介绍了S-T-A-R的情况后，向面试官多讲一点"L"（Learning），也就是在做事过程中，学到了什么东西。

细分下来，L还可以分为RAP几个维度：

R（Reflection，反思），自己在行动和结果后对这件事是如何反思的，有什么感悟；

A（Application，应用），自己这件事的成功经验有没有迁移到其他情境中去，改变自己的做事方法或者提升了自己的某种能力；

P（Prevention，预防），比较适合事情结果不理想的情况，这时可以强调自己的所学，特别是如何避免在未来发生同类的事情。

STAR法本身就是一个很有逻辑的叙述过程，会让学生的陈述显得有条理，能让面试官准确地把握到学生经历的事件,而加强部分的 RAP 的组合则会更有利于学生的阐述:无论事情本身结果如何,都是有价值的,R 侧重于内心的收获,AP 侧重于外部世界,A 针对成功经验,P 针对教训。加入 L,会让学生的 STAR 更为完整,让考官意识到学生的反思能力和学习能力,能帮助学生更好地通过面试。

[训练活动]

活动一:面试技能自我评估

回忆自己参加过的面试经历,按照表 4-2,评估自己的面试能力如何。

评价分数: 1~4分 5~7分 8~9分 10分
评价等级: 差   一般   良好   优秀
应聘单位: 应聘职位:
面试日期: 面试时间:

评估项目	第一次面试		第二次面试	
	分数	自我评估	分数	自我评估
仪容仪表				
态度/礼貌				
动机、意愿				
表达能力				
反应能力				
沟通效果				
情绪稳定性				
自信心				
面试官评价				
自我综合评价				
面试结果	□推荐第二次面试 □不录用 □候选		□聘 □不聘用 □候选	
改进方向				

活动二:自我介绍训练

活动目的:

(1)了解自我介绍在面试中的重要性,做好充分准备。

（2）通过模拟训练，掌握自我介绍的技巧，提升面试自信心。

活动方法：

（1）请同学结合给出的招聘背景信息，分析自身优势。

（2）给出5分钟，让学生整理发言思路。

（3）请同学上台做面试自我介绍（有条件的话，可录像）。

（4）让其他同学给打分评价。

（5）老师点评总结。

（6）学生反思与改进练习。

①我的"故事"是否有趣？

②它令人信服吗？

③还有什么需要补充的？

④如何使我的回答变得更好？

自我介绍建议思路：

面试的自我介绍，重点是要告诉面试官，你如何适合这个工作岗位，你具备什么样的个人特点、学历、培训经历、工作经历而能够满足企业的需要。

（1）首先报出自己的姓名和身份，让对方认识你。

（2）可以简单地介绍一下学历、工作经历等基本个人情况，让对方了解。接下来由这部分个人基本情况，自然地过渡到一两个自己学习或实习期间圆满完成的事件，以这一两个例子来形象地、明晰地说明自己的经验与能力，突出自己的优点。例如：在学校担任学生干部时成功组织的活动；或者如何投入到社会实践中，利用自己的专长为社会公众服务；或者自己在专业上取得的重要成绩以及出色的学术成就。

（3）要着重结合职业理想说明应聘这个职位的原因，让对方接受你。可以谈对应聘单位或职位的认识了解，说明选择这个单位或职位的强烈愿望；还可以谈如果被录取，将怎样尽职尽责地工作，并不断根据需要完善和发展自己。

自我介绍注意事项：

（1）眼神。眼神要坚毅，要敢于与人直视，不要飘，不要翻白眼。

（2）笑容。微笑让人感觉愉悦、感觉自信而放松。

（3）声音。声音大而稳，语速中等。普通话要标准，吐字要清晰，忌用方言。

（4）情绪。避免情绪起伏波动，以免产生负面影响。

（5）开始与结束注意个人礼貌和基本修养。

（6）时间控制在 2～3 分钟为宜。

[训练小结]

面试场上求职者的语言表达艺术标志着成熟程度和综合素质，对求职者来说，掌握语言表达的技巧无疑是重要的。

1. 认真聆听，流利回答

主考官介绍情况时，要专注，对其问题要逐一回答，口齿清晰，发音准确，语言文雅大方。交谈时还要注意控制说话的速度，以免磕磕绊绊，影响语言的流畅；答话要简练、完整，尽量不要用简称、方言、土语和口头语，以免对方难以听懂。面试官在谈话时可以在适当的时候点头或适当提问。

2. 语气平和，语调恰当，音量适中

面试时要注意语言、语调、语气的正确运用。语气是指说话的口气，语调则是指语音的高低轻重配置。打招呼问候时用上语调，加强语气并带拖音，以引起对方注意。自我介绍时，最好多用平缓的陈述语气，音量的大小要根据面试现场情况而定，以每个主考官都能听清为原则。

3. 注意听者的反应，及时调整

求职者面试不同于演讲，而是更接近于一般的交谈。交谈中，应随时注意听者的反应，比如：听者心不在焉，可能表示他对这段话没有兴趣，你得设法转移话题；侧耳倾听，可能说明由于音量过小使对方难于听清；皱眉、摆头可能表示语言有不当之处。根据对方的这些反应，就要适时地调整语言、语调、语气、音量、修辞，包括陈述内容，这样才能取得良好的面试效果。

4. 回答问题要结构化，抓要点

面试前把自己的经验系统总结一下，并有逻辑地用语言表述出来，这会大大提升面试官对你专业能力的评价。在专业经验结构化概括的基础上，做一些简单的理论性的提升，提炼出回答问题的要点和重点，而不是一句话能说明白的事，举了 10 分钟的例子，时间都浪费在举例子上了，这样不仅会节省面试官宝贵的面试时间，也会给面试官带来语言表达能力良好的印象。

5. 学会用数字和案例说话

向面试官展示自身的专业能力是一个很实际的问题，所以回答问题要有理有据，要言之有物。最能体现言之有据的有两方面：一是数据，二是经典案例。尽可能拿实际数据说话，千万不要吹牛，数据是最吹不得的，如果吹牛，一刺

就破。另外，为了展示自己的综合实力，比如管理岗位的应聘者，其专业能力主要体现在管理方面，所以除了数据外，最好有经典案例的处理，一个案例处理过程，能够展示一个人处理复杂问题的方方面面。如果不说数据和案例，面试官会质疑你所讲内容的真实性。

第二节　把握无领导小组面试

[基础知识]

一、无领导小组面试概述

无领导小组讨论，是一种对被测评者进行集体测试的方法。具体来讲，由一组被测评者（一般5～7人为宜）组成一个临时工作小组，通过一小时左右的讨论时间，完成给定的任务。被测评者在讨论中充分展现自己，评价者以此来观测被测评者，对他们进行考察、打分，评定他们的组织协调能力、综合分析能力、口头表达能力等各方面能力，以及自信程度、应变能力、情绪稳定性、反应灵活性等个性特点和行为风格，以评价考生之间的优劣。

无领导小组讨论作为一种有效的测评方法，在人才选拔中得到了越来越广泛的应用。和其他测评方法相比，无领导小组讨论主要具有以下两个方面的优势。

1. 测评的仿真模拟性高

无领导小组讨论往往就一个实际问题展开，在整个过程中，每个人各抒己见，最后形成一个统一的意见。这种群体讨论决策的方式，在某种程度上与一个单位的决策者们商讨问题极为相似。虽然说在讨论中是无领导的，但是面对多元化的竞争对手，被测评者如何表述自己的观点、如何说服别人、如何争取他人的认可、如何对待不同意见、如何巧妙地控制讨论的局势，这些都能反映被测评者具备的综合分析能力、组织协调能力、说服力等显在和潜在的领导者素质。

2. 测评的真实性

在小组作业中，被测评者处于这样一种情境，任务的圆满完成需要每位被测评者的密切协作。就无领导小组讨论这种小组作业的测评方式来说，由于需要每个人参与讨论，被测评者之间存在直接互动性，所以被测评者很难刻意掩饰自己的特点，能更加充分地暴露自己，评价者可以更加真实地对他们进行评价。在无领导小组讨论中，被测评者将真实地展现自己的特点：有人反对将如何说服，大家对自己的意见置之不理将采取何种策略，协调大家时表现是专制还是民主。这些都很难回避和掩饰，评价者将观察到被测评者更加真实的一面，从而保证评价的效度和信度。

无领导小组讨论是指让应聘者共同完成面试的过程。面试的流程大致分为介绍、陈述和讨论/辩论。与"一对一""多对一"的传统面试形式相比，小组面试更能全方位地考察应聘者的领导能力、团队协作能力、语言逻辑能力、个性品质等，从中评估出应聘者的综合素质及技能。

小组面试的类型有：自由讨论式和团队协作式。自由讨论式往往是五六个人参加，分为自由发言和讨论两部分，自由发言中各求职者在规定时间内对考官所给定的题目发表自己的见解，考官则在一旁观察每个人的仪表、举止和见解。在讨论中，发言人要和其他人进行交流，很像自由辩论。团队协作式是几位应聘者就考官给出的特定的角色和背景资料来进行协作，去完成某项任务，这个任务可能跟竞聘的职位有关，也可能跟近期发生的某一件事有关。

二、无领导小组面试考察要点

无领导小组面试是对面试者综合素质的测评，主要是对面试者沟通表达能力、分析能力、合作协调能力、情绪稳定性和举止仪表等各方面能力的考察。模拟面试的测评实行质化和量化相结合，具体考察要素如下。

1. 口头表达能力

能有效地表达出自己的意见，语言简练，条理清晰。

2. 倾听能力

能够很好地倾听别人的意见，很快明白表述人的想法和要求。

3. 说服力

能采用各种方法和技巧，使他人接受自己的观点和意见。

4. 反应能力

能够快速地对事情的变化做出敏捷的反应，并处理得体。

5. 分析问题能力

能够抓住问题实质，分析透彻，能注意整体和部分间的关系及各部分间的有机协调组合。

6. 创新思维能力
有很强的创新思维能力，有能够对身边的事物进行改造和创新的思想。

7. 组织能力
能够指根据工作任务，做出详细计划，对资源进行合理分配，从而实现组织目标。

8. 协调能力
能够看清冲突的各方面关系，及时做出最恰当的决策；合理调配、安置人、财、物等有关资源。

9. 团队合作能力
能够与团队成员密切合作，配合默契，共同决策和与他人协商；在变化的环境中能担任各种角色。

10. 自我控制能力
能够在较强的刺激情境中，表情和言语自然，能保持冷静；为长远或更高目标，抑制自己当前的欲望。

11. 穿着
穿着打扮得体；言行举止符合一般的礼节；无多余的动作。

12. 自信心
自信心强，谈吐大方得体。

三、无领导小组面试的问题类型

1. 开放式问题
开放式无领导小组讨论题目的答案范围很宽泛，几乎无法确定参考答案，只能凭借考官的主观判断结合考生的横向比较来给出评价，所以给考官带来一定的操作难度，但同时却给了考生极大的想象空间。主要考察思考问题是否全面、是否有针对性，思路是否清晰、是否有新的观点和见解。

2. 两难式问题
所谓两难式问题，是让应试者在两种互有利弊的答案中选择其中的一种。主要考察应试者分析能力、语言表达能力以及说服力等。此类问题对于考生而言，通俗易懂，而且能够引起充分的辩论。这种类型的题目两种备选答案一定要有同等程度的利弊，而不是其中一个答案比另一个答案有很明显的选择性优势。

3. 多项选择问题

此类问题是让应试者在多种备选答案中选择其中有效的几种或对备选答案的重要性进行排序，主要考察应试者分析问题、抓住问题本质的能力。多选式题目往往没有确定的答案，考官从考生的选择或排序以及考生做出的理由陈述中，判断该考生的性格特点、心理特点以及与拟任职位的匹配性等多方面信息。多选式题目命题较难，但易于考察考生各个方面的能力和人格特点。

4. 资源争夺型问题

此类问题是让处于同等地位的应试者就有限的资源进行分配，从而考察应试者的语言表达能力、分析问题能力、概括或总结能力、发言的积极性和反应的灵敏性等。此类问题可以引起应试者的充分辩论，也有利于考官作出对应试者的评价。

[训练活动]

活动一：开放式问题模拟训练

题目：你认为什么样的领导是好领导？

1. 题目分析

关于本题，考生可以从很多方面给出答案，如领导的人格魅力、领导艺术、领导的专业技能、领导的管理方法等，可谓仁者见仁，智者见智，考生完全可以列出很多的优良品质来描绘自己心目中的完美领导形象。下面我们从两个方面给出解题思路。

2. 解题思路

思路一：

我心目中的好领导应该是能够正确地认识自己、完善自己、并有着完美人格的领导。一是率先学习，不断完善自己；二是工作作风优良，职业道德感强；三是廉洁自律意识强，自我约束严；四是刚正不阿，对待下级公正公平、坦诚相待，和蔼可亲；五是能与上下级形成良好的互动关系，有能力打造优秀团队。

思路一点评：

此答案采用完美无缺式的答题方式，把做一名好领导的各种要素尽可能地进行了罗列，内容丰富。这种思路重点在于层次安排的逻辑性。

思路二：

一个好领导应当至少具备三个条件：一是要有足够的智力水平，见解有足够的高度和深度；二是要有比较强的领导能力，尽量让下级发挥出最大的能力；三是要有比较高的情商，和下级相处收放自如，既有威信力又有亲和力。

思路二点评：

此答案采用宁缺毋滥式的答题方式，只抓住好领导要具备的智商、情商以及领导能力三个方面来谈，一般考生很容易找到此种答题方式，观点也非常鲜明。缺点是内容稍显单薄。

3. 活动总结

对于考生来说，这些问题的特点就是没有固定的答案，而且回答者容易产生共鸣，考生之间也不容易因为以上问题产生过多的争辩。因此考生在回答此类题型时应重点注意答案是否全面、是否有针对性，思路是否清晰、是否有新的观点和见解等，除此之外，可以自由发挥、自由想象。考生完全可以以自己的知识积累进行回答，只要言之有理，条理清晰就是不错的答案，如果再能有新观点、新思路就一定是优秀的答案。

活动二：两难式问题模拟训练

题目：假设您是市政府信息处的工作人员。信息处的重要职责是将关于本市政治、经济、生活等方面的重要信息每日摘要向市领导呈报。下面有两条信息：

信息一：某居民小区原有一个菜市场，在前一阶段的全市拆除违章建筑大行动中被拆除了。市政府一直没有重新给菜市场安排场地。这样，该小区的居民就要到距离小区很远的其他菜市场买菜，给居民尤其是家中仅有老人的生活带来极大的不便。居民呼吁市政府尽快解决该问题。

信息二：本市有一家国有企业，常年来一直亏损，开不出工资。本年初新厂长及领导班子上任后，通过完善内部管理，改变经营思路，半年多时间使企业扭亏为盈，成为本市利税大户。现在这家企业在银行贷款方面遇到了困难，该企业向市政府请求帮助，这笔贷款关系到这家企业的新项目是否能够投产。

由于各种原因，上述两条信息只能报一条给领导。请问，您认为应该将哪一条信息报给市领导？理由是什么？

1. 题目分析

关于本题无论选择哪个信息上报给领导，都是从工作出发。只不过选择不同的信息，理由都要有说服力。比如选择第一条信息上报给领导，需要说明这是为民办实事，是以人为本的行政理念，是权为民所用、情为民所系、利为民所谋的体现；如果选择第二条信息上报给领导，需要说明这是行使政府的管理协调职能，是为地方经济发展保驾护航，提供支持，是分内之事，是宏观大局，所以应优先考虑、优先解决。

2. 解题思路

思路一：

我认为应该将小区居民的请求汇报给领导。首先，百姓利益无小事，更何况菜市场关系到众多家庭，且每天都必须面对。如果菜市场能早一天建成则可以使百姓早一天受益。其次，企业贷款的事情虽然也重要，但是从时间上考虑的话，并非可以一蹴而就，是需要做大量的调研协调工作的，所以可以从长计议。最后，修建菜市场这是为民办实事，是践行科学发展观，贯彻以人为本、执政为民的理念，是权为民所用、情为民所系、利为民所谋的具体体现。

思路一点评：

此答案观点鲜明，层次突出，既表达己方观点，又顾及另一方的感受，丝丝入扣，容易为人接受。

思路二：

我认为应该将企业急需贷款的信息汇报给领导。首先，该企业好不容易才走出困境，为政府甩掉了包袱，解决了大量职工就业问题，维护了地方社会稳定，政府理应关注并给予必要的帮助，这是政府行使管理协调职能，是分内之事；其次，该企业作为当地的利税大户，为当地经济发展提供了大力支持，现在需要当地政府来提供必要帮助，政府应责无旁贷为地方经济发展保驾护航；最后，既然要求只能汇报一条信息，只能有先有后，判断先后的标准应该从宏观大局出发来判断，而不能仅从微观细节来做政府决策。地方经济的振兴发展是宏观大局，所以企业贷款的问题应优先考虑、优先解决。

思路二点评：

此答案立意较高，气势如虹，很容易统一大家的看法。另外大量谈到了对政府职能的理解，显示出了考生对角色的准确把握。

3. 活动总结

回答此类试题需要在"两难"中选择"一难"，无论选择哪个答案都不会错，关键是看考生的见解和分析问题的能力与别人有什么不一样。需要注意的是无论选择哪个答案都要有自己的观点，还需要很有说服力的理由，一旦选定答案，考生就要旁征博引来支持论证自己的选择，因为选择即论点，需要强有力的论据才能令人信服。

活动三：多项选择问题模拟训练

题目：设想你们是科学考察队队员，原打算在原始森林进行科学考察一个月返回。现在在考察中遇到地震与外界失去联系，只能靠大家自己想办法走出原始森林。在撤退过程中，你们必须挑选一些重要物品以便于你们撤出原始森林。

下面列了13项物品，为了确保安全撤离，你们这组人的任务就是按这些物品的重要性对他们进行重新排列，把第一重要的物品放在第一位，第二重要的物品放在第二位，依此类推，最不重要的放在最后。这些物品为：①汽油打火机；②压缩饼干；③救生绳；④锋利的砍刀；⑤便携式取暖器；⑥小口径手枪；⑦一罐脱水牛奶；⑧两个100毫升的汽油瓶；⑨地图；⑩磁质指南针；⑪ 五加仑白酒；⑫ 急救箱；⑬ 太阳能发报机。

请大家讨论，每人用5分钟给出自己的排列顺序并说明理由。

1. 题目分析

此类试题的备选项较多，需要考生把握关键环节、关键事物、紧急事件，选择时既要遵循急重轻缓原则，又要把握生命第一原则。

2. 解题思路

此题设置一个具体的情境：被困在原始森林，目的是安全撤离。明确了这两点，结合原始森林的生存环境和可能出现的状况对选项进行排序，并详细说明理由。

通过讨论，不同的人可能给出不同的答案，比如就第一重要物品来说，考生可能会选择压缩饼干，也可能选择发报机，这样就反映出了考生不同的性格和心理特点。选择压缩饼干的考生是把生存放在了第一位，认为只有保障生命才有脱险的希望，可见这种类型的考生性格和心理特点是务实、客观，但会缺少勇气和魄力；选择发报机的考生是把希望和信念放在了第一位，认为只要有发报机就有机会与外界取得联系，报告自己的位置以获得营救或帮助，可见这种考生的性格和心理特点是富有激情和信念，但缺少务实性和自主性。虽然没有标准答案，但是考官很容易根据职位的需求来选择最适合职位的考生，做到人职匹配，实现面试选拔的目的。

3. 活动总结

多项选择问题相对其他题型信息量较大，主要考察考生抓住关键、认识本质的能力。考生在处理这类问题时要时刻保持头脑清醒、心中有数，要能结合题中设置情境的特点和自身的日常经验对问题做出快速的反应，并分清主次先后、轻重缓急。

和两难式问题一样，多项选择问题没有标准答案，无论考生做出怎样的选择，只要理由充分、论述有理就有立足之地。

活动四：资源争夺型问题模拟训练

题目： 参加讨论的 8 个人分别代表 8 个申办城市运动会候选城市的代表，每人会拿到一些关于这个城市的情况介绍，然后根据自己的优势与其他人进行竞争，争取申办权。

活动总结：

资源争夺类面试题，由于资源有限，所以必然会在考场上出现"生死拼杀"的局面，这也正是资源争夺类面试题的陷阱所在，一旦考生没有意识到这一点，难免会掉入陷阱导致难以解决的困境。因此，考生只有掌握一定的解题技巧才能从容应对此类题型，并在面试中淋漓尽致、有张有弛地展现自己的才能。具体来讲，应注意以下几个问题：

第一，注意将"局内人"与"局外人"结合起来。

考生一方面要参与讨论，另一方面还要跳出讨论去观察整个讨论过程，二者结合相得益彰，从而避免掉进混乱争论的陷阱里面去。很多考生在面对资源争夺问题时，容易忽略局外人的角色，一味地与其他成员争论，甚至到面红耳赤的程度。这样很难驾驭整个讨论，也很难达成小组成员共同认可的资源分配方案。最终导致的结果就是整个小组没有拿出一致的分配方案而使整个小组集体减分。

第二，注意将解决问题的意识与全局意识结合起来。

解决问题的意识是指无论资源最终归属谁，都是以解决现实问题为核心导向的，也就是小组成员能站在一个共同的思考视角上进行讨论，就很容易找到解决问题的关键，也就容易拿出统一认可的方案。同时，考生在面试讨论中，还需要有大局观和全局观，一旦发现小组讨论过于激烈，应在合适的时机做出让步，从而保证小组的整体利益，避免考试时间截止时没有完成讨论任务的现象出现。

第三，注意做到情理结合。

对于资源争夺类面试题，考生不仅需要讲道理，更需要用真情打动其他小组成员，所谓"晓之以理，动之以情"。考生不能忽略他人的情感接受程度，只顾摆事实讲道理，而没有做换位思考，使得小组其他成员在情感上难以接受这种说法。应该在摆事实讲道理的同时，对对方的观点予以一定程度的肯定和认可，但是也要突出强调某些特殊因素，如时间紧迫性、方案的解决、问题导向等。只有这样，才能在规定的时间内实现小组成员由激烈的争论转向妥协一致。

[训练小结]

无领导小组讨论中，主考官的评价标准是：发言次数多少；发言的主动性如何；是否提出新的见解和方案；是否敢于发表不同的意见、支持或肯定别人的意见、坚持自己正确的意见；是否善于消除紧张气氛，说服别人，调解争议，把众人意见引向一致，调动发言的积极性；能否倾听和尊重别人的意见；语言表达、分析、概括和归纳能力如何；反应、应变能力怎么样等。

无领导小组面试评分的主要规则参见表4-2。

表4-2 无领导小组面试评分规则

测评要素	二级指标	优秀（7～10分）	一般（4～6分）	较差（1～3分）
沟通能力	口头表达	能有效地表达出自己的意见，语言简练，条理清晰	语言欠清晰，尚能表达意图，有时需反复解释	词不达意，反复解释仍无法表达出意图
	倾听	能够很好地倾听别人的意见，很快明白表述人的想法和要求	能够注意倾听，力求明白	不注意倾听，常常一知半解
	说服力	能采用各种方法和技巧，使他人接受自己的观点和意见	能说服他人接受某一观点和意见	说服别人比较困难
分析能力	反应能力	能够快速地对事情的变化做出敏捷的反应，并处理得体	能够应对事情的变化，及时处理部分事情	对事情的变化反应迟钝
	分析问题能力	能够抓住问题实质，分析透彻，能注意整体和部分间的关系及各部分间的有机协调组合	只能抓住部分问题，进行分析	不能抓住问题所在，分析常常出现偏差
	创新思维能力	有很强的创新思维，有能够对身边的事物进行改造和创新的思想	有一定的创新思维，兴趣比较广泛	毫无创新思维，对事物的创新没有兴趣

续表

测评要素	二级指标	优秀（7～10分）	一般（4～6分）	较差（1～3分）
合作协调能力	组织能力	能够根据工作任务，做出详细计划，对资源进行合理分配，从而实现组织目标	根据工作任务，有计划，但比较笼统，资源分配有待提高	资源分配不合理，计划不周，未能完成组织目标
	协调能力	能够看清冲突的各方面关系，及时做出最恰当的决策；合理调配、安置人、财、物等有关资源	能够对于突发的各情况做出决策，合理调配资源	对于冲突和其他突发情况不能做出恰当的反应处理
	团队合作	能够与团队成员密切合作，配合默契，共同决策和与他人协商；在变化的环境中能担任各种角色	能够与团队成员合作，但能够担任的角色不全面	与团队成员合作不够密切，对于决策会与他人产生分歧，角色单一
情绪稳定性	自我控制能力	能够在较强的刺激情境中，表情和言语自然，能保持冷静；为长远或更高目标，抑制自己当前的欲望	能够在突发情境下尽量控制自己的表情和言语	在突发情况下失去自我控制能力
举止仪表	穿着	穿着打扮得体；言行举止符合一般的礼节；无多余的动作	穿着打扮得体；言行举止稍有欠缺；稍有多余动作	穿着打扮一般；言行举止不符合一般的礼节；有较多的多余动作
	自信心	自信心强，谈吐大方得体	自信心一般，谈吐得体	缺乏自信心，谈吐不自如

第三节　洞悉半结构化面试

[基础知识]

一、半结构化面试概述

半结构化面试是在结构化面试的基础上进行的。结构化面试是根据对职位的分析，确定面试的测评要素，预先编制好题目并制定评分标准，对面试者进行量化评分。半结构化面试是指面试构成要素中有的内容作统一的要求，有的内容则不作统一的规定，如规定有统一的程序和评价标准，但面试中部分题目可以根据面试对象而随意变化。也就是在预先设计好的试题的基础上，面试官就面试者答题中涉及的有关问题或有疑问的问题进一步追问，提问问题的数量由面试总时间决定，这种面试可以做到内容的结构性和灵活性的结合，面试过程中的主动权主要控制在评价者手中，同时在面试过程中应聘者掌有一定的主动权，这样就具有双向沟通性，有利于面试者充分展示真实才能，也有利于比较全面深入地考察面试者的素质状况。

组织半结构化面试的一般程序是：

（1）面试的准备：岗位分析、确定测评要素、设计评分表、面试题目编制。

（2）面试的主持：主持的准则、如何控制面试进程、如何结束面试。

（3）面试的判断：面试记录的方法和要点、信息的整合、各种线索的利用。

半结构化面试具有以下特点：

其一，面试官的数量增加，构成也多元化，又因为面试官随意性较大，所以对面试官的选择与本身的素质提出了更高的要求。

其二，由于面试官提问的随意性较大，涉及面更宽，不仅要求面试官本身的素质要更高，也对面试者的培训程度与应变能力提出更高的标准。

其三，求职者面试时间由常规 15 分钟增至 30 分钟。一般分指定提问与自由追问两部分，信息量大，考察面广，对考生的评价也更加全面准确。

二、半结构化面试的设计

半结构化面试的基本原理与结构化面试的基本原理大致相同：在结构化的部分内，对同类面试者，用同样的语气和措辞、按同样的顺序、问同样的问题，按同样的标准评分；不同点在于非结构化的部分。它的设计遵循以下几个步骤。

（一）分析岗位对应聘者的素质要求

面谈的目的之一是为了人才的选拔，想要获得符合岗位要求的人，就要对岗位的职责和要求做出细致的分析，根据工作说明书对从事该工作的人员所必须具备的一般要求、生理要求和心理要求给予分析说明。一般要求包括年龄、性别、学历、工作经验等；生理要求包括健康状况、力量与体力、运动的灵活性等；心理要求包括观察能力、集中能力、记忆能力、学习能力、解决问题能力、数学计算能力、语言表达能力、性格、气质、态度等。经过分析可以衡量某些具体要求的重要性，并分配权重，运用于实际面试。

（二）确定测评指标，设计面试问题

在岗位要求与素质分析的基础上，确定面试者的基本标准。所谓基本标准也就是面试者必须具备的、主要的素质要求。根据其素质要求设计问题，并且使所提及的问题能覆盖应聘岗位所必需、主要的素质要求；通过对面试者答案的分析能明确地了解他与本岗位的适应度。

（三）合理安排问题的顺序，确定由谁提问

完成问题的设计之后，将对问题进行排列。原则上是先易后难，循序渐进，先熟悉后生疏，先具体后抽象，从面试者能够预料的问题出发，让其逐渐适应、展开思路，进入角色。此外把问题分配给特定的面试官，由合适的人提出合适的问题，以免面试提问次序混乱。

（四）明确评分标准和评分人，设计较为规范的评分卷

规定了特定的提问面试官，当然就得赋予其一定的权力，在这个问题上，主面试官就有绝对的决定权。首先，对于常识性的问题，一般只存在正确与否，那么可以安排一名非专业面试官进行提问，各位面试官的打分都有相同的权重。而对于专业性的问题，则由该专业资深的面试官提问，并赋予其较高的权重。当然也可以专业问题就直接由专业面试官打分，半结构化面试中的问题并不需要每位面试官都予打分。其次，如果有多名面试官进行评分，评分就应当有一定的合理性，避免出现其他面试官的"陪考"现象，这样使面试失去了极大的公平公正性。每位面试官的最大权重最好保持在50%，当然这具体的权重由具体的面试要求所决定。再次，赋予每个问题的分值应当合理，可以按10分制，也可按五段分值1、3、5、7、9，这样有利于应聘者档次的拉开，便于最终录用的决策。最后，在评分表的设计上要有规范的格式和明确说明，让面试官明确自己在某个阶段的具体行动和某个问题上的决策权重，并在规定的打分栏后留有空余，给予面试官对应聘者回答的记录以及补充对某些问题的个人看法，便于面试的评估总结或再次的面试。对于非结构化的问题，则应做好记录，由面试官讨论最终评价结果。

三、半结构化面试的实施步骤

半结构化面试一般有五个阶段：建立融洽的关系阶段、介绍阶段、核心阶

段、确认阶段和结束阶段。其中贯穿了开放式提问、封闭式提问、清单式提问、假设式提问、重复式提问、确认式提问、举例式提问等语言沟通技巧，而且还有一系列的非语言沟通技巧。

开放式提问让面试者自由地发表意见或看法，以获取信息，避免被动，如"谈谈你的工作经验"等。封闭式提问即让面试者对某一问题做出明确的答复，如"你曾干过秘书工作？"答案一般是"是"或"否"。清单式提问即鼓励面试者陈述优先选择，以获取面试者可能性或决策方面的能力，如"你认为销售额下降是什么原因？"等。假设式提问即鼓励面试者从不同角度思考问题，发挥面试者的想象力，以探求面试者的态度或观点，如"如果你遇到这样的客户，你会怎样处理？"等。重复式提问即让面试者从不同的角度知道面试考官接收到了面试者的信息，检验获得信息的准确性，如"你是说……如果我理解正确的话，你说的意思是……"。确认式提问即鼓励面试者继续与面试官交流，表达出对信息的关心和理解，如"我明白你的意思！这种想法很好！"举例式提问也叫行为事件访谈（BEI访谈），是面试的一项核心技巧，又称为行为描述提问，是为了克服面试者编造的假象，针对面试者过去工作行为中特定的例子加以询问，基于行为的连贯性原理，所提的问题并不集中某一点上，而是一个连贯的工作行为，如"过去半年中你所建立的最困难的客户关系是什么？当时你面临的主要问题是什么？你是怎样分析的？采取什么措施？效果怎样？"等。

非语言沟通不仅包括面部表情、身体动作和手势，还包括说话中的停顿、语速、声调和清晰程度对应聘者的心理进行了解的过程。在整个面试过程中能比较真实地反映应聘者的心理活动情况。

在了解一些面试的技巧之后，下面进一步阐述实施步骤。

（一）建立融洽关系阶段

该阶段占整个面试时间的2%，虽然短暂却十分重要，确定了其余面试部分的基调。该阶段的目标是帮助面试者放松心情，公开地谈论自己，以便使你对他们的工作适应能力作出判断，提出一些随意的、不针对工作相关话题的封闭式问题就可以达到目的。

（二）介绍阶段

该阶段约占整个面试时间的3%，其主要目的有两个：要达此目的最好提出两到三个开放式问题。在此阶段提出这类问题效果最佳，这是因为应聘者可以开口说话并进一步放松心情，而你则可以积极倾听他们的回答，做出一些初步的判断。

（三）核心阶段

这是整个面试中的最实质性阶段。在此阶段，面试者将根据工作要求和职责规定，搜集有关应聘者四项能力——技术能力、知识水平、行为能力和人际交往能力的全部有关信息。该阶段占整个面试时间的85%，其中65%用来提出素质考核问题，有20%的时间留给其余四类问题，即封闭式问题、开放式问题、举例式问题和假设式问题等。

（四）确认阶段

该阶段给面试者一个核实应聘者工作水平的机会。在此阶段不应再引入任何新话题。确认阶段占整个面试5%的时间，提一些开放式和封闭式问题，其中前者比例略大一点，偶尔也可以提一个素质考核问题。

（五）结束阶段

此阶段是整个面试"最后机会"阶段。面试者要确保他的提问涉及了做出聘任决定所需的全部信息，而应聘者则有了一个最后展示自己的机会，该阶段占5%的面试时间，可以适当提问一些素质考核问题。

四、半结构化面试的应对技巧

半结构与结构化，虽然在名称上仅多了一个"半"字，但在开放性、综合性方面有了本质的提升，能更好地考察面试者的综合能力素质。

所谓面谈是面试官与面试者之间面对面的直接交流，是面试官刺激面试者并对其反应做出评价的过程。应聘者应对这种面谈，必须做好充分的准备工作，这种准备工作通常有以下几个方面。

（一）心理准备

对于多数员工甚至是管理者来说，听说主管要找他面谈，多多少少都会产生紧张、焦虑、兴奋等心理现象，这是正常但却又必须加以调适的，调适好这种紧张、兴奋能够帮助你有更好的表现。面谈前一定要通过身心两个方面的调节，使自己以充沛的精力和良好的心态去迎接面谈，唯有如此，才能在面谈中最大限度地发挥自己的潜能。

（二）形象准备

面谈毕竟是较为正式严肃的场合，面试者应在面谈前做好形象准备，注意着装自然、大方，不要刻意雕琢，矫揉造作，要让自己的形象、气质、身份与应聘公司、应聘职位相协调，从而给众面试官良好的印象。

（三）知识和能力准备

面谈是没有范围的，但这并不意味着面谈不可准备。针对半结构化面谈的测评要素进行有针对性的知识和能力准备可以说是应对这种面谈最重要的技巧。

（四）紧扣测评要素进行训练

要了解自己岗位的要求，熟悉岗位需要具备什么样能力素质的人才，这些就是访谈重点要考察的测试目标和测评要素。

一般包括以下几点。

（1）语言表达能力。从面试中面试者的语言表达来考察其用词是否准确、全面，表达清晰、生动流畅、富于逻辑性。

（2）逻辑思维能力。通过谈话中对于问题回答是否全面、准确、辨证、敏捷、逻辑性强等因素来考察。

（3）计划组织能力。主要是通过观察面试者的回答来考察其计划组织的全面性、合理性、可行性、有效性。

（4）人际沟通与协调能力。通常通过将面试者置于一个有着矛盾冲突的人际环境之中来观察面试者是否具有人际沟通与协调的意识，以及通过情感、态度、思想、观点的交流，建立良好协作关系的能力和技巧。

（5）应变能力。对该能力的测试主要是通过让面试者处理一个进退两难的问题或是处理一个突发事件来观察其处理突发事件的能力。它要求面试者能够区分各种情况并提出解决问题的相应办法，或是面对意外事件，能迅速地做出反应。要点是反应迅速，办法多，且合理合法，有效可行。

（6）情绪稳定性。通常以压力题的方式来测试员工的情绪稳定性。在应对压力面试的时候，面试者应注意避免两个极端，一是对压力强烈反弹，从而显示出情绪的不稳定性；二是不敢直面压力，答题时回避压力，或是在压力的"胁迫"下沿着压力的方向作被动思维，从而显示出个性的柔弱。正确的回应方法应该是，能够直面压力，准确地分析压力，恰当、有效地化解压力。

（7）求职动机与拟任职位匹配性。是指面试者来应聘的原动力，即为什么要来该公司，以及面试者的职业价值观、职业兴趣、职业能力、性格特点等是否与该工作相匹配，是个人与工作匹配度的一种考核。其主要涉及两个方面：面试者具备哪些能力；工作职位需要哪些能力；最后探究两者是否匹配？所以面试者在备考此类试题的时候，要做到以下三项准备：第一，对自我进行最真实、最全面的剖析，重点思考自己的优势是什么；第二，对应聘职位要做好调研分析，重点掌握职位的能力、素质要求；第三，把上述两点进行比较，思考自己的哪些素质是应聘职位所要求的，构建两者相互匹配的相互关联性。

（8）举止仪表：测评要素要求应试者在面试中穿着打扮自然得体、言谈举止表现出良好的文化素养，情绪稳定、沉着冷静、忍耐性好。

（五）应答的技巧

应答是面试的主要形式。高明的应答技巧能提高面试成绩，获得理想的效果。

1. 有问必答

不管是什么问题，都要做出回答。这是最基本的原则，对于面试官的问题，有的虽然刁钻，但可能是测试你的应变技巧、反应能力，不管你反应能力如何，总得有一个答案，如果拒绝或者说"这个问题很难回答……"，那么，你获胜的机会可能不大了。

2. 坦率不掩饰

有些涉及专业性很强的问题，而你又确实不懂，你就坦率承认，千万别说"我想想……"，再怎么想也没有结果，会给面试官留下不懂装懂的印象。有时面试官出这一类的问题纯粹是想验证一下你是否诚实，如果你坦白承认自己不懂，就正好通过了面试官对你在这方面的测评。

3. "外交辞令"

有些问题如果硬要回答会漏洞百出。比如，面试官问你"如果把这个职位交给你，你有什么样的工作计划？"如果你有很熟练的相关工作经验或对这个单位状况的分析，也许能够说出个ABC来。否则，你就回答："我只有在接手这个职位后，才能根据实际情况制定相应的工作计划。"这样会给面试官留下你不想空谈，比较注重实际的稳重型人才的印象。

4. 侧面回答

有些问题要想正面回答等于否定自己，因此要设法将可能否定自己的话，转化成肯定自己的话。例如，面试官问你是否曾在学生会担任过职务，然而你却只在社团工作过,如果你据实回答这个问题,答案只能是"没有"。你可以这样说:"没在学生会担任过职务,但在社团工作过,我认为学生会和社团对一个学生的成长有很多相似之处。"这等于变否定为肯定的回答。

5. 反戈一击

有些问题过于刁钻,而且实在无法回答,不妨反戈一击,反问对方,也能起到意想不到的效果。

6. "大题小做"

面试官有时会问一些"很大"的题目,比如问"说说你自己",至于说"你自己"什么,并没有限定,但他要的回答并不是"你自己"事无巨细的全部。因此,你必须"小做",不要没选择、没目的地说。一般说来,"大题小做"的技巧,是围绕你应聘的职位来谈,以"说说你自己"为例,"小"在与应聘岗位相关的知识、技能、经验方面即可。面试官如果有兴趣再了解你的其他情况,他会发问的。这样的问题往往出现在面试开始时,面试官等于不出任何问题,而让你先打开话匣子,因此,你必须有意识地把话题拉到你的能力、性格优点、学识、经验等方面上来,不能错过这样的好机会。

(六) 提问的技巧

大学生求职者向面试官提问题这个环节经常会被人们忽略,以为不重要。实际上并非如此,提问不仅是一个礼貌问题,而且可以使你有机会对公司有进一步的了解,同时显示你的应变和交际能力,从而给面试官留下更好的印象。另一方面,面试是一个双向交流的过程,面试官也可以在这个环节里向你推介一下自己的公司。总的来说这是一个双方都应该重视的环节。

1. 面试提问的原则

面试的提问中应该把握两个原则。一是问题不能过于简单,最好要能够表现你对公司有一定的了解,同时显示出你想加入公司的强烈愿望。二是不能让对方感觉到你在刁难,这样会让双方都进退两难,其结果只能是给面试官留下不好的印象。

2. 提问的内容

(1) 问面试过程中不大明白的地方,比如招聘的程序问题。并不是所有公司的招聘程序都会事先做很详细的说明,所以可以这样问:"请问这个面试之后多久能知道结果,之后还有多少轮的面试呢?"

（2）问建议。人都好为人师，所以问建议会收到很好的效果。一般的问法可以是："如果我有机会加入公司的话，您会给我什么样的建议呢？"这种问法还可以让初入职场的我们更加地了解在相关行业中工作的一些要点，同时可以从面试官的回答中看出整个面试的情况。

（3）问公司的发展战略和前景。这是面试官很愿意谈的一个话题，但是要尽量避免公司已经公开发布的信息。

（4）把现场的情景和你准备的东西结合起来问。这种问法会让对方感觉到你的观察能力，也表现出你适应环境的能力。

（5）提问对方最自豪或者最熟悉的方面。这会让面试官有话好说，而且事实上是通过这样的问题表达了对他们工作的认同和欣赏。

3. 不应该问的几个问题

下面的五个问题有些应届毕业生在面试中问到过，事实证明这几种问法都不适合，应该避免。

（1）不问工资。因为在这一面试阶段还没有到要谈工资细节的时候，问这种问题是不恰当的。这个问题如果单位不说的话，可以在跟单位签协议之前问清楚。

（2）不要问自己不确定的事。这样会使面试人员比较反感，感觉你自己都不清楚想问什么，也没法给你明确的反馈。

（3）不要当面问面试结果，更不要纠缠着问，也不要说"请你一定帮忙"之类的话。比较好的做法是可以询问一下出面试结果的时间，或者面试结束之后说声"谢谢"。

（4）敏感的话题不要问。容易使得主试人员感觉尴尬的问题或是不便于回答的问题不要问。这会使人感觉到你不尊重用人单位，有种挑衅的意味。

【训练活动】

活动一：常见面试问题模拟训练

1. 计划组织协调能力

测试目的：测试被试者的计划组织协调能力，要求被试者应考虑到明确的工作目标和要求，据此选择工作方法，安排工作流程，调配人、财、物资源，协调组织各方共同完成任务。

模拟问题一：假如你是某单位的工作人员，领导交给你一项对你来说可能比较棘手的任务（如组织一次联欢会、足球赛等），你准备怎样完成这项工作？

评价参考标准：

优：计划安排周全，能合理地安排资源，组织协调各方面力量共同完成任务。

好：有较周全的计划安排与切实可行的调研方法；组织协调各方面力量共同完成任务。

中：有计划安排；有协调的意识，但计划安排不够周全。

差：计划安排漏洞多，缺少协调意识；或夸夸其谈，不切中要害。

模拟问题二：领导要你4天完成一件工作，突然要你2天完成，你该怎么办？

答案思路：

（1）首先分析一下提前完成工作的可能性。

（2）如果确定完不成的，那么去跟领导详谈，跟他讲道理摆事实，说明没法完成的理由。一定要有充足的理由，才能说服他。

（3）如果可以完成，但是需要其他条件的配合的，那么找领导说明情况。请领导给予支持。

（4）如果经过自己努力可以完成的，那么就努力完成吧。

2. 解决复杂问题的能力

测试目的：测试被试者解决复杂问题的能力，主要考察被试者分析问题、解决问题、灵活应变等方面的综合能力。

模拟问题一：早上8点，你正在为第二天的会议起草一份发言稿，写这份稿件大约需要6个小时。你突然接到一位朋友的妻子的电话，这位朋友因交通事故住院，向你借8000元手术费，希望尽快送达，你也有钱帮他。刚放下电话，领导又交给你一个任务，有一外地的同志将来你处办事，事出有因，领导派你去火车站接一下。火车到站的时间在上午11点钟，去火车站来回约需1个小时。你打算如何处理这几件事？

评价参考标准：

优：（1）朋友的手术费紧急且重要，马上微信或支付宝转钱到朋友妻子的银行账户。

（2）转账成功之后起草发言稿，为预防堵车等意外因素，10点左右去火车站接人。

（3）下午继续起草发言稿。

模拟问题二：空管局即将接受呼和浩特、太原等地，你作为领导者应如何协调区管中心与接受地之间权、责、利方面（可以从计、劳、财三方面回答）。

评价参考标准：

优：分析有理有据，切中要害。能分别从二者间的权、责、利进行协调分析；分析内容全面；能提出比较有创意的见解。

好：分析条理比较清晰，基本能切中要害。能分别从二者间的权、责、利进行协调分析；分析内容比较全面；能提出有见地性的见解。

中：分析基本上能抓住问题核心，基本能从二者间的权、责、利相协调角度进行分析；分析内容基本全面；能提出自己的见解。

差：分析思路零乱，逻辑性差。不能从二者间的权、责、利相协调角度进行分析；分析内容空洞；不能提出自己的见解。

3. 人际沟通能力

测试目的：测试被试者的人际沟通能力，即将被试者置于两难情境中，考察其人际交往的意识与技巧，主要是处理上下级和同级权属关系的意识及沟通的能力。

模拟问题一：上级领导下达一项重要的工作任务，部门领导交代由你带领小刘共同完成。工作期间，你因家里出现重大变故而离开，剩下的工作交由小刘完成。在工作表彰会上，上级领导对你高度赞扬，对小刘却只字未提，小刘由此闷闷不乐，对你心生嫌隙。你怎么办？

评价参考标准：

（1）向部门领导说明，由于自己的私事，导致这次工作给小刘造成了很大的压力，这项工作能顺利完成，跟小刘的努力和付出是分不开的，小刘其实更应该受到嘉奖。

（2）主动的找到小刘，对由于自己的临时离开给他增加的工作负担表示歉意，并对他出色的完成后续的工作任务，表示感谢。上级领导的赞扬更多是对我们团队工作的认可。荣誉应该属于我们工作团队的每一个人。

（3）在今后的工作中，多与小刘分享心得和体会，当小刘或其他同事在工作出现类似我的困难时，主动帮同事们分担。

模拟问题二：你的一位领导脾气比较急，批评下属时常常不留情面，大家的工作情绪经常受到影响。作为下属，你该怎么办？

评价参考标准：

优：首先对领导的批评应该认真接受，不能因为领导严厉的批评而产生逆反心理，以致影响工作；其次可以私下找机会和领导沟通，向领导反映下属因此产生的意见和情绪，婉转地说明这种情绪可能会影响工作的正常开展，至于是否接受建议、改变方法，由领导自己决定。

4. 与拟任职位匹配

模拟问题一：你认为什么样的环境适合你？什么样的工作适合你？

模拟问题二：你的择业范围很广，为什么会想到来我们单位应聘呢？

答案思路：

求职动机题不仅考查面试者对应聘职位的理解，更重要的是考查面试者对社会、工作、生活及自我的认知能力，内容大多涉及面试者的价值取向和生活态度等方面，是一种综合性非常强的题目。

技巧1：内容要到位。答题时，面试者必须具备一定的智能思维能力和清晰的答题思路，让面试官有效了解考生过去和现在对工作的态度，对未来的追求与抱负，以及考虑本单位所提供的岗位或工作条件能否满足面试者的要求和期待等。

技巧2：框架要灵活。因为题目出题形式的不同，其答题的框架有时非常简单，有时非常复杂，面试者可以根据题目的具体要求，根据自身的知识储备，灵活地应对。提供给面试者的建议是"讲道理、摆事实"。事例要恰当，道理要深刻，以此体现出与职位相匹配的人生观、价值观。

技巧3：准备要趁早。求职动机涉及的内容建议广大面试者在面试前梳理好，想清楚到底是什么决定了自己的职业发展动力终身不竭。这部分梳理好了，不仅有利于答题时"言为心声，以情动人"，对面试者将来的明晰规划也是很有帮助的。

5. 应变能力

测试目的：测试应试者在较短时间内对相对陌生的事件做出判断，并给出简单的处理方式，其决策能力的强弱，能否在统筹思考、有效分析、准确判断的基础上及时做出科学决断，以及对意外事件能否迅速而灵巧地应变，并以恰当的方法妥善解决问题等，都可通过应试者的陈述得出结论。同时，应试者的心理承受力、情绪稳定性、思维反应的敏捷性、思考问题的周密性、解决问题所用方法的适宜性及处理问题的决断力也可从中体现。

模拟问题一：在实际工作中，你做了一件好事，不但没人理解，反而遭到周围人的讽刺和挖苦，这时你会如何处理？

模拟问题二：如果你是一家食品公司的基层领导，突然有一天媒体采访你说有消费者反映你公司的食品卫生不合格，你将如何解释？

模拟问题三：一次你的朋友病了，你买了礼物去看他，在楼道里碰见你单位领导的爱人，她以为你是来她家的，顺手接过礼物，并说谢谢，你如何说明你的真实来意并不使对方尴尬？

答案思路：

面试时，考官经常会抛出令人措手不及的考查考生应变能力的题目，主要在有压力的情况下，考查考生对突发事件、棘手问题的应对。考查考生迅速而灵巧地转移角度、随机应变、触类旁通的能力，考生须迅速做出正确的判断和处理。思维反应要敏捷，情绪要稳定，考虑问题要周到。考生应遵循"先冷静，迅速补救处理，再追究责任"的原则，保持冷静，先安抚情绪，然后及时补救，提出解决问题的方案，或记录、汇报问题，或协调解决、督办，再向上级汇报，追究责任等。比如，考官问，发现旅游者食物中毒，导游人员应该怎么做？首先应该避免其他旅客出现慌乱情绪，控制情绪；立即拨打急救电话，并在等候期间，设法使中毒者催吐，让中毒者大量喝水，以加速排泄，缓解毒性，请医院开具诊断证明；迅速报告旅行社并追究供餐单位的责任。

还有一种应变能力题，提出的问题往往针对考生回答问题内容本身，问题较尖刻，此时，考生应控制情绪，告诉自己考官并无恶意，只是在考查自己的情绪稳定性、自我控制能力、反应力、应变力、自我认知能力等。比如，考官问，"从心理学角度看，为了给主考官留下好印象，面试过程中考生总是竭力表现自己的长处，掩饰自己的不足，你现在是否也是这种心态？"面对这种压力式问题，主考官更关注的，不是考生回答了什么，而是怎样回答。考生要注意：第一，千万不要紧张、慌乱，不要认为是自己或别人面试表现不够理想，因而主考官才故意设题刁难自己，更不能认为"大祸临头"；第二，回答态度要诚恳，实事求是承认人无完人，谁都有缺点和不足，每个人都希望得到赞许的评价，因此，面试过程中考生扬长避短，甚至投主考官之所好也是可以理解的；第三，回答能体现出机智、幽默为上策，这样考官会认为，考生不仅处变不惊，且有化解压力与紧张气氛的能力。

6. 承压能力

这种问题通常是故意给面试者施加一定的压力，看看其在压力情境下的反应，主要考查面试者的应变能力、情绪控制能力、语言表达能力和计划组织与协调能力。对于此类试题，面试者要理解自己的角色，把自己放到情境中去，要能提出比较全面的行为对策。提出的对策要有科学性、针对性和可操作性。

模拟问题一：明天是星期六，你有以下几件事情需要处理：①一个月前答应朋友去参加他明天举行的婚礼；②领导明天搬家，请你去帮忙；③一个和你有过节的同事要你去和他整理材料。你会怎么安排，为什么这样安排？

模拟问题二：你送朋友一件贵重礼品，可在朋友家打开后发现是假的，怎么处理？

答题思路：

回答压力危机类试题的核心是分清轻重缓急，处理好原则性问题和灵活性问题。

面试者可以按照以下几个步骤应对。

（1）在激烈的情景中保持冷静，稳定情绪。

（2）不同问题采取不同的处理方法。

紧急突发事件：安抚情绪、控制现场；重大事件及时向上级汇报；能现场解决的现场解决，现场无法解决的，做出解决承诺；事后进行整改及问责。

多个事件冲突：分清轻重缓急，紧急、重要的事情先做；必须自己到场的亲自做；可由别人协助完成的，可通过他人完成。

活动二：模拟面试

根据前面对半结构化面试各个方面的介绍，下面将开展真实的半结构化模拟面试。

活动目的：

（1）通过模拟面试训练使学生掌握面试技巧，克服真实面试过程中出现紧张的情绪。

（2）有针对性地解决学生在面试准备、面试过程中暴露的问题。

（3）提高学生面试能力、临场应变能力和领导能力，提高企业面试通过率。

适用范围：

高校中面临就业的高年级同学。

活动要求：

受培训者：8～10人/次，受培训者培训前针对模拟招聘简章确立自己的应聘岗位，写好简历。

面试官：每组面试官一般由5～7人组成，其中一名主面试官，面试官分别扮演单位领导、业务部门主管、人事部门主管、测评专家等。

每个面试者控制在30分钟左右。

活动实施（流程如图4-2所示）：

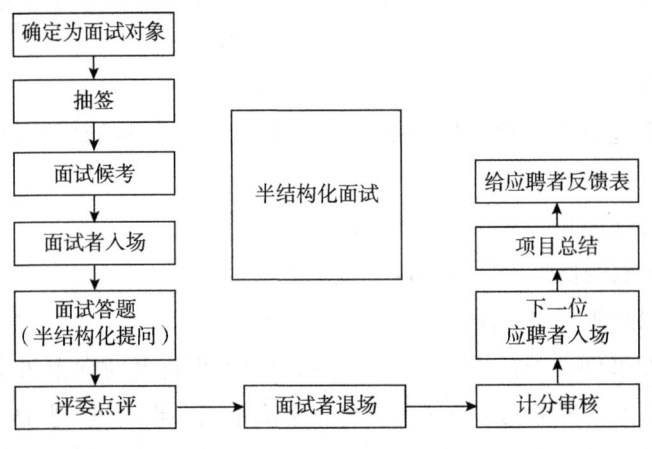

图4-2 模拟面试活动流程图

每个面试者控制在30分钟左右，考官一般问4～5个问题。

模拟面试对话，可参考以下实例：

主面试官：

你好，欢迎参加今天的面试。我是今天的主面试官，接下来的面试中我们会问你一些问题，以增进对你的直接了解。回答每个问题前，你可以先考虑一下，不必紧张。

面试开始：
各个面试官开始提问：

> 面试官包括：
> 人力资源部（主面试官）、人事副总、财务部、销售部、IT部、行政部。
> 面试官的职责：
> ☆每个面试官根据测评要素，结合自己部门的实际情况进行提问（不是每个面试官都会提问，结合应聘者的应聘岗位），面试官给所有的应聘者根据评分表进行面试打分，并提供给面试者诊断报告。
> ☆每个面试官面试结束之后对面试者进行点评、打分。

大家好，刚才大家参加的半结构化模拟面试环节。

> 对半结构化模拟面试的流程、规则、目标、面试官的职责等进行讲解，使学员对整个环节有更加清晰的了解，以便后面学员进行角色互换。

我是这个模块的教练XXX

> 教练的职责：
> ☆半结构化面试环节的主面试官。
> ☆半结构化面试环节的主持人。
> ☆半结构化面试结束后对整个模块和面试学员普遍存在的优点和问题进行归纳总结。
> ☆结合其他考官的点评，最后给每位应聘者一份反馈表。

循环：

学生作为面试官进行第二轮模拟面试。

【训练小结】

任何面试就是一个自我推销的过程，要向用人单位宣传自己、展示自己，以便让用人单位了解自己、认识自己和选择自己。"别怕推销自己，只要你认为你有才华！"这是美国著名学者戴尔·卡耐基说过的一句话。自信是现代人所必须具有的心理素质，要让别人相信自己，首先要自己相信自己。自信心既与自身素质和能力水平相联系，也与平日不断克服自卑心理的训练有关。在自我推销中要消除对招聘者的恐惧心理，摆正自己与招聘者的位置，敢于推销自己。应做到：实事求是，敢于言语解剖自己，优势不羞谈，缺点不掩饰。不同招聘单位面试过程有很大的不同，所考察内容的侧重点也有很大的差异。通过这一章节内容的学习，我们希望面试者有针对性地做一些准备；另外，也希望面试者真实地表现自己，而不是把自己"扮演"成招聘单位"想要"的人。

第四节　认识文件筐模拟面试

【基础知识】

一、文件筐模拟面试概述

文件筐模拟面试又叫公文筐测试或公文处理测验，它是一种情景模拟测试，在这种测试中，受测者假定将接替某个管理者的工作，通过在规定的时间内处理相当数量的文件、电话、信函等来考察受测者的计划、决策、预测和沟通能力。

（一）文件筐模拟面试的优点

（1）具有灵活性，可以因不同的工作特性和所要评估的能力而设计题目。

（2）作为一种情景模拟测验，它可以对个体的行为做直接的观察。

（3）由于把人置于模拟的工作情境中去完成一系列工作，为每一个被试者都提供了条件和机会相等的情境。

（4）它能预测一种潜能，这种潜能可使人在管理上获得成功。

（5）能从多个维度上评定一个人的管理能力，它不仅能挑选出有潜力的管理人才，还能训练他们的管理与合作能力，使选拔过程成为培训过程的开始。

（6）在实践中，文件筐模拟面试除用作评价、选拔管理人员外，还可用于培训，提高管理人员的管理技巧、解决人际冲突和组织内各部门间的摩擦的技巧，以及为人力资源计划和组织设计提供信息。

（7）情景性强。完全模拟现实中真实发生的经营、管理情境，对实际操作有高度似真性，因而预测效度高。

（8）综合性强。测验材料涉及经营、市场、人事、客户及公共关系、政策法规、财务等企业组织的各方面事务，考察计划、授权、预测、决策、沟通等多方面的能力，从而能够对高层管理者进行全面评价。

（二）文件筐模拟面试的缺点

（1）对评分者要求特别高，不仅要了解各个材料的内在特质，而且通晓每份材料之间的内部联系。

（2）只是针对管理者的各方面能力的测试和提高，对于其他领域则难以涉足。

二、文件筐模拟面试的组织步骤

（1）向每一位被测试者发放一套文件（一般15～20份），包括：下级呈来的报告、请示、计划、预算，同级部门的备忘录，上级的指示、批复、规定，外界用户、供应商、银行、政府有关部门和公司所在社区的函电、传真及电话记录，甚至还有群众的检举或投诉信，这些都是在管理人员的办公桌上出现频率比较高的文件，这些被随机排放在公文筐中。

（2）向被面试者介绍有关背景资料，然后告诉被测试者，他现在就是这个职位的任职者，全权负责处理所给全部公文材料。要使被测试者认识到，他现在不是在做游戏，也非代人理职，他现在是货真价实的当权者，他要根据自己的经验、知识和性格在给定的时间里去处理解决问题。他不能说自己将如何去做，而应该是真刀真枪地处理各项事务。因此，各被测试者必须留下笔记、信件等，这是每一位被测试者工作业绩的最好纪录。

（3）处理结果交由测评组按规定考核维度与标准进行考评。通常不是定性式的给予评语，而是就某些维度逐一定量式地评分（常用5分制）。最常见的考评维度有7个，即个人自信心、企业领导能力、计划安排能力、书面表达能力、分析决策能力、风险承担能力与信息敏感性，但也可以按具体情况增删，如加上创造思维能力、工作方法合理性等。总而言之，要评估被测评者在拟任职岗位上独立工作的胜任力和长期发展的潜力和素质。

比如总指导语：这是一个公文筐模拟面试，它模拟实际的管理情境，请你处理商业信函、文件和管理人员常用的信息。这个模拟的具体假设情境是："你是……"这里为你准备了你今天需要处理的全部材料，放在专用的塑料文件袋里。在测验中你需要使用以下工具：一本答题册、文件袋内的材料、铅笔、计算器。请不要在公文筐（袋）中的材料上写任何东西；请在本答题册上回答问题。我们只对答题册上的作答进行计分；笔记或其他个人用纸上的回答将不予考虑。

面试的施测过程一般有四个分测验，每一分测验都有严格的时间控制，总计时间为115分钟。

其中：

测验1——计划：40分钟；

测验2——预测：25分钟；

测验3——决策：25分钟；

测验4——沟通：25分钟。

整个面试的过程都用录像机记录下来。可以集体施测，考虑到录像的效果，一组以不超过10人为宜。如能单独安排在模拟经理室里进行测验，效果更好。

具体过程如下。

（1）要求：依据预定的参试人数选择好适宜的测验地点，布置考场。考场环境应安静整洁，无干扰，采光照明良好。由于要处理大量公文，桌面要够大。如有多人参加，相互之间距离要远一些，以免相互干扰。

（2）准备好测验所用的如下材料：测验材料、答题册、铅笔、橡皮，保证每位应试者有以上完整的测验材料及用品，允许被试者自带计算器。

（3）安排被试者入场，并宣布测验注意事项，指导语如下：请大家注意，为了不影响考试，请大家关闭手机，暂停使用。请大家查看一下是否都拿到了测验材料和答题册（测验主持人展示）各一份。首先请大家在答题册的背面填写姓名等背景信息。在测验没有开始之前，请不要翻看测验材料。本测验分四个部分，每一部分都要用到这些测验材料，请您注意：不要在测验材料上做任何标记，请在答题册上回答问题。测验结束后请您把测验材料和答题册一并交还给我们。请大家翻开答题册第一页，这是一个"公文筐测验"……（总指导语略)。如果有疑问请大家提出，我们现在给予解答。(停顿，主持人答疑)如果大家没有任何问题，我们来看测验1——计划，这个测验要求你……(测验1的指导语略)。如果有疑问请大家提出，我们现在给予解答。(停顿，主持人答疑)如果没有任何问题，请翻开下一页开始做题。

（4）计时，注意监督应试者不能提前翻看或做后一部分的题目。

（5）第二部分测验指导语：我们来看测验2——预测，这个测验要求你……(测验2的指导语略)。如果有疑问请大家提出，我们现在给予解答。(停顿，主持人解答疑问)如果没有问题，请开始做题。请大家注意不要再回头做第一部分的题目。

（6）计时，注意监督应试者不能提前翻看或做后一部分的题目。

（7）余下部分的测验依此类推。

（8）测验时间到，回收测验材料和答题册，测验结束。

考试主持人将在适当的时间提醒你开始和结束每一个部分。完成各部分测验所需的指导语在各部分开始时给出。比如：

测验1：计划指导语：这个测验要求你首先就"公文筐"中的材料所给出的工作做计划，请你用任何你认为合理的方式对这些材料进行分类。在这一部分中你需完成以下三个内容：

（1）根据材料的主要内容对材料进行分类，并对每个类别进行命名。

（2）确定材料或事件的优先级。你必须根据材料的重要性和紧迫性，用下列表示优先级的字母确定材料处理上的优先顺序。优先级和字母的对应关系如下：

H = 优先（材料极其重要，需立即处理）

M = 中等（材料不急不缓，可稍后处理）

L = 靠后（材料是平常的，可搁置一段时间）

（3）列出行动提纲。请对每一份材料写出处理意见，并指出它参考了公文筐中的哪些材料（请用材料右上角的编号来代表每一份材料）。请把答案写在随后的四页纸上，我们只对这四页上的内容作评估。你有40分钟的时间来完成这项任务。如请记住你现在的身份和今天的具体日期是："瑞克有限公司市场营销部经理；××××年2月8日。"若现在有疑问请立即向考试主持人询问，然后等待翻页和开始做测验的指令。

测验2：预测指导语：这个测验要求你运用文件袋内提供的有关信息，针对给定的两个问题分别做出预测。两个问题单独计分，分值相同。对每一个问题你必须：

做出全面的预测（要求作简单解释）。

列出你预测所依据的主要因素或假设。

列出实现预测所需的实施方案。你的答案应写在随后的两页纸上，我们只对这两页纸上的内容作评估。你有 25 分钟时间来完成这两个问题。若现在有疑问请向考试主持人询问，然后等待翻页和开始做测验的指令。

测验 3：决策指导语：这个测验要求你运用文件袋内提供的有关信息，针对给定的两个问题作决策。每个问题单独计分，分值相同。对每一个问题你必须：

列出可供参考的备选方案，并综合考虑其优劣性。

综合文件袋内的其他材料信息，列出影响你决策的主要因素。

最终选择一种方案作为你的决策，并说明理由。你的答案应写在随后的两页纸上，我们只对这两页纸上的内容作评估。你有 25 分钟的时间来完成这两个问题。若现在有疑问请向考试主持人询问，然后等待翻页和开始做测验的指令。

测验 4：沟通指导语：这个测验要求你针对总经理的辞职起草一份备忘录，列出你计划要采取的行动。它将作为今天晚上会议发言的底稿。请把备忘录写在随后的两页纸上。我们只对这两页纸上的内容作评估。

我们将依据以下几点来评估你的备忘录：

范围，即备忘录参考了文件袋中的哪些材料信息。

结构，要求文章结构严谨，内容简明扼要。

语言风格，要求行文流畅，有严密的逻辑性。你有 25 分钟的时间来完成这项测验。若现在有疑问，请立即向考试主持人询问，并等待翻页和开始做测验的指令。

三、文件筐模拟面试评分标准

文件筐测验所要评测的能力定位与管理者从事管理活动时正确处理普遍性的管理问题，有效地履行主要管理职能所具备的能力。考察管理者对多方面管理业务的整体运作能力，一般来说，评分标准为以下几项：

1. 工作条理性

理论分值区间：0～15 分。设计一定的任务情境和角色情境，要求被试者判断所给材料的优先级。得分高的被试者能有条不紊地处理各种公文和信息材料，能根据信息的性质和轻重缓急对信息进行准确地分类，能注意到不同信息间的关系，有效地利用人、财、物、信息资源，并有计划地安排工作。

2. 计划能力

理论分值区间：0～30分。得分高的被试者能非常有效地提出处理工作的切实可行的方案，主要表现在能系统地事先安排和分配工作，识别问题及注意不同信息间的关系，根据信息的不同性质和紧迫性对工作的细节、策略、方法做出合理的规划。评价计划时，在某种程度上要关注被试者对其行为未来后果的考虑。例如，考察他们解决问题时是否考虑时间、成本、顾客关系或资源。计划也包括为避免预期的问题所采用的步骤，以及出现这些问题时，他们对问题的操作步骤与方法。

3. 预测能力

理论分值区间：0～16分。得分高的被试者能全面系统地考虑环境中各种不同相关因素，对各种因素做出恰当的分析，并做出合乎逻辑的预测，同时对预测能提出行之有效的实施方案。该维量包括考察三部分内容：预测的质量、所依据的因素、可行性分析。评价预测时，要考察被试者为了做出预测而利用公文筐内材料的程度，即是否综合各种因素做出分析。

4. 决策能力

理论分值区间：0～17分。该维量得分高的被试者对复杂的问题能进行审慎的剖析，能灵活地搜索各种解决问题的途径，并做出合理的评估，对各种方案的结果有着清醒的判断，从而提出高质量的决策意见。该维量包括考察三部分内容：决策的质量、实施的方案、影响因素。评价决策时，要细察决策背后的理性成分，考察被试者是否考虑了短期和长期的后果，是否考虑了各种备选方案的优缺点，假如采取某种行动方案，为什么？

5. 沟通能力

理论分值区间：0～25分。要求被试者设计公文，撰写文件或报告，用书面形式有效地表达自己的思想和意见。根据评估内容，考察被试者的思路清晰度、意见连贯性、措辞恰当性及文体相应性。得分高的文章要求语言非常流畅，文体风格与情境相适应，能根据不同信息的重要性来分别处理，结构性很强，考虑问题很全面，能提出有针对性的论点，表现出熟悉业务的各个领域。

6. 报告样例——文件筐模拟面试测试结果

考号：101 姓名：★★★ 性别：男 年龄：25

工作条理性：64，计划能力：86，预测能力：44，决策能力：96.6，沟通能力：70。

评语工作条理性：工作非常有条理，能分清事务的主次，并能据此安排自己的工作步骤，使工作按一定的次序进行，表现出一定的计划性。

计划能力：对工作的处理得当，分析能力较强，能提出有效的处理意见，主要表现在能根据事物的轻重缓急对工作的细节、策略、方法做出较为合理的规划。

预测能力：能提出较有针对性的预测，对事件的洞察力较好，有时考虑问题稍显片面，不能综合考虑各种影响因素，但对问题尚有一定的预测能力，对预测的实施充满信心。

决策能力：对复杂的问题能进行审慎的剖析，能灵活地搜索各种解决问题的途径，并做出合理的评估，对各种方案的结果做出清醒的判断，从而提出高质量的决策意见。

沟通能力：书面表达方面，语言较流畅，谈起问题来很有针对性，能提出有力的论据，结构性较强，表现出较为熟悉业务的各个领域，并能通盘考虑问题。

[**训练活动**]

活动一：文件筐模拟面试训练

活动目的：

文件筐模拟面试用于训练受测者的管理与合作能力，使参加测验的被试者提高其管理技巧、解决人际冲突的和组织内部各部门间的摩擦的技巧，主要了解和提高其计划、授权、预测、决策、沟通等方面的管理能力，特别是考察和提高综合各类业务信息、审时度势、全面把握、处变不惊、运筹自如的素质。

训练组织要求：

（1）受测者：10人。

（2）评分者：至少两人，并且要求较高，它要求评分者了解测验的内核，通晓每份材料之间的内部联系，对每个可能的答案了如指掌，评分前要对评分者进行系统的培训，以保证测评结果的客观和公正。

（3）时间：2小时笔试。

测试材料：

华达公司是一家大型民营上市公司，业务领域涉及水利工程、环保科技和电力自动化等多个领域，其人力资源部下设五个主管岗位，分别是招聘主管、薪酬主管、绩效主管、培训主管和劳动关系与安全主管，每个主管有2~3位下属。今天是2006年7月9日，你（李某）有机会在以后的2个小时里担任该公司人力资源部总监的职务，全面主持公司人力资源管理工作。现在是上午8点，你提前来到办公室，秘书已经将你需要处理的邮件和电话录音整理完毕，放在了文件夹内。文件的顺序是随机排列的，你必须在2个小时内处理好这些文件，并做出批示。11点钟还有一个重要的会议需要你主持，在这3小时里，你的秘书会为你推掉所有的杂事，没有任何人来打扰。

类别1： 电话录音。来电人：刘某，国际事业部总监。接收人：李某，人力资源部总监。日期：7月8日。

李总：您好，我是国际事业部的刘某，去年10月中旬，人力资源部曾要求各部门上报2006年的大学生招聘计划。由于我部业务的特殊性，不仅要求较高的英语水平，而且要懂一定的专业知识，这类人员在校内招聘的难度很大。此外，由于我们公司薪酬水平较低，即使招聘来也很容易流失，过去几年的流失率高达74%。为此我们国际事业部多次召开会议，并初步达成共识：公司需要制定中长期的人才规划以吸引并留住优秀人才。但是，到底该如何操作，尚无具体方案。我刚和总裁通过电话，他建议我直接与您沟通，不知您有何意见想法，请尽快告知。

类别2： 电话录音。来件人：王某，劳动关系与安全主管。收件人：李某，人力资源部总监。日期：7月9日

李总：您好！我是王某，有件事情非常紧急，今早7点，我接到郑州交通管理局的电话，6点10分在郑州203国道上发生重大交通事故，我公司销售部的向某驾车与一辆大货车相撞，向某当场死亡，对方司机重伤，目前正在医院抢救，与向某同车的还有公司的销售员人员蔡某、隋某和华某，3人都不同程度受伤，但无生命危险。目前事故责任还不能确定，我准备立刻前往郑州处理相关事务，希望您能尽快和我联系，商量一下应对措施。

类别3： 便函。来件人：章某，总裁。收件人：李某，人力资源部总监。日期：7月8日

小李：9号下午你是否有空，我刚刚看过上半年的绩效考评结果，综合过去两年来各部门运行情况，我觉得有必要对公司的中层干部进行调整。另外，公司明年要上一些项目，需要有针对性地补充一些管理人员，我想听听你的意见，请准备一下相关资料，并与我联系。

答卷要求：

及时答复；措施和意图；措施和意图应最少6点；书写整洁；注意有无排序要求；时间不多，请提高书写速度。

答题册：包含总指导语和各分测验的指导语。它提供了完成测验所需的全部指导信息，完成各部分测验所需的指导语在各部分开始时给出。

参考答案：

类别1

回复参考答案1：

刘总监：您好！关于你部的人才引进与规划问题，我正在想办法解决，考虑实际情况，我想从以下几方面着手：

（1）解决现实问题：建议到国际领域人才市场招聘；

（2）安排招聘主管调查离职率高的真正原因；

（3）安排薪酬主管调查同行业、同地区、同类人才的薪酬水平和激励政策，与你部员工的情况对比之后作适当调整；

（4）利用现有的条件，做好基础人才（英语佳）的引进、培养工作，加强专业知识培训。具体待一周后调查结果出来，我们再行约定时间讨论。

回复参考答案2：

（1）充分认识人力资源管理水平与企业现状的矛盾，战略性人力资源管理的长期性，艰巨性和阶段性。

（2）人力资源管理的当务之机急是建立人力资源管理基础平台，明确人力资源管理的理念，体系，各种制度和规划。

（3）针对不同的职位和人员采用有效的岗位招聘方式在招聘过程中十分重要，当校园招聘无效时，可选用其他如社会招聘、委托中介、内部招聘、网上招聘等。

（4）不能完全依赖外部招聘，要和内部培养，内部选拔相结合。

（5）关于薪酬，必须制定企业的薪酬策略，当企业财力不佳时，要对关键岗位职工采用高于市场中点，其他人员可考虑低于市场平均水平。困难中的企业更要注重通过感情、制度、事业的精神激励方式留人。

（6）尽快制定企业的中长期人才规划，必须从企业的战略出发，构建未来的人才需求蓝图和相应的吸引、培育、激励、整合、开发、控制的人才管理规划。

回复参考答案3：

诚恳感谢国际事业部对人力资源管理工作的重视，并指出了制定中长期人才规划吸引并留住人才的建议，这样便于工作协调。肯定制定中长期规划的建议，并指派招聘主管到国际事业部有关专业部门听取意见，草拟适合本企业特点的技术开发型长期发展战略，增加企业的竞争力。对于在校大学生的招聘问题，可以考虑扩大招聘范围和方式，并根据企业的财务和市场情况的变化，分析招聘需求，制订招聘计划。调高新聘人员薪酬水平，并采取吸引人才的其他方法措施，招聘和留住企业需要的人才，指定薪酬主管与其他专业部门协商方案。对现有人员进行培训。对人才流失可以通过其他方式解决，人力资源部和国际事业部可进一步商议实施方案。鼓励员工在工作期间体验成就感，及时肯定和表彰有成就员工，利用工作成就感留住人才。放手使用人才，给予有才能的人才更大的责任和权力。营造尊重人才的氛围。

类别2

根据事件的紧急程度和对等性，考虑选择电话。本事件设计到的要求报告上级主管领导；抢救与治疗；事故赔偿和安抚；责任的划分；货物的处理（如有）；安全教育。

回复参考答案1：

王某：你好！请立即前往郑州，了解交通事故起因、经过并处理相关事务；同时，安排你部门人员做好伤者抢救、陪护及亡者善后工作，注意安抚情绪；另外，通知保险公司到场。有情况及时与我联系。

回复参考答案2：

（1）尽力抢救、治疗职工。

（2）在第一时间内报告企业高层领导，联系有关部门和伤亡职工家属。

（3）确认企业是否参加工伤保险，如果参加按国务院2004年1月1日颁布的《工伤保险条例》办理相关事宜。包括工伤认定，工伤申请，工伤补偿等。

（4）如果企业没有参加工伤保险，按《工伤保险条例》规定，员工的一切补偿由企业承担。

（5）加强工伤预防和对职工安全教育。

（6）妥善安置相关事宜。

回复参考答案 3：

报告相关主管领导，并组成事故处理小组，到郑州了解情况，挽回损失，接待家属，并安排家属前往郑州。联系保险公司做好事故的经济赔偿工作。慰问伤员，了解情况，据实推掉我方责任。安排好死者的后事。向公司汇报情况。做好车辆货物的善后处理。召开事故分析会，找事故，明责任。安全教育。按劳动法规定对死者到劳动局办理相关手续。受伤人员按有关法律规定的医疗期和发放病假工资。处理原则：以公司利益为重，依法维护公司正当权利，执行以人为本的战略，关怀员工和家属的身心健康。

类别 3

答案参考 1：

章某：您好！我下午 3 点去您办公室，届时我会准备在职中层干部基本情况表、储备干部资料和上半年绩效考评资料，我的想法是：一方面配合公司战略，适当引进专业人才；另一方面，对连续几个月考核较差的干部进行降级与调离岗位；同时全员加强学习，增加适应新工作的能力；针对新生产线管理岗位的引进，可邀请生管刘副总参加商讨，您觉得妥否？李某 2012 年 9 月 17 日。

答案参考 2：

（1）搜集和准备中层干部的档案和资料。

（2）如果有必要，可以和中层沟通，了解他们的个人职业规划。

（3）根据公司战略，明确关键职位任职资格和素质模型。

（4）准备人员选拔方案和有关测试，包括情景模拟、心理测试、角色扮演等。

（5）根据岗位设置的基本原则"数量最低"尽量少设管理人员岗位。

（6）确实需要补充管理人员的，优先采用内部选拔的方法。当内部人员不能满足时考虑外部招聘，并考虑人员选拔方法。

（7）今后：加强公司的职业生涯规划管理和人力资源规划工作。

答案参考 3：

由绩效主管提供原绩效考核方案，结合中层干部绩效考评结果，提交绩效好和不好的部门经理的工作分析报告安排招聘主管提供一份可提拔晋升经理的名单，以及各自优劣分析。招聘主管根据明年的工作要求，进行人员配备需求分析，草拟招聘管理干部的招聘方案和招聘策略。安排薪酬主管草拟提拔晋升人员的薪酬调整方案。考虑调整方案，做好相关准备。整理汇报提纲。面谈时汇报实际情况，提出明确建议。制订中层培训计划，针对岗位要求制订培训内容和培训方法。

【训练小结】

文件筐模拟面试是一种管理情景模拟测试，它兼顾了情景模拟和传统纸笔测试的优点，是通过在规定的时间内处理相当数量公文来考察和提高受测者的计划、决策、预测和沟通能力。文件筐测试法的准备工作非常的烦冗复杂，对评分者的人员要求非常高，但它能全面综合地评价受测者各方面的管理能力，是挖掘中高级管理人才的重要手段。

【训后实践】

面试，从求职者进入面试人员视线那一刻就已经开始了。被面试的不仅是求职者的语言，还有求职者的个人行为表现，而后者往往被求职者忽视。一项研究表明，个人行为表现给人的印象7%取决于用词，38%取决于音质，55%取决于非语言交流。所以，面试时一定要特别注意你与面试人员的非语言交流，自始至终保持斯文有礼、不卑不亢、大方得体的言谈举止。

下面是一份求职礼仪自我检视的清单，现在看看自己是否做好了求职的礼仪准备。同时，如果能有针对性的求职礼仪，将有利于在面试过程中"秀出真我"，提升面试成绩。

面试前：

（1）头发干净自然，如要染发则注意颜色和发型不可太标新立异。

（2）服饰大方整齐合身。男女皆以时尚大方的套装为宜。

（3）面试前一天修剪指甲，忌涂指甲油。

（4）不要佩戴标新立异的装饰物。

（5）选择平时习惯穿的皮鞋，出门办事前一定要清洁擦拭。

面试中：

（1）任何情况下都要注意进房先敲门。

（2）待人态度从容，有礼貌。

（3）眼睛平视，面带微笑。

（4）说话清晰，音量适中。

（5）神情专注，切忌边说话边整理头发。

（6）手势不宜过多，需要时适度配合。

（7）进入面谈办公室前，可以嚼一片口香糖，消除口气，缓和稳定紧张的情绪。

面试后：

（1）礼貌地与主考官握手并致谢。

（2）轻声起立并将座椅轻手推至原位置。

（3）出公司大门时对接待人员表示感谢。

（4）24小时之内发出书面感谢信。

第五章　职场素养提升训练

【训练导言】

经过自我认识、职业抉择、简历制作、面试等环节，多日的奔波和选择，我们终于找到了自己人生的第一份工作。带着憧憬和梦想，我们敲开了职场的大门。然而，新的难题和困惑马上又摆在我们面前。

作为职场新人，你是否想过：

- 如何签订第一份劳动合同，以维护自己的职场权益？
- 如何顺利实现从校园人到职场人的角色转变？
- 如何尽快适应职场复杂的人际关系？
- 如何独立承担繁重的工作压力和责任？
- ……

通过本部分的情景模拟训练，为你展示真实的职场世界，带你理解职业人的基本要求，完成从"校园人"到职业人这一角色转变。

【训练目标】

认知目标：

（1）掌握就业权益保护和初涉职场的相关知识。

（2）理解良好职业意识与习惯对职业生涯的影响。

能力目标：

（1）能形成职业心态与习惯，快速适应职场。

（2）会自我调整与自我塑造，提升职场竞争力。

训练案例

一、案例背景

职场是有一些忌讳的。

案例一：缺乏礼貌

有一次，包经理要求吴某打个电话给副总经理，希望副总经理能够协助处理一件工作。吴某仔细询问过包经理后，上了楼去找了一趟副总经理，然后回到办公室向包经理说，"张副总刚才说，他那里没有问题，如果有特别需要的话会来协助，包经理你这里直接处理就够了。"

又一次，一位刚刚毕业的女学生，包经理同样的让她打个电话请副总经理处理一件工作。这个女大学生就打了电话，"是张副总吗？""包经理叫我告诉你，你把×××事情赶紧处理一下，包经理很急的。"包经理在那里摇了几下头，办公室里的人听完这个刚毕业的女学生说的话都笑了。

这是一件同样的事情，一位是有着三年工作经验的吴某，一位是刚刚毕业的女大学生。

吴某很好地处理了副总经理与包经理的职别关系，虽然自己的直接上司是包经理，但吴某通过直接过去询问副总经理，给了副总经理足够的尊重，同时也很好的摆正了自己的下属位置。最重要的一点，吴某通过这种礼貌的询问回答方式，很好地协调了副总经理与包经理之间的关系，并不是简单的工作例行处理。

女大学生在打电话时，语言里面就已经有了不礼貌的言辞，包经理在职级方面并没有权力去要求张副总执行什么工作，这种命令式的语气虽然是转告，却显示出对副总经理严重的不礼貌。

案例二：没有纪律

张某上班经常迟到，迟到后，马上找到科长求情，说，"我今天肯定把我的工作做完，不影响科里的工作。"几次迟到后，科长无奈找到经理询问，"经理，这样的事情，你说怎么处理啊，我是头疼了，张某一直这样。我的生产任务紧，又不敢轻易批评，不然他们不高兴，工作任务就完不成了。"我询问，"是一直这样吗？还是从这批学生来，才开始出现的？"科长说，"这批学生进来后才开始的。"我回答，"如果是这批学生才开始的，那么这是学生纪律的问题，你说是不是呢！如果你现在不处理，等这批学生都这样的话，你的工作你如何向我交代？总经理询问起来后，我只能找你的麻烦。"

我找张某直接询问，"你为什么总是迟到？其他人都能够做到的，你为什么做不到？"张某回答说，"对不起，经理，我只不过两三回而已，再说我迟到后，并没有耽误工作的生产，但我下次一定注意。"我说，"如果每个人都说两三次而已，这个公司几百号人，会有多少次？这样还是个公司么？你有没有为公司考虑过？你没有，你只考虑你自己的事情，你觉得你把工作做完了就可以了。你这个考虑方式是典型的个人主义，公司是一个团队，要的是团队精神，而不是个人主义。如果下次你还是这样没有纪律的话，那你得考虑去人事部签署解职书了。"

科长后来在压力下，组织了几次大学生进厂培训课，并对原来几次迟到的学生进行追加罚款，并通报批评。慢慢地，情况好转起来。

二、案例点评与启示

个别大学生认为实习期间或者试用期期间，只要把自己的工作做好就可以了，跟其他人无关。但企业里并非如此看待，从整体组织出发，纪律性是企业正常生产的基本保证，如果纪律问题不首先处理掉，如果学生纪律依然散漫，不注意融入团队，团队的集体能力就始终无法得以体现。对企业来说，张某这样的学生是没有培养价值的。

第一节　重视就业中的违约金

[基础知识]

一、就业协议书的签订

《全国普通高等院校毕业生就业协议书》是明确毕业生、用人单位和学校三者在毕业生就业工作中权利和义务的书面表现形式，又称三方协议。《全国普通高等院校毕业生就业协议书》一般由国家教育部或各省市、自治区就业主管部门统一编制。作为学校派遣计划依据的《全国普通高等院校毕业生就业协议书》，由学校发放，毕业生签字，用人单位盖章，毕业生本人保存一份作为办理报到、接转行政和户口关系的依据。

（一）就业协议书的内容

（1）毕业生基本情况及意见。主要内容包括姓名、性别、年龄、民族、政治面貌、培养方式、健康状况、专业、学制、学历、家庭住址、应聘意见等。

（2）用人单位基本情况及意见。主要内容包括单位名称、单位隶属、联系人、联系电话、邮政编码、通信地址、所有制性质、单位性质、档案转寄地址、用人单位意见、用人单位上级主管部门意见等。

（3）学校意见。主要包括学校联系人、联系电话、邮政编码、学校通信地址、院系意见、学校毕生就业部门意见等。

（二）就业协议书的签订

就业协议的签订是在毕业生与用人单位供需见面、双向选择之后达成一致意见的结果。签订就业协议的程序一般如下。

（1）毕业生本人在协议书上以文字形式，明确表达自己同意到选定单位应聘工作的意愿，同时签署本人姓名。

（2）用人单位人事部门负责人代表单位签署同意接受该毕业生的文字意见，并签字盖章。该单位没有人事决定权的，则还需要报送其上级主管部门签字盖章，予以批准认可。

（3）毕业生所在院系和学校主管部门签署意见并签字盖章。

现行的就业协议书一式四份。协议书签订后，一份由毕业生本人保存；两份交学校就业主管部门：一份作为就业派遣的依据，另一份用来办理毕业离校手续；一份交用人单位，作为接受毕业生就业的凭证，并以此做好相应的人事及其他安排。

（三）就业协议书的解除

就业协议书的解除分为单方解除和三方解除。

单方解除，包括单方擅自解除和单方依法或依协议书解除。单方擅自解除协议书，属违约行为，解约方应向对方承担违约责任。单方依法或依协议书解除，是指一方解除就业协议书有法律上或协议书上的依据，如学生未取得毕业资格，用人单位有权单方解除就业协议书；毕业生升学后，可解除就业协议书；或依协议书规定，毕业生未通过用人单位所在地组织的公务员考试，用人单位有权解除协议书。此类单方解除，解除方无须向对方承担法律责任。

三方解除是指毕业生、用人单位、学校三方经协商一致，取消已经订立的协议书，使协议书不再发生法律效力。此类解除因是三方当事人真实意思表示达成的一致意见，三方均不承担法律责任，三方解除应在就业计划上报主管部门之前进行，如就业派遣计划下达后三方解除，还须经主管部门批准办理调整改派。

【案例】

小张是某高校毕业生，与一家自己比较满意的公司签订了就业协议。协议签订以后小张就没有再找别的工作，开始撰写毕业论文并做一些其他的毕业准备工作。之后小张得到签约单位的通知，说由于该公司经营策略上的变化，原本计划招收的20名应届毕业生现缩招为5名。该公司打算与小王解除就业协议，并提出愿意按照三方协议的约定承担违约责任。小张认为自己因为和该单位签订了三方协议，失去了很多其他的就业机会，现在该公司支付一笔违约金就可以和自己解除协议，自己再找工作时间上很仓促。请问小张可不可以通过诉讼或其他方式强制该单位履行三方协议？

该案例中由于就业协议属于涉及人身性质的合同，根据法律规定不得强制当事人履行。因此小张不可以强制该单位履行三方协议，但可以根据协议约定要求用人单位承担违约责任。

（四）就业协议书的违约责任

就业协议书一经毕业生、用人单位、学校签署即具有法律效力，任何一方不得擅自解除，否则违约方应向权利受损方支付协议条款所规定的违约金。从实际情况来看，多为毕业生违约。

毕业生违约，除造成本人承担违约责任，支付违约金这一影响外，往往还会造成其他不良的后果，主要表现在：

第一，就用人单位而言，他们往往会为录用毕业生做大量的准备工作，有的甚至对毕业生将要从事的具体工作也有所安排。同时毕业生就业工作时间相对比较集中，一旦毕业生因某种原因违约，势必使用人单位的录用工作徒劳一场，用人单位若重新着手选择其他毕业生，在时间上也不允许；从而给用人单位招聘工作造成被动。

第二，就学校而言，用人单位往往将毕业生违约行为归为学校的责任，从而影响学校和用人单位的长远合作。用人单位由于毕业生存在违约现象，而对学校的推荐工作表示怀疑。从历年情况来看，一旦毕业生违约，则受损的用人单位在几年之内都不愿到学校来挑选毕业生。面对激烈的就业竞争，用人单位的需求是毕业生择业成功的前提，如此下去，必定影响学校以后的毕业生就业，同时影响学校就业计划方案的制定和上报，使学校的正常派遣工作无法顺利开展。

第三，就其他毕业生而言，用人单位到学校挑选毕业生的名额是有限的，一旦与某毕业生签订就业协议，其他学生便丧失了到此单位工作的机会。若签约的学生违约，有些当初希望到该用人单位工作的其他毕业生由于录用时间等原因，也无法补缺，造成就业信息的浪费，影响其他毕业生就业。因此，毕业生在就业过程中应慎重选择，认真履约。

二、劳动合同的签订

对于初涉职场的大学生来说，从业之前还有一个关键环节马虎不得，就是与用人单位签订劳动合同，它是劳动者合法权益的有力保障之一。

劳动合同是劳动者与用工单位之间确立劳动关系，明确双方权利和义务的协议。劳动合同按照不同的标准可划分为不同的种类。以合同的目的为标准，划分为聘用合同、录用合同、借调合同、停薪留职合同；以合同的有效期为标准，划分为有固定期限的合同、无固定期限的合同和以完成一定工作为期限的合同。我国《中华人民共和国劳动法》（以下简称《劳动法》）规定，劳动合同应当以书面形式订立，即应采用书面协议。劳动合同的书面形式有主件、附件之分，劳动合同的主件即为劳动合同书，附件一般指劳动合同的补充协议，如岗位协议书、专项劳动协议、用人单位依法制定的内部劳动规则等。

（一）劳动合同的必备条款

根据《劳动法》的规定，劳动合同的必备条款有如下内容。

（1）劳动合同的期限。应届毕业生所遇到的劳动合同绝大多数是有固定期限的，所以大家一定要注意劳动合同中对期限的约定，以及关于期限违约责任的约定。

（2）工作内容。工作内容即用人单位安排劳动者从事什么工作，是劳动合同中确定的劳动者应当履行的劳动义务的主要内容，包括：劳动者从事劳动的岗位、工作性质、工作范围以及劳动生产任务所要达到的效果、质量指标等。

（3）劳动保护和劳动条件。用人单位对劳动者的工作必须提供合适的生产、工作条件和劳动安全卫生保护措施，包括劳动场所和设备、劳动安全卫生设施、劳动防护用品等。

（4）劳动报酬。劳动报酬主要表现为用人单位根据劳动者劳动岗位、技能及工作数量、质量，以货币形式支付给劳动者的工资。劳动合同中关于劳动报酬的约定应该包括工资的数额、支付日期、支付地点以及其他社会保险（养老、失业、医疗、工伤、生育等）待遇。

（5）劳动纪律。劳动纪律指劳动者在劳动过程中必须遵守的劳动规则，包括国家法律、行政法规以及用人单位内部的厂规、厂纪、对劳动者的个人纪律要求等。

（6）劳动合同的终止条件。劳动合同的终止条件一般是指劳动者和用人单位在国家法律、行政法规规定的劳动合同终止的条件以外，协商确定的劳动合同终止的条件，即劳动合同终止的事实理由。

（7）违反劳动合同的责任。在劳动合同履行过程中，当事人一方故意或过失违反劳动合同，致使劳动合同不能正常履行，给对方造成经济损失时应承担的法律后果。

（二）劳动合同的履行、变更、解除与终止

1. 履行

劳动合同的履行，是指劳动合同的双方当事人按照合同规定，履行各自义务的行为。依法订立的劳动合同具有法律约束力，当事人必须履行合同约定的义务，任何个人或第三方不得非法干涉劳动合同的履行。

2. 变更

劳动合同的变更，是指双方当事人对尚未履行或尚未完全履行的合同，依照法律规定的条件和程序，对原劳动合同进行修改或增删的法律行为。劳动合同变更应遵循平等自愿、协商一致的原则，不得违反法律法规的规定。任何一方不得擅自变更劳动合同，否则要承担相应的法律责任。劳动合同的变更一般是协议变更，双方当事人就变更的内容及条件进行协商，达成一致意见，应签订书面协议。我国劳动法规定，提出变更劳动合同的一方，给对方造成经济损失的，应当承担赔偿责任。

3. 解除

劳动合同的解除，是指劳动合同当事人在劳动合同期限届满之前依法提前终止劳动合同关系的法律行为。劳动合同的解除可分为协商解除、用人单位单方面解除、劳动者单方面解除以及自行解除等。

根据《中华人民共和国劳动合同法》（以下简称《劳动合同法》）的规定，劳动合同解除分为如下几种：

（1）意定解除。

只要用人单位与劳动者解除劳动合同的意思表示一致，解除条件即成就。

（2）劳动者提前通知单方解除。

为了保障劳动者全面自由发展的权利，我国《劳动法》和《劳动合同法》均规定了劳动者的辞职权，即劳动者单方无条件提出辞职的权利，但为了达到用人单位与劳动者的利益平衡，法律规定，此种劳动合同解除条件只有在劳动者履行一定法定程序（应提前 30 日书面通知）后才能成就。

（3）劳动者随时单方解除。

此种劳动合同解除是在用人单位存在严重违反劳动合同的行为或者劳动者的人身受到威胁、迫害的情形下，劳动者有随时通知解除劳动合同的权利。主要包括以下情形：未按照劳动合同约定提供劳动保护或者劳动条件的；未及时足额支付劳动报酬的；未依法为劳动者缴纳社会保险费的；用人单位的规章制度违反法律、法规的规定，损害劳动者权益的；以欺诈、胁迫的手段或者乘人之危，使对方在违背真实意思的情况下订立或者变更劳动合同，致使劳动合同无效的；法律、行政法规规定劳动者可以解除劳动合同的其他情形。而且在用人单位以暴力、威胁或者非法限制人身自由的手段强迫劳动者劳动，或者用人单位违章指挥、强令冒险作业危及劳动者人身安全情形的，劳动者可以立即解除劳动合同，不需事先告知用人单位。

（4）用人单位单方随时通知解除。

此种劳动解除的解除主要是指在劳动者存在严重违反用人单位规章制度，或存在其他严重损害用人单位合同利益的情形下，用人单位有权单方随时通知劳动者解除劳动合同，主要包括以下情形：在试用期间被证明不符合录用条件的；严重违反用人单位的规章制度的；严重失职，营私舞弊，给用人单位造成重大损害的；劳动者同时与其他用人单位建立劳动关系，对完成本单位的工作任务造成严重影响，或者经用人单位提出，拒不改正的；以欺诈、胁迫的手段或者乘人之危，使对方在违背真实意思的情况下订立或者变更劳动合同的，致使劳动合同无效的；被依法追究刑事责任的。

（5）用人单位提前 30 日通知解除。

此种劳动合同解除，主要是指存在非因用人单位与劳动者的主观原因，致使劳动合同无法继续履行的，用人单位提前 30 日通知劳动者或支付劳动者一个月工资的代通知金。解除劳动合同的情形，主要包括：劳动者患病或者非因工负伤，在规定的医疗期满后不能从事原工作，也不能从事由用人单位另行安排的工作的；劳动者不能胜任工作，经过培训或者调整工作岗位，仍不能胜任工作的；劳动合同订立时所依据的客观情况发生重大变化，致使劳动合同无法履行，经用人单位与劳动者协商，未能就变更劳动合同内容达成协议的。

此外，用人单位在出现经营困难等情形，需要裁减人员，解除与劳动者劳动关系时，用人单位也需要提前 30 日通知全体劳动者或工会。

4. 终止

劳动合同的终止，是指符合法律规定或当事人约定的情形的劳动合同的效力即行终止。我国《劳动法》规定："劳动合同期满或者当事人约定的劳动合同终止条件出现，劳动合同即行终止。"

根据《劳动合同法》规定，有下列情形之一的，劳动合同终止：劳动合同期满的；劳动者开始依法享受基本养老保险待遇的；劳动者死亡，或者被人民法院宣告死亡或者宣告失踪的；用人单位被依法宣告破产的；用人单位被吊销营业执照、责令关闭、撤销或者用人单位决定提前解散的；法律、行政法规规定的其他情形。

求职者在签订合同时应注意以下事项。

（1）为了保障个人的利益，求职者在正式进入到用人单位工作时，一定要与用人单位签订正式的用工合同，以便明确双方的权利和义务关系。

（2）建议求职者在正式签订劳动合同时，要查阅对比相关的劳动合同范本，以保障自己的合法权益。一份正式的合同应该条款齐全，签订时应仔细审看合同条款是否齐全，如名称、地点、时间、劳动规则、具体工作内容和标准、劳动报酬、合同期限、违约责任、解决争议方式、签名盖章等。如无异议，再当面同单位负责人签字盖章，以防某些单位负责人利用签字时间不同而在合同上动手脚。

（3）求职者一定要先确认自己签订的劳动合同是否具有法律约束力，包括：用人单位必须具有法人资格，私营企业必须符合法定条件。双方签订的劳动合同内容（权利与义务）必须符合法律、法规和劳动政策，不得从事非法工作；此外签订劳动合同的程序、形式必须合法。

（4）求职者在签订合同之前，应学习和了解一些劳动法律和法规方面的知识，例如合同双方当事人的权利义务，劳动合同的订立、履行、变更、终止和解除，劳动保护和保险，法律责任等知识，这样一旦日后用人单位违反合同规定，求职者就可以利用法律武器来捍卫自己的权益。

（5）最后求职者还应该了解一下其他的细节问题，例如当合同涉及数字时，一定要用大写汉字，以使单位无隙可乘；另外要注意合同生效的必要条件和附加条件（如签证、登记）；合同至少一式两份，双方各执一份，妥善保管；双方在签订时如有纠纷，应通过合法方式解决。

[训练活动]

一、剧情概要

毕业生李某与某公司签订了就业协议，约定工资为每月税前5500元，同时约定一方解除协议不当或违反协议规定，将承担违约金6000元。毕业后李某持报到证到公司报到并签订劳动合同。合同约定试用期2个月，工作期限2年。李某在试用1个月后提出解除劳动合同，公司要求他承担6000元的违约金。李某通过咨询就业指导中心的老师，知道按法律规定自己无须承担违约金。他对公司晓之以理，同时又动之以情地沟通协商，最终顺利解除劳动合同，维护了自己的权益。

二、情景扮演

第一幕　签订就业协议

场景：公司人力资源办公室

道具：桌子、椅子、协议书、笔

人物：李某、公司人力资源主管

内容：就业协议约定工资为每月税前5500元，同时约定一方解除协议不当或违反协议规定，将承担违约金6000元。李某置疑违约金太高，公司回复"公司一直都这么规定的"，李某无奈接受。

第二幕　签订劳动合同

场景：公司人力资源办公室

道具：桌子、椅子、劳动合同、笔

人物：李某、公司人力资源主管

内容：毕业后李某持报到证到公司报到并签订劳动合同。合同约定试用期2个月，工作期限2年。

第三幕　提出解除劳动合同

场景：公司人力资源办公室

道具：桌子、椅子

人物：李某、公司人力资源主管

内容：李某在试用1个月后提出解除劳动合同，公司根据就业协议书约定的违约金，要求他承担6000元的违约金。李某当场傻住。当初签就业协议时他就对这个违约金有所顾虑，但总想着自己不会违约。现在自己都工作一个月了，还要受这个违约金的制约吗？李某跟公司表示回去考虑一下。

第四幕　咨询老师

场景：学校就业指导中心办公室

道具：桌子、椅子、协议书、劳动合同

人物：李某、老师

内容：李某返校咨询就业指导中心老师。老师给予以下法律指导：①违约金的数额一般由双方当事人自行约定。虽然协议书上写着"建议金额不高于毕业生月收入数"，但这只是个建议参考价，并无法律效力，违约金数额最终还是要以双方约定为准。②就业协议从成立之日即对双方当事人有约束力，效力终止于毕业生与用人单位签订劳动合同之日。李某既已到单位报到，并签订了劳动合同，则意味着他履行了就业协议，协议已终止，那么就不存在违约，所以不需要支付违约金。③劳动者在试用期内提前3日通知用人单位，可以解除劳动合同。同时，为了树立良好的职场形象，老师建议李某以诚恳的态度与公司好好沟通协商，争取和平解约。

第五幕　维护权益

场景：公司人力资源办公室

道具：桌子、椅子、协议书、劳动合同

人物：李某、公司人力资源主管

内容：李某对公司晓之以理，同时又动之以情地沟通协商，最终顺利解除劳动合同，维护了自己的权益。

三、学员讨论

学员首先按小组讨论，然后各小组派代表讨论。

[训练小结]

就业协议书中违约金的数额，一般由双方当事人自行约定。上海高校就业协议书为保障毕业生的权益，对违约金数额给出了一个指导价，即"建议金额不高于毕业生月收入数"。这个指导价只是个参考价，并无法律效力，违约金数额最终还是要以双方约定为准。

除了就业协议中的违约金，法律对劳动合同中的违约金更是做出了明确规定。《劳动合同法》规定用人单位可以对劳动者适用违约金的情形只有两种：一种是违反服务期约定（用人单位为劳动者提供专项培训费用，对其进行专业技术培训的，可以与该劳动者约定服务期）；另一种是违反保密和竞业限制约定。所以，在职场中，当我们遭遇违约金时，我们要多留个心眼，用法律的视角想想我们是否应该承担这个违约金。

第二节　学会维护试用期权利

[基础知识]

一、常见求职陷阱

毕业生在就业过程中，会面临各种竞争和挑战，同时由于就业形势严峻、就业困难，毕业生在就业过程中有可能遭遇到各种各样的求职陷阱。

1. 虚假招聘陷阱

一些用人单位在招聘会上为了招到条件较好的毕业生，便夸大或隐瞒自己的真实情况。如：故意扩大用人单位规模和岗位数量，进行虚假宣传；把招聘职位写得冠冕堂皇，不是"经理"就是"总监"，实际上却是办事员、业务员。有一些用人单位为了做广告，造成轰动效应，虽然本来不想招人，却还是在媒体上发布招聘消息，甚至大张旗鼓地举办招聘会，把招聘当成了形象宣传。甚至有一些用人单位借招聘之名，获取毕业生的联系方式进行诈骗活动。

2. 收费陷阱

在就业市场中，一些用人单位利用毕业生求职心切的心理，巧立名目向毕业生收取各种不合理费用，如风险抵押金、违约金、培训费、服装费等。一些单位开出了一些诱人的条件，如留在某大中城市工作，或者能解决这些大中城市的户口问题等。在双方面试的过程中，单位又表示，为了增加双方的信任，学生在工作之前必须交纳一定的押金。等学生交完押金，工作一段时间后，单位的有关人员就表示，聘用之初说定的工作岗位要有些调整，可能需要将毕业生派到偏僻地区或冷僻部门，如果毕业生不愿意去，就以不服从单位安排为由不退其押金。

《劳动合同法》规定："用人单位招用劳动者，不得扣押劳动者的居民身份证和其他证件，不得要求劳动者提供担保或者以其他名义向劳动者收取财物。"

3. 试用期陷阱

劳动合同的试用期，是指用人单位和劳动者为了相互了解而选择、约定的考察期。在这段时间里，用人单位考察劳动者的工作能力，劳动者也考察用人单位的情况，是双方互相试用的过程。但是，一部分用人单位却利用试用期大做文章，主要表现为：试用期过长或与签订的劳动合同期限不符；要求毕业生在试用期内承担违约责任；在试用期内无正当理由辞退毕业生；以见习期代替试用期；续签劳动合同时重复约定试用期；将试用期从劳动合同期限中剥离；仅仅订立一份试用期合同；试用期工资低于当地的最低工资；试用期内单位不缴纳社会保险费等等。

由于试用期的工资、福利待遇和正式录用后差异较大，而招聘的费用又微乎其微，一些用人单位抓住毕业生急于找工作的心理，堂而皇之地打出试用期的牌子，通过这种无休止的"试用"来获得毕业生最廉价的劳动力。

4. 就业协议陷阱

就业协议是明确毕业生、用人单位在毕业生就业择业过程中权利和义务的书面协议。就业协议一经签订，对双方都具有约束力。按照有关规定，就业协议不能代替劳动合同或聘用合同，这样就可能在毕业生和用人单位之间产生纠纷。常见的毕业生签订就业协议过程中遇到的陷阱主要包括：用人单位不与毕业生签订就业协议书；用人单位不根据就业协议书的约定与毕业生签订书面劳动合同；用人单位不将就业协议书中的承诺写入劳动合同；用人单位与毕业生签订"霸王合同"。

就业协议书是转递毕业生人事关系的依据，如果不签订该协议，毕业生的人事档案、户籍等人事关系就无法转入工作单位及所在城市。而这些关系的办理涉及毕业生切身利益，如办理社会保险、购买经济适用房、评审职称等。因此，单位不与毕业生签订就业协议书，对毕业生的工作、生活、职业发展是不利的。毕业生应主动要求单位解决这些问题，并可通过当地的人才交流中心协助办理人事档案、户口等关系的接收。

5. 智力陷阱

有些单位按程序假装对应聘毕业生进行面试，再进行笔试。在面试、笔试时，把本单位遇到的问题以考察的形式要求前来应聘者作答或设计，待毕业生利用专业优势完成其承担的项目后，再找出各种理由推辞，结果无一人被录用，用人单位却将应聘者的劳动果实据为己有，使毕业生陷入智力陷阱。

二、就业陷阱的应对措施

在就业市场上，大学生是一个弱势群体。由于对就业法规、就业市场不了解及大学生自身素质的缺乏，大学毕业生在找工作的过程中容易遭遇各种各样的就业陷阱。因此，毕业生在就业过程中，有必要采取一定的措施，来防范和应对就业陷阱。

1. 仔细鉴别各类就业信息，有效识别就业陷阱

毕业生对来自不同渠道的招聘信息，要有一定的真伪辨别能力，有效地识别就业信息的陷阱。一般来自学校就业网站和校园招聘会的信息是最可信赖的，但学校就业部门毕竟只能起一道"防火墙"的作用，要真正甄别真假，还要自己多了解；对信息量最大的网上招聘不能轻信，真正比较权威的网站应该是与政府人事部门、教委有链接的官方网站；对社会上举办的招聘会不能"漫天撒网"，应该有的放矢，否则会有让自己的简历落入非法中介机构的风险；在得到应聘机会时，要注意从多方面了解应聘单位是否合法规范，比如可从工商局注册管理网站上查找该单位的信息，从已就业的学长那里了解该公司的声誉，在参加面试时观察该单位的工作氛围、人员素质等。

2. 了解国家有关就业的政策和法律法规，切实提高自身法律意识

毕业生应了解目前国家关于毕业生就业的有关方针、政策和法律法规，以及它们之间的关系，熟悉毕业生在就业过程中的权利和义务。如果在就业过程中因为所谓的公司规定或部门规定与国家政策法规有抵触，侵犯了自己的权益，则可以依据法规办事，维护自己的合法权益。一般来说，《普通高等学校毕业生就业工作暂行规定》《中华人民共和国劳动法》《中华人民共和国劳动合同法》《中华人民共和国公务员法》以及高校所在省（市）就业政策、地方法规等，毕业生都应该有所了解和熟悉。

3. 端正就业态度，平等地与用人单位交往

尽管面临严峻的就业形势，但毕业生在求职中，决不能低三下四、任人摆布，更不应怨天尤人、听天由命。毕业生应积极主动，有尊严、有信心地与招聘单位进行平等交往。求职与招聘是一个双向选择的过程，双方是平等的，在招聘过程中毕业生一定要尽可能地了解用人单位情况，特别是自己所关心的薪酬标准、岗位安排、福利保险、试用期等具体问题，不清楚的地方一定要问明白，尽量使他们减少承诺中的"不确定成分"。

4. 慎重签订就业协议，注意约定条款的合理性

就业协议是学校、学生、企业三方的协议书，应该是国家教育行政主管部门规定的统一格式的文本，属意向性协议。应该注意的是，协议虽然不是劳动合同，但也牵涉违约金的问题，所以签订协议之前也要三思而后行。在签协议前，毕业生除了要了解和掌握国家就业政策和规定、明确就业单位的具体工作部门和工作岗位、全面了解用人单位外，还应该进一步明确双方的权利和义务，注意约定条款的合理性。有些单位与毕业生签订就业协议时会附加补充协议或增加某些条款，进一步明确用人单位与毕业生之间的权利和义务，毕业生在签订这些条款时，一定要仔细研究，力求了解条款的内容和含义，以免日后发生争议。

另外，毕业生签订协议时，也要注意与劳动合同的衔接。毕业生在签订就业协议时，应尽量将劳动合同的内容体现在就业协议的约定条款中，并明确表示在今后订立劳动合同时予以确认。在无事先约定的情况下，毕业生如因对劳动合同的有关内容与用人单位达不成一致意见而不愿到该单位工作，就要承担违约责任。

[训练活动]

一、剧情概要

周某大学毕业时被一家 IT 公司录用。进公司时双方签订了一份为期 3 个月的试用期合同，工资为 7000 元 / 月，但试用期只能拿到 80%，即 5600 元 / 月。公司承诺如果表现合格，试用期满再签订正式劳动合同。试用期即将到期时，公司以工作调整岗位暂时不需要为由，通知周某试用期结束后离开公司。周某不服，在与单位协商没结果的情况下向劳动仲裁委员会提出仲裁申请。

二、情景扮演

第一幕 签合同

场景：公司人事办公室

道具：桌子、椅子、合同书、笔

人物：周某、人事主管

内容：周某与公司约好了签合同。签合同时，公司人事主管说，公司还在对周某进行考核，所以先签试用期合同，期限为 3 个月，正式工资为 7000 元 / 月，但试用期只能拿到 80%，即 5600 元 / 月。人事主管承诺，如果周某表现合格，试用期满再签订正式劳动合同。周某有些犹豫，感觉只签试用期合同没什么保障。人事主管向他保证，只要他试用期没出什么大问题，肯定能转正。周某无奈，只得签了试用期合同。

第二幕 纠纷

场景：公司人事办公室

道具：桌子、椅子

人物：周某、人事主管

内容：试用期快到期时，人事主管把周某叫到办公室。周某以为公司要和他谈转正的事，结果，人事主管却说，公司近期在进行业务调整，周某所在岗位要被撤销了，所以通知周某试用期结束后离开公司。周某觉得很不公平，就跟人事主管理论："公司怎么能说撤销就撤销岗位呢？我这试用期不就等于白干了。三个月拿这么低的工资帮你们干活，这不是侵害劳动者权益吗？"公司人事主管理所当然地说："公司本来就是跟你签的 3 个月的试用期合同，而且按约定已经支付你工资了。现在合同快到期了，公司决定不录用你是合情合理的。"周某却认为当时签试用期合同时人事主管承诺过只要试用期没出什么大问题，肯定能转正。他在试用期的表现有目共睹，现在让他离开分明是利用试用期榨取他的劳动力，所谓的业务调整根本是借口。双方各持己见，争执不下。

第三幕　劳动仲裁

场景：仲裁庭

道具：桌子、椅子、合同书、笔

人物：周某、人事主管、仲裁员、记录员

内容：周某向劳动争议仲裁委员会提出劳动仲裁。在仲裁庭，周某陈述了自己的仲裁请求，要求公司按转正工资补齐他试用期的工资，即另外支付他4200元，同时支付一个月的工资即7000元作为补偿金。公司进行了反驳，认为公司与周某签的是试用期合同，周某当时也签字认同了，所以就应该按合同约定支付工资。另外，3个月合同期到期了，公司因为业务调整这个客观原因不再续聘，合情合理。双方提供了相应证据，并进行了辩论。仲裁员向双方解读了法律规定：劳动合同仅约定试用期的，试用期不成立，该期限为劳动合同期限。劳动合同期满，用人单位主动提出终止劳动合同即不再续聘的，应当向劳动者支付经济补偿。经济补偿按劳动者在本单位工作的年限支付，不满六个月的，向劳动者支付半个月工资的经济补偿。之后，仲裁员对双方进行调解。最后调解成功，达成如下协议：公司按转正工资补齐周某的3个月工资，即另外支付给周某4200元，同时再支付半个月的工资即3500元作为补偿金。

三、学员讨论

学员首先按小组讨论，然后各小组派代表讨论。

[训练小结]

大学毕业生初入职场，首先遇到的是签订劳动合同的事，所以有必要了解劳动合同的有关法律规定，以维护自己的职场法律权益。

上述情景中，公司与周某只签订了试用期合同，这本身就是一个错误。《劳动合同法》明确规定：试用期包含在劳动合同期限内。劳动合同仅约定试用的，试用期不成立，该期限为劳动合同期限。既然这3个月是劳动合同期限，那么公司就应当按劳动合同工资即7000元/月支付给周某。

虽然公司承诺周某只要表现合格，试用期满就签正式合同。但是从法律上来讲，3个月的劳动合同期满，公司有权终止合同。但是，按照《劳动合同法》关于经济补偿的规定，除用人单位维持或者提高劳动合同约定条件续订劳动合同、劳动者不同意续订的情形外，劳动合同期满，用人单位终止固定期限劳动合同的，应当向劳动者支付经济补偿。经济补偿按劳动者在本单位工作的年限，每满一年支付一个月工资的标准向劳动者支付。六个月以上不满一年的，按一年计算；不满六个月的，向劳动者支付半个月工资的经济补偿。周某只在公司工作3个月，所以他只能拿到半个月工资的经济补偿。

除了上述情景中涉及的试用期法律规定，我们还需要了解试用期的其他法律规定。《劳动合同法》规定："劳动合同期限三个月以上不满一年的，试用期不得超过一个月；劳动合同期限一年以上不满三年的，试用期不得超过二个月；三年以上固定期限和无固定期限的劳动合同，试用期不得超过六个月。同一用人单位与同一劳动者只能约定一次试用期。以完成一定工作任务为期限的劳动合同或者劳动合同期限不满三个月的，不得约定试用期。劳动者在试用期的工资不得低于本单位相同岗位最低档工资或者劳动合同约定工资的百分之八十，并不得低于用人单位所在地的最低工资标准。在试用期中，除劳动者有本法第三十九条和第四十条第一项、第二项规定的情形外，用人单位不得解除劳动合同。用人单位在试用期解除劳动合同的，应当向劳动者说明理由。"

试用期是大部分职场新人都要经历的职场第一课。掌握试用期的基本法律规定，我们就能运用法律的武器来维护自己的职场权益。

第三节 树立从基层做起的意识

[基础知识]

一、大学毕业生需要从基层做起

从基层做起就是从最底层岗位做起，从基础工作做起。刚刚毕业的大学生，工作与社会经验匮乏，不可能一开始就胜任领导岗位，也没有任何单位会直接委以高级领导的重任。

我们应打破传统的就业观念，不要只顾眼前的利益和"面子"，还应面对现实，正确看待人生发展过程中的问题和矛盾，好高骛远不如脚踏实地，立足现实放眼未来。刚毕业大学生如同"一张白纸"，从事基层工作并不是"卑微"的表现，而仅仅是职业生涯的起点而已。

目前，国家招考公务员，很多岗位要求具备 2 年以上的基层工作经验。另外，国家出台了很多鼓励大学毕业生到基层就业的政策，大学生到基层就业后大展宏图、取得傲人业绩的典型比比皆是。

二、从基层做起有助于职业发展

为了更好地发展，从基层做起往往是最好的选择。从很多过来人的职业生涯发展来看，基层是成长成才和建功立业的大舞台。选择基层就业，有利于多方面锻炼自己的能力，积累各方面工作经验，为日后职业生涯发展奠定坚实基础，如在基层从事酒店服务的大学生，可以在服务工作中提高处理事务的能力；做销售员的大学生，可通过销售工作锻炼抗压能力、扩大人际圈、提高沟通能力等。

千里之行，始于足下，只有从零开始，从基层开始，才能学到更多、更有实际价值的经验。只有在基层工作中充分锻炼自我并完善自我，才能拥有更多的发展机会，换来人生的成功。

大学生从基层做起，打好基础，可以在人生发展中无往而不利，可以更好地胜任各项工作。

【训练活动】

一、剧情概要

某五星级酒店，一批实习生刚刚通过面试进入实习阶段。在校期间担任学生会干部的张某被分配到前台做接待工作，其实习表现受到公司赞赏。后公司对实习岗位进行轮换调整，张某被轮换到客房服务岗位。张某不满此岗位，向公司提建议，无果。后情绪低落，实习表现不佳，最终未被公司录用。

二、情景扮演

第一幕　分配实习岗位

场景：会议室

道具：会议桌、椅子、纸、笔等

人物：张某、酒店人事专员、其他实习生3人

内容：人事部门主管根据面试表现分配实习岗位，包括前台接待、客房服务、办公室文员等岗位。张某被分到前台接待岗位。

第二幕　实习表现

场景：酒店前台

道具：桌子、电话等

人物：张某、酒店客人2人（1中、1外）

内容：张某表现出流利的英语口语水平及较好的接待礼仪。

第三幕　岗位调整会议

场景：会议室

道具：会议桌、椅子、笔记本、笔等

人物：人事部经理、人事部其他成员2人

内容：人事部就实习情况开会。首先进行阶段总结，特别表扬张某同学，准备实习结束后正式录用，并计划将其送往国外培训。随后，为了全面锻炼人才，人事部对下一阶段实习岗位进行调整，部分人员岗位轮换。张某被轮换到客房服务岗位，主要是整理房间、打扫卫生等工作。

第四幕　冲突

场景：会议室、人事部经理办公室

道具：会议桌、椅子、纸、笔、桌子等

人物：人事专员、张某、其他实习生3人、人事经理

内容：人事专员召集所有实习同学开会，宣布岗位调整安排。张某当场表示对客房服务岗位不满意，认为这个岗位不适合自己，不愿意去。会后，她马上找到人事经理，要求重新调整岗位，反应较强烈。经过种种努力后无果，张某无奈地接受现实，但从此情绪一落千丈，工作敷衍了事。

第五幕　实习结果

场景：会议室

道具：会议桌、椅子、纸、笔等

人物：张某、酒店人事专员、其他实习生 3 人

内容：实习结束，人事专员宣布留用名单及岗位安排。张某最终没有被留用。

三、学员讨论

学员首先按小组讨论，然后各小组派代表讨论。

[训练小结]

　　用人单位招聘应届毕业生一般有一定规律性。一是处于快速发展期的企业招聘应届毕业生的数量较大；二是规模较大的企业比较倾向于招聘应届毕业生；三是先进制造业和金融、旅游酒店等现代服务业更欢迎应届毕业生加盟。所有这些企业聘用应届毕业生都有一个共同的特点，那就是他们为应届毕业生所提供的工作岗位几乎都是基层岗位。由此可见，基层是最需要人才的地方。基层岗位数量多，发展空间大，是锻炼人才的大熔炉。许多大企业表示，他们招大学生，最终是希望他们将来能够做到更高的管理层，但如果一个管理者对企业流水线的所有流程都不了解，企业是不可能放心把一个管理岗位交给他。只有从最基层做起，了解企业的生产环节和运作模式，熟知并融入企业文化，对企业情况全面掌握，才有可能做到管理岗位，才有可能有更大的发展。所以大学毕业生应重视基层工作岗位，多参与实践，多积累经验，不断丰富自己的工作阅历。在基层工作中遭遇挫折时，要及时调整心态。基层工作也能锻炼才干、体现价值，我们要把每一个基层岗位都当作提升自己的台阶。相信经过基层的磨炼，我们会站在更高更广阔的舞台。

第四节　形成不懂就问的好习惯

[基础知识]

一、职场新人要敢"不懂就问"

　　发展心理学家约翰·科尔曼曾指出，许多新人都试图让自己显得经验丰

富、知识渊博，哪怕遇到问题，也常常不愿意开口请教。事实上，没有人指望你能无所不知，如果想真正弄懂状况，就要敢问问题，这样才能很快成长起来。

实际工作中，很多新人刚刚来到一个新的环境，对公司里的事情还不是很了解，所以处处谨慎，生怕被取笑或通不过试用期，但这样往往更容易出错。其实，一个新人有不懂的地方是十分正常的，犯错误也是情理之中的，不要因为自己犯了一点小错误害怕被取笑就不敢承认，也不要因为有很多地方不懂就缩在角落里不吱声。谁都不是一开始就什么都会，"不懂就问"是职场新人的特权。当你感到没把握时，千万别想当然，别乱作揣摩，要谦虚有礼地向人请教。"很抱歉打扰您，对于这件工作，我有些不清楚的地方，是不是能请您给我一些指导？""不好意思，我刚刚没明白您的意思，能否请您再说一遍？"经历这样一个逐渐成长的阶段，并且正确认识这个阶段，才会让自己的工作彻底摆脱这些困扰，最终获得职场的认可。而且，时常开口请教还能营造积极学习、快速融入团队的良好形象。

需要注意的是，既然问了，就要学会记住，否则再重复同样错误，可就是工作态度的问题了。

二、职场新人要学会"向上"沟通

作为下属，只有保持与上级有效的沟通，建立良好的互动，方能得到有效的指导与帮助，从而提高自身工作效率与业绩；另一方面也能在"企业资源分配"中保持良好的敏觉性，为自己的工作争取到更多的"粮草"。

1. 熟悉上级的心理特征，进行正常的心理沟通

与上级交往同与其他人交往一样，都需要进行心理沟通。上级也是人，同样存在七情六欲。不熟悉上级的心理特征，就不能进行良好的情感交流，达不到情感的一致性。上级与下级的工作关系，不能完全抛开情感关系。上下级之间心理上接近与相互帮促，会减少彼此之间的摩擦事件和冲突；反之，双方情感差异大，就免不了要发生心理碰撞，进而影响工作关系。

2. 要拥有良好的向上沟通的主观意识

有人说"要当好管理者，就要先当好被管理者"。作为下属要时刻保持主动与上级沟通的意识，只有这样，才有可能获得上级器重而得到更多的机会和空间。上级工作往往比较繁忙，而无法顾及得面面俱到。保持与上级沟通的主

动意识十分重要。不要只顾埋头于工作而忽视与上级的沟通，有效展示自我，让你的能力和努力得到上级的肯定是至关重要的，这是向上沟通要做到的第一点。

第二，要持有真诚的尊重态度对待上级。上级能做到今天的位置，大多是其自己努力的结果，但上级不可能事事都做出"圣君明主"之决断，有时也会失误，有时在某些方面可能还不如你，但你千万不要因此而滋生傲气，那只能给工作徒增阻力。要有效表达反对意见，不能只会说"不"！

第三，要换位思考。对于上级的工作，要经常反过来想一想，如果我是上级我该如何处理此事，从而加强对上级行为的理解。

3. 寻找合适的向上沟通方法与渠道

合适的沟通方法与渠道对于促进有效沟通非常有益。我们日常上报上级的日报、周报等在现实工作中常常被我们变成了"忽悠"、应付上级的工具。如何利用日报等常规沟通工具向上达成有效沟通是每一个被管理者要认真思考和对待的问题。被管理者要善于研究上级的个性与做事风格，根据上级的个性寻找到一种简捷、有效的沟通方式是沟通成功的关键。

当沟通渠道被外因所阻隔时，要及时建立起新的沟通渠道，时刻让上级知道你在做什么、做到什么程度、遇到什么困难、需要什么帮助等。不要期盼你遇到问题的时候，上级都能未卜先知且能及时伸出援助之手。

另外，还要掌握良好的沟通时机，沟通不一定非要在正式场合与上班时间，沟通内容也不要仅限于工作方面，偶尔沟通一下其他方面的事情将会有效地增进你与上级的默契。

4. 服从上级的领导，不要对上级采取抗拒、排斥态度

下级服从上级是起码的组织原则。一般情况下，上级的决策、计划不可能全是正确的，即使有时上级从全局考虑出发，可能会与某些小单位利益发生了矛盾，小单位也应服从大局需要，不应抗拒不办。如果有的人因为与上级产生了矛盾，在工作时明知上级是对的，也采取抗拒、排斥态度，那更是不应该的。感情不能代替理智，处理工作关系，要求理智地处理问题，不能带有太多的情感因素。顶牛、抗拒、排斥不是改善上下级关系的有效途径。下级与上级产生矛盾后，最好能找上级进行沟通，即使是上级的工作有失误，也不要抓住上级的缺点不放。及时地进行心理沟通，会增加彼此的心理相容，与上级交流应采取谅解、支持和友好的态度。

「训练活动」

一、剧情概要

小强是位刚入职的新人。他性格内向，做事喜欢闷头干，不喜欢求助于人，也不好意思麻烦他人。在工作中遇到不明白的地方他总是自己揣摩和假设，严重影响工作进度和效果。后来在领导的指点下，他慢慢学会不懂就问，工作上有了较大进步。

二、情景扮演

第一幕 新进员工见面会

场景：会议室

道具：会议桌、椅子

人物：人事经理、其他部门经理3人左右、小强及其他4个新人、公司职员若干人

内容：人事经理介绍新进员工，并要求新员工发表一下入职感想。其他几个新人都谈了很多，充分展示了自己的工作热情和虚心请教的态度。小强只是简短地说了一句"很高兴来到我们公司，以后一定努力工作"。随后，部门经理介绍各部门工作职责，新老员工交流。会场气氛热烈融洽。其他新人就公司及工作岗位提了较多问题，只有小强一人保持沉默。

第二幕 复印

场景：部门办公室、复印间

道具：办公桌椅、复印机

人物：小强、部门经理、职员2人

内容：经理让小强复印一些文件作为会议资料，要求双面复印。小强面对复印机发愁，不知道双面复印怎么操作，摸索了很久也没明白。后来一同事过来复印，正好也是双面印，小强在旁边仔细观察。同事走后，小强照样操作，结果在不到一半时机器卡住。小强又自己摸索了很久，仍然没办法解决问题。后来一同事经过，提醒他打维修电话求助。最后当小强拿着复印资料交给经理时，会议马上要开始了，会议的准备工作受到影响，小强因此挨批。

第三幕　转达会议通知

场景：办公室

道具：办公桌椅、电脑、电话

人物：小强、部门经理

内容：经理让小强通知各部门相关人员下午3点到901会议室开会。小强没有马上记下来。等他打算通知时，发现会议地点不太确定，是901还是910？想问经理，又怕挨批。他想着平时基本都在910开会，而且这次开会的人不多，901会议室那么大，应该用不上，于是他就通知各部门下午3点到910会议室开会。然而，事实上，经理是基于901有多媒体设备才定为此次会议地点。小强因为不敢确认以及自己想当然，又一次造成了工作失误。

第四幕　领导指点

场景：部门经理办公室

道具：办公桌椅

人物：小强、部门经理

内容：出于关心培养新人的考虑，经理找小强好好谈了一次话，希望他以后能够不懂就问。谁都不是一开始就什么都会，经验和能力是在工作一步步积累起来的。工作中有不确认的地方要及时确认，即使犯了错也要主动承担，想办法纠正或弥补，而不是想当然，一错再错。小强深刻反思了自己的性格问题及工作态度，在接下来的工作中尽量做到不懂就问，虚心求教，工作表现有了较大改观。

三、学员讨论

学员首先按小组讨论，然后各小组派代表讨论。

[训练小结]

不懂就问，职场新人经常出现自己没有付出任何思考，就期待得到别人解答的问题。这样的话，有可能会出现别人认为问题过于"幼稚"而懒得回答，或者出现讨厌喋喋不休的"提问"。我们要学会优质提问（对方乐意回答，自己和被提问者都有巨大收获的提问），尽量避免劣质提问（对方不乐意回答，自己也没有收获的提问）。

"不懂就问"也是有技巧的，掌握以下四点，既不会让领导同事厌烦，也得到了自己想要的答案。

1. "问"的时间

当有问题需要请教同事/领导的时候，一定要关注时间。问题出现，我们一定要先自己去判断，去思考，尝试解决。我们一定要看资料，看前例，看联系；而不是一出现问题，就询问同事或者领导。一次两次，他们会觉得你是积极主动、勤学好问的好同事，但次数多了，能否有这样好的印象就很难说了。所以，一定不要马上就"问"。

2. "问"的时机

需要请教同事或领导的时候，还要注意时机。时机的选择正确与否，直接关系到这个问题他们"能否给予答复、答复时的态度和答复的满意度"。不能在他们最忙碌的时间去问，不能在他们心情烦躁时去问，也不能在他们特别想休息时去问，所以我们要学着察言观色，学着把握时间去"问"时，更要留意时机去"问"。

3. "问"的方法

需要请教同事或领导的时候，一定要留意方法。请教、询问方法的好与坏，直接导致的同样是"能否给予答复、答复时的态度和答复的满意度"。如，一个不恰当的用语，可能会刺到被问人痛处，或冒犯了其忌讳。

4. "问"的结果

请教问题的目的是要顺利、完好地处理好这些问题。当有了答案后，我们要注意在问后多做总结："为何我就没有想到这样解决？为什么我没有这样去思考？怎么他会这么处理它？"等等。这样才有更大的收获，才有更快的成长。

第五节　懂得工作不仅要做完还要做好

[基础知识]

一、做正确的事

职场新人不要在一开始就想着怎样做才能最容易完成任务，先想想该不该、值不值得去做。

"我们不一定知道正确的道路是什么，但却不要在错误的道路上走得太远。"这是一条对所有人都具有重要意义的告诫。

管理大师彼得·德鲁克曾指出："效率是'以正确的方式做事'，而效能则是'做正确的事'。效率和效能不应偏废，但这并不意味着效率和效能具有同样的重要性。我们当然希望同时提高效率和效能，但在效率与效能无法兼得时，我们首先应着眼于效能，然后再设法提高效率。"

正确做事，更要做正确的事，这不仅仅是一个重要的工作方法，更是一种很重要的管理思想。任何时候，对于任何人或者组织而言，"做正确的事"都要远比"正确地做事"重要。

对个人而言，就是要鼓励大家从"work hard（辛勤工作）"转变到"work smart（聪明工作）"。任何人做事不是只要努力就可以做好，还要学会聪明地工作，因为每个人的体能和技能总是有限的，同学们应该寻求点对点的工作最短路线。企业也更加需要既能实干又能聪明巧干的新型"高效能员工"。

二、要做就做最好

一项工作，做到什么程度算好？做到最好才算好。好到不能再好了，也就达到了完美。比如你得了 80 分，要想办法达到 85 分，达到 85 分了，再想办法达到 90 分，然后是 95 分、100 分，不断努力，不断在否定中提高自己，直至做到最好。

我们对待工作，绝不要抱着无所谓、马马虎虎、得过且过的态度。面对每份工作都积极开动自己的大脑，勇于承担责任，不为失败找理由，不让抱怨成习惯，每个环节都力求完美，那么你的结果一定是最好的。

[训练活动]

一、剧情概要

王某与李某是同届大学毕业生，两人同时进入一家大型企业。两人的起点一样，但是王某的工作原则是把工作做完就行，而李某的工作原则则是不仅要把工作做完，还要把工作做好。一年后，王某在工作考核中只得到合格，保留原职位。李某却得到优秀，并被提职。

二、情景扮演

第一幕　拟定邀请函

场景：办公室

道具：办公桌、椅子、电脑

人物：王某/李某、经理、同事

内容：经理分别让王某和李某拟一份发给客户的邀请函，他从中挑选一份。

王某的做法：王某上网搜索了一下邀请函的书写格式，随意参考了一种格式，拟了一份邀请函，拿给经理过目。经理认为邀请函的格式和措辞不符合公司文化和以前的惯常写法，要求王某拿回去重新拟定。经过修改，王某重新拿回给经理看，经理勉强接受。

李某的做法：李某也上网搜索了一下邀请函的通用书写格式，同时向同事请教往年发给客户的邀请函的模板。他发现邀请函看起来简单，却也有很多讲究，公司历年发给客户的邀请函虽然大体差不多，但还是存在模式不一的两个版本。他不确定经理更喜欢哪种版本，于是他结合今年的情况，拟了两份邀请函，都交给经理过目。经理对李某认真、主动的态度非常赞许，挑了其中一份邀请函，要求李某和王某分别通过电子邮件形式发给不同的客户。

第二幕　发电子邮件

场景：办公室

道具：办公桌、椅子、电脑、电话

人物：王某/李某、经理

内容：经理分别给王某和李某一份客户名单，要求他们把邀请函通过电子邮件发送给客户。

王某的做法：王某按照经理分配给他的客户名单，分别把邀请函通过电子邮件发给了客户。

李某的做法：李某也按照经理分配给他的客户名单，分别把邀请函通过电子邮件发给了客户。他在发送的同时设置了阅读回执。随后，他再一一给这些客户打电话，告知客户公司即将举行某项活动，已将邀请函发到对方邮箱，请对方查收。同时他顺便与客户确认了邮箱是否有变动。通过确认，有一客户邮箱有变动，李某于是按新邮箱给该客户重新发了一遍。全部完成后，他再向经理汇报情况，并告知客户邮箱变动之事。

第三幕　筹备公司年终晚会

场景：办公室

道具：办公桌、椅子、电脑、电话、纸、笔

人物：王某/李某、经理、同事若干人

内容：公司每年年终都会办一场晚会，晚会的重头戏是抽奖及丰厚的奖品。经理把今年晚会的奖品准备工作交给了王某和李某，要求二人三天内各准备一份奖品目录及预算表。

王某的做法：王某上网搜索了一些礼品网站，同时去大型超市转了转，寻找合适的奖品并了解价格行情。然后他制作了一份奖品目录及预算表交给经理。

李某的做法：李某首先找去年负责奖品采购的同事了解了过去三年的奖品目录及预算，尽量让今年的奖品与过去几年尤其是去年的奖品不一样，显得有新意。然后，为了了解同事们都喜欢哪些奖品，使奖品尽量接近同事们的期望值，他做了个简单的调查。同时他也搜索了一些礼品网站。然后，他又打听对比了各商家的价格行情。最后，他制作了一份奖品目录及预算表给经理，在每个等级上他都多加1～2种奖品，以供经理选择。另外，他也注明了员工们对奖品的期望情况。

三、学员讨论

学员首先按小组讨论，然后各小组派代表讨论。

【训练小结】

在职场上有这么一种说法"你所做出的成果，要比老板的预期再高出20%"。当然，这句话不能那么绝对，能不能超常完成任务还有其他因素影响。但是，想要工作有所发展，更上一个台阶，只是"把工作做成"这样的程度是不够的，可替代性很高，没有你，其他人也可以完成。只有把工作做好，做出彩，才可能获得质的变化。有些人或许会觉得手头的工作太过简单，不值得自己费尽心思，所以应付一下就可以了。其实，有时越是简单的事越能体现一个人的工作能力和工作态度。真正有所作为的人，能取得最终成功的，常常是那些一开始做着不起眼的事的人。正如美国实业家洛克菲勒说过的一样，成功的秘诀之一就在于将平凡的事做得不同凡响。

职场无捷径。唯一能让你如愿走上你梦想中的职业发展轨道的"捷径"就是，把不起眼的工作也做得有声有色。这些不起眼的工作，正考验着你的耐心、智慧、技能、情商等各方面的综合能力，抓住机会做好，就能从中展现出你的价值。

第六节 践行"金子"要主动"发光"

[基础知识]

一、积极心态

心理学理论相信在每一个人的内心深处都存在两股抗争的力量：一股力量是消极的，它代表着压抑、侵犯、恐惧、生气、悲伤、悔恨、贪婪、自卑、怨恨、高傲、妄自尊大、自私和说谎等；另一股力量是积极的，它代表喜悦、快乐、福乐、和平、爱、希望、负责任、宁静、谦逊、仁慈、宽容、友谊、同情心、慷慨、真理、忠贞和幸福等。这两股力量谁都可能战胜谁，关键是看个体自身到底是给哪一股力量不断注入新的能量，在给哪一股力量创造适宜的生存心理环境。

积极心态就是面对工作、问题、困难、挫折、挑战和责任，从正面去想，从积极的一面去想，从可能成功的一面去想，积极采取行动，努力去做。积极心态要求你在一时一事中学会积极的思维，积极思维是一种思维模式，也就是可能性思维、积极思维、肯定性思维，它使我们在面临恶劣的情形时仍能寻求最好的、最有利的结果。事实证明，当你往好的一面看时，你便有可能获得成功。积极思维是一种深思熟虑的过程，也是一种主观的选择。也就是说，在看待事物时，应考虑生活中既有好的一面，也有坏的一面，但强调好的方面，就会产生良好的愿望与结果。

积极心态是一种对任何人、任何情况或任何环境所把持的正确、诚恳而且具有建设性，同时也不违背人类权利的思想、行为或反应。积极心态允许你扩展你的希望，并克服所有消极心态。它给你实现自己欲望的精神力量、热情和信心，积极心态是当你面对任何挑战时应该具备的"我能……而且我会……"的心态。积极心态是迈向成功不可或缺的要素，积极心态是成功理论中最重要的一项原则，你可将这一原则运用到你所做的任何工作上。

二、正向思维

正向思维使我们的大脑处于开放状态，处于积极的激活的状态，使我们的情绪处于"兴奋""激情"状态。这种状态正是大脑指令的表达，并能调动身体各个系统和各个器官有效地、良好地朝指令方向"动作"，于是，能力、创造力和潜力被挖掘出来。负向思维恰好相反，它否定自我，轻视自我，并放弃开发自我的努力。

在恶劣的环境中，正向思维的优势就更加显现出来。正向思维的人首先从内心培养坚强的意志，不断地分析自己的长处，不断地强化自己的信念，然后去奋斗和努力。正向思维的人能在追求成功的道路上更多地获得他人的支持，因为他们对他人采取对自己一样的态度：肯定自我、肯定他人、接受自己、接受他人、热爱自己也热爱他们，将自己的力量扩大到群体力量上，他们当然更容易成功。

思维方式的建立，是一个长期的调整、强化、反复的过程，这种过程，并非脱离实践的修身养性，而是在追求成功的过程中反复实践和成功循环。需要不断强化这种思维方式，即正向思维—导向成功—强化正向思维—进一步成功。

一个拥有健康的正向思维能力的人，能抵御生活中各种负面的影响。那种怨天尤人、悲风苦雨、灰心丧气、无能为力、无所作为的情绪，很难进入他们的头脑，即使有些低落，也会及时调整，尽快清除。正向思维的人总处在激情、激活的状态，灵感、思想火花、绝妙的观点和宏伟的策略，都会迸发而出，自觉地、一次又一次地反复调整和控制自己，长此以往，一种良好思维方式就会变成自己的意识活动。

【训练活动】

一、剧情概要

小军在大学里学的是网络工程专业，专业学得很不错。毕业前找工作，他想找一个适合自己的工作。他的很多同学都找了网络编辑的工作，但他觉得自己有能力完成一个项目，而不是只做一个小小的网络编辑。抱着这样的想法，小军应聘了许多网络工程师的职位。然而，事情没有想象的那么顺利。在一次次碰壁之后，不知不觉已经毕业了，小军的工作却还没有着落，他有些着急了。

后来他改变求职思路，选择了一家大型网络公司，还是做一名网络编辑。小军每天都非常努力工作，不只完成手头上的工作，还主动找领导要求新的工作，而不是像其他和自己一起进公司的同事一样，在那里无所事事。就这样，小军只用了一个月的时间就破例地成了公司的正式员工。从那以后，小军更加努力，业余时间以网络工程师为目标，不断充电，提高自己的专业能力，工作中在出色完成本职工作之余，他主动承担其他工作，不放弃任何一个可以发挥自己专业才能的机会。一年后，小军从小小的网络编辑升职为他理想中的职位——网络工程师。

二、情景扮演

第一幕　试用期的突出表现

场景：办公室

道具：办公桌、椅子、电脑、纸、笔

人物：小军、部门主管李工、同事若干

内容：试用期内，小军每天都非常努力工作。同样是新进的网络编辑，其他同事完成工作之后，总是无所事事，各自在上网或者玩手机。小军完成手头上的工作后，看到部门主管李工非常忙碌的样子，主动询问李工有什么需要他做的。李工于是让他帮忙做一些项目辅助工作。

第二幕　成就理想职位

场景：办公室

道具：办公桌、椅子、电脑、纸、笔

人物：小军、部门主管李工、同事若干

内容：公司即将有个大型宣传活动。李工召集大家开会，布置工作。小军对这次宣传促销活动有自己的想法，他利用业余时间设计了一个方案，汇报给李工，李工觉得这个方案很不错，把它用在了公司的宣传促销活动中。最后，公司的业绩因为这次促销活动有了数倍的提升。李工因此晋升为部门经理。通过这件事，他充分认识了小军的才能，决定提拔小军。不久，小军被晋升为网络工程师。

三、学员讨论

学员首先按小组讨论，然后各小组派代表讨论。

[训练小结]

"是金子总会发光"这句话经常被用来鼓励人们,只要有才能,总会得到展示和重用。但是在职场上,如果想让自己发光,单有才能是不够的,才能只是你成为金子的基础。我们要学会主动发光,而不是在等待别人发掘你的过程中浪费时光。如何主动发光?其实,工作中有很多机会是可以让自己发光发亮的,只要我们主动把握这些机会,同时正确选择能让自己闪光发亮的方式,就能让自己这块"金子"更早地发挥价值。上述情景中,小军无疑是金子。但是,他在一开始以网络工程师为求职目标失败后,马上调整自己,从基础做起。小军相信自己是金子,总会发光的。但他也没有消极等待发光,而是主动寻找机会、把握机会,让自己的才能充分展现出来。

作为职场中的"金子",在主动"发光"过程中尤其要注意两点。一是在重大事件面前演好啃硬骨头的角色。自身能力不错,平时工作也可圈可点,这时尤其要注意在关键环节和重大事件面前的表现,做到需发光时即刻发光。二是在挫折困难面前塑造越挫越坚的品格。金子不会总是光芒四射,人也不能总是如日中天。人才的成长中往往伴随着挫折、失误甚至失败,这时需要我们以坚定的意志和品格突破成长的屏障,迎来更耀眼的光芒。

第七节 了解不容忽视的职场礼仪

[基础知识]

一、接打电话时的礼仪

接打电话时说话声音要大小适度,语气要热情。接电话时首先确认对方单位与姓名,询问来电意图。打电话时应首先做自我介绍,并简要说明目的和沟通的内容。

听对方讲话时要积极给予回应,以免对方误认为你没有听或不感兴趣,最后扼要汇总和确认来电事项,感谢对方,并表示会尽快处理。代接电话时,若事情不重要或不保密时,可表示转告同事;而若对方表示事情很重要或者要求保密时,应询问对方的姓名和联系方式,或礼貌告诉对方稍后再来电话。挂电话时应感谢对方，并有礼貌地说声"再见"。上班时在电话里不谈私事，不闲聊。

二、使用名片的礼仪

名片是个人身份的代表，对待名片应像对其主人一样尊重和爱惜。接名片，要用双手由名片的下方恭敬接过来，收到胸前，此时，眼睛注视着名片，认真看对方的身份、姓名，也可轻轻读名片上的内容，以不低于胸部的位置收下。接到对方的名片后，当着对方的面要好好处理名片，以示尊重对方。名片最好收放在身边的专用名片夹内，分别以后，可在名片上记下初次见面的时间、性别等资料，以便日后方便联系。接过名片后最忌讳以下几点：随手乱放或不加确认就收入包中；用手抚摸名片表面；把名片当作记事本来使用；手拿名片在桌子上敲，或卷名片的边；当着对方收到裤后的口袋里等等。

三、办公室礼仪

在办公室，我们应该注意哪些礼仪习惯呢？最重要的一点是，你要表现出对他人的尊重，包括你的同事、上级和下级，尊重他人的隐私，尊重他人的习惯。另外，要分清哪是公共的区域，哪是个人空间，还要注意工位的整洁。在办公室中要保持自己的工位整洁、美观、大方，避免陈列过多的私人物品。在办公室里，注意谈话声音和距离的控制。在和他人进行沟通的时候，你的音量要适当控制，避免打扰他人。要尽量避免在办公区域用餐。

四、谈话礼仪

与别人交谈时，讲话要注意节奏，禁止喋喋不休。要善于听别人讲话，在倾听过程中适当回应。谈话时兼顾在场的所有人，不可以傲慢的态度拒绝他人。

谈话时要注意用礼貌用语，不可在他人面前说一些瞧不起其他人的话，或指责和自己意见不同的人。不以自己的痛苦、不幸为话题。注意内外有别，严守机密。

[训练活动]

一、剧情概要

方某、吴某和李某是某公司新员工。方某和吴某是销售助理，李某是人事助理。三人业务能力都不错，但在待人接物上却有很大不同。方某谦虚谨慎，吴某冲动无礼，李某话多，喜欢捕风捉影，议论他人事非。工作一段时间后，方某赢得了同事的普遍认可，吴某和李某却得不到大家的喜欢，甚至还得罪了个别同事。

二、情景扮演

第一幕　接电话

场景：办公室

道具：办公桌、椅子、电话

人物：吴某／方某、客户

内容：

吴某与客户的对话：

电话铃响。

吴某：喂，你找谁？

客户：请问张经理在吗？

吴某：哦，不在。

客户：请问他什么时候会在呢？

吴某：我怎么知道，你换个时间再打来试试吧。

客户：哦，谢谢！

吴某马上挂掉电话。

方某与客户的对话：

电话铃响。

方某：您好！这里是×××公司。

客户：您好！请问张经理在吗？

方某：抱歉，张经理现在有事走开了，请问有什么可以帮到您吗？

客户：是这样的，我是×××公司的采购员李××，上次与张经理联系过，今天想跟他再确认一下采购合同的事。

方某：哦，那需要我帮您留个言吗？

客户：那就麻烦您转告张经理，采购合同我公司没有意见了，等他确认好后我们就可以签合同了。

方某：好的，我一定转告张经理。

客户：谢谢您！

方某：不客气，再见！

第二幕　与上级沟通工作

场景：经理办公室

道具：办公桌、椅子

人物：吴某／方某、张经理

内容：关于不久前开会讨论的活动方案，吴某和方某都有些自己的想法和点子。

吴某的做法：不敲门，兴冲冲地跑进经理办公室。"经理，我希望您能从另一个角度来考虑那个活动方案！"经理有点不悦，"哦，你认为我考虑不妥吗？"吴某抓抓头，"也不是，我只是觉得我有个想法更好。"然后，吴某不顾经理的感受，自说自话地描述了一下她的想法。

方某的做法：轻轻敲门，征得同意后进门。"经理，关于刚才那个活动方案，我有另一个想法，想请您指教，不知您觉得这个意见有没有不成熟之处？"经理有点兴趣，"哦，说来听听看。"方某委婉表达了自己的想法。经理："嗯，听起来似乎不错。"方某谦虚诚恳地说："我的想法还很粗浅，请经理多多给予指导。我对这个活动挺有兴趣，希望自己能多出点力！"

第三幕　与同事讨论工作

场景：会议室

道具：办公桌、椅子

人物：吴某、方某、其他同事 2 人

内容：吴某、方某和另外两个同事在讨论部门近期促销活动的筹备安排。4 人首先分别汇报自己负责工作的进展情况，然后再互相讨论和提建议。其他同事汇报工作或发表意见时，吴某老是打断别人说话，她有疑问或不同意见时，总是等不及别人说完就穿插进去，提问尖锐，反对直接，不仅不礼貌，而且影响其他同事的讲话思路。相反，方某总是耐心地倾听他人讲话，充分用表情和肢体语言给别人以尊重，当轮到她讲时，她总是会询问对方是否讲完，当发表不同意见时，她总是能委婉地表达，比如"不好意思，我有一些不同的想法，不知大家觉得怎么样？"或者"请大家多提意见。"最终，同事对吴某的汇报及建议反应冷淡，而对方某的汇报及建议却给予认同和较大支持。

第四幕　办公室里的私人电话

场景：办公室

道具：办公桌椅、手机、电话

人物：李某、同事若干人

内容：工作时间，李某接到好久没联系的同学的电话，非常兴奋，聊了很久，声音很大，影响到邻桌同事接听工作电话。同事示意她小声点，李某小声了会儿，渐渐地又大声起来，同事再次严肃提醒，她才草草挂掉电话。午休时间，办公室里大部分同事都在午休，李某不想休息，就与男友打电话沟通新房装修问题。同事委婉提醒她，大家都在休息，请她到外面打电话。李某不以为然，认为这是私人时间，她想干吗别人管不着。同事无奈。

第五幕　散播小道消息

场景：公司茶水间

道具：休闲桌椅、水杯

人物：李某、吴某、方某

内容：李某与吴某、方某在茶水间碰到。闲聊了几句后，李某做神秘状，向二人透露了一个消息，即公司即将与其他公司合并，同时将有一批员工会被裁员。这个消息是她在人事部门工作中偶然了解到的，尚未确定。吴某抓着李某打听更多内幕，二人在茶水间絮絮叨叨地聊了很久，猜测着哪些人可能会被裁员。方某没有参与她们的话题，接好水，打了个招呼就离开了。

第六幕　议论他人隐私

场景：公司员工餐厅

道具：餐桌椅、餐具

人物：李某、同事若干、刘经理

内容：李某与同事在员工餐厅吃午饭。她边吃边与同事眉飞色舞地说话。话题之一就是本部门刘经理闹离婚一事。李某告诉同事，刘经理工作上是一女强人，但婚姻生活其实很不幸，由于她老公有外遇，所以正在闹离婚。结果很不巧，刘经理走过来，正好坐到她后排。同事提醒她，李某不觉，继续大谈特谈。过了一会才感觉不对劲，回头一看，刘经理正铁青着脸瞪着她。

三、学员讨论

学员首先按小组讨论，然后各小组派代表讨论。

[训练小结]

职场礼仪是职场人际关系的纽带，它不仅是对同事的尊重和对公司文化的认同，更重要的是每个人为人处事的最直接表现，是个人素质的完美展现。职场礼仪包括语言礼仪、肢体礼仪以及其他细节礼仪等。

（一）礼多人不怪

上述情景中，吴某与方某之所以在人际关系的建立过程中存在截然不同的两种效果，主要原因在于方某作为一个新人，很好地遵守了应有的语言礼仪，而吴某却犯了诸多职场礼仪大忌。首先在与客户的电话沟通中，她态度冷淡、语气生硬，显得非常不礼貌。作为职场新人，我们尤其要注意，在接听电话时，你所代表的是公司而不是个人，所以不仅要言语文明、音调适中，更要让对方能感受到你的微笑和热情。同时，也不要忘记每一个重要的电话都要做详细的电话记录，包括来电话的时间、来电话的公司及联系人、通话内容等，这样才能准确向你的上级汇报，同时为将来开展业务奠定良好的基础。其次，在与上级领导的沟通中，我们要有一个底线，就是不要挑战领导的权威。即使需要适度地表达不同看法，也要以谦逊、请教的姿态表现，把决定权留给领导，让领导感受到你的诚意，也感受到你的努力。最后，在与同事的沟通中，要学会尊重对方，表现在对方讲话时不随意打断，专注聆听，能察其言观其色；自己讲话时，要保持微笑，注视对方，把对方当成自己最好的听众。总之，在职场里，每个人的心中都有"被尊重"的情绪需求，作为新人的我们，宁可过分有礼，也不可轻易失礼。

（二）多嘴惹祸

上述情景中的李某本身工作能力不错，但却因为话多触犯了职场礼仪的底线，使自己的工作能力大打折扣。首先，关于工作时间打私人电话。私人电话总是难免的，但是应该尽量减少通话时间，打电话时尽量放低声音。因为私事难免会影响你的情绪，不管是愉快的，还是不愉快的话题，都会让自己暂时脱离工作的状态。同时，大声接听私人电话还会影响其他同事的工作状态。所以，尽快地结束私人电话，避免自己被私事干扰，对工作、对自己、对他人都是一种负责的态度。此外，即使是非工作时间，只要是在工作区域内，无所顾忌地打私人电话也是一种不礼貌的行为。其次，关于在办公室里散播小道消息。

多听多琢磨，少说少议论，不传小道消息，是所有职场人必须遵守的潜规则之一。但是很多人，尤其是女性职场人，经常容易触犯这条规则。她们心直口快，肚子里藏不住话，最容易传播消息。很多时候你不是恶意的，甚至完全没有思考，纯粹是嘴上痛快，可是一不小心就说了不该说的话。上述情境中，李某不仅散播小道消息，而且这个消息还是她在其工作职责范围内所了解到的，所以还涉及职业道德问题。最后，关于议论他人隐私。每个人都有隐私，背后议论他人的隐私，不仅是损害他人的名誉，也是对自己品德的考验。而且在公共场所议论他人隐私，很容易被当事人所知，会导致自己人际关系的紧张甚至恶化。李某议论领导的隐私，且被当事人当场撞到，很可能会成为其职场生涯的致命伤害。

有研究显示，女员工要想在单位里得到提升和更好的发展，就应该管住自己的嘴。因为在办公室说话太多，会让她们被认为比那些话少的女同事能力差。所以，作为职场新人的我们，要全身心地投入到自己的工作中去，不要让自己的嘴巴在职场"随心所欲"，不要浪费自己宝贵的时间和精力在那些废话上。踏踏实实地做好每一件事，你的付出终会得到回报。

【训后实践】

职场情景剧就是通过设置职场中的各种典型情景，让参加者在特定的情景中扮演一定的角色，亲自体验职场生活。本节设置的职场情景主要集中在两个方面：一是职场权益维护，告诉学员们如何签订就业协议书和劳动合同，提高学员的职场法律素养和维权意识；二是职场适应，包括职业心态的调整、职场角色的适应、职场礼仪的遵守、职场人际关系的处理，等等。

通过本节的训练，要最终达到两个目标：一是通过角色扮演，加深学员对职场的认识，提高学员的职业素养；二是通过情景剧的组织安排以及角色分配、扮演，提高学员的临场应变能力、组织协调能力和团队协作能力。

通过本节的训练后，完成以下两项实践活动，将可进一步加深对职场的了解，提升训练效果。

（1）设计、印制并派发自己的求职名片，建立和梳理职场人际关系网络。

（2）观看电影《杜拉拉升职记》，写一篇观后感，谈谈你对职场规则的看法。

附 录

附录1　职业价值观测试

在利用测评进行职业价值观的判断时，需要强调的是，每个人在进行职业选择时，都会从多个价值角度对职业进行衡量，而通常不会只有一种类型占据绝对主导的地位。因而要对测评结果进行综合分析；在做职业决策时，也要着重从自己占据优势的几种价值观倾向方面来综合衡量。

1. 测评说明

下面有52道题，代表13项工作价值观，每题有5个备选答案（非常重要，比较重要，一般，不太重要，很不重要）。请根据自己的实际情况或想法，选一个答案。非常重要记5分，比较重要记4分，一般记3分，不太重要记2分，很不重要记1分。然后根据表格后面的提示算出各项的汇总得分，明确自己的工作价值观倾向。

2. 测评题目

职业价值观测试

题号	题目	分数				
		5	4	3	2	1
1	你的工作必须经常解决新的问题					
2	你的工作能为社会福利带来看得见的效果					
3	你的工作奖金很高					
4	你的工作经常变换					
5	你能在你的工作范围内自由发挥					

续表

题号	题目	分数				
		5	4	3	2	1
6	你的工作能使你的同学、朋友非常羡慕你					
7	你的工作带有艺术性					
8	你的工作使你感觉到你是团队中的一分子					
9	无论你怎么干,你总能和大多数人一样晋级和加工资					
10	你的工作使你有可能经常变换工作地点、场所或方式					
11	在工作中你能接触到各种不同的人					
12	你的工作上下班时间比较随便、自由					
13	你的工作使你有不断取得成功的感觉					
14	你的工作赋予你高于别人的权利					
15	在工作中,你能施行一些你的新想法					
16	在工作中,你不会因为身体或能力等因素被别人瞧不起					
17	你能从工作的成果中知道自己做得不错					
18	你的工作经常要出差或参加各种集会、活动					
19	只要你做这份工作,就不会再调到其他意想不到的组织或岗位上去					
20	你的工作能使世界更美丽					
21	在你的工作中,不会有人常来打扰你					
22	只要努力,你的工资会高于其他同龄的人;升级、加工资的可能性比其他工作大得多					
23	你的工作是对智力的挑战					
24	你的工作要求你把一切事情安排得井井有条					
25	你的工作组织有舒适的休息室、更衣室、浴室及其他设备					
26	你的工作有可能结识各行各业的知名人物					
27	在你的工作中,能和同事建立良好的关系					
28	在别人的眼中,你的工作是很重要的					
29	在工作中,你经常接触到新鲜事物					
30	你的工作使你常常能帮助别人					
31	你在工作组织中,有可能经常变换工作内容					

续表

题号	题目	分数				
		5	4	3	2	1
32	你的作风使你被别人尊重					
33	你的工作组织的同事和领导人品较好，相处比较随便					
34	你的工作会使许多人认识你，相处比较随便					
35	你的工作场所很好，比如有适度的灯光、舒适的座椅、安静、清洁的环境、宽敞的工作间甚至恒温、恒湿等优越的条件					
36	在工作中，你为他人服务，使他人感到满意，你自己也就很高兴					
37	你的工作需要计划和组织安排别人的工作					
38	你的工作需要敏锐的思考					
39	你的工作可以使你获得较多的额外收入，比如：常发实物、常有机会购买打折的食品、常发紧俏商品的购货券、有机会购买进口货等					
40	在工作中，你是不受别人差遣的					
41	你的工作结果应该是一种艺术品而不是一般的产品					
42	在工作中，你不必担心会因为所做的事情领导不满意而受到训斥或经济惩罚					
43	在工作中，你能和领导有融洽的合作关系					
44	你可以看见你努力工作的成果					
45	在工作中常常要你提出新的想法					
46	由于你的工作，经常有许多人来感谢你					
47	你的工作常常能得到上级、同事或社会的肯定					
48	在工作中，你会成为负责人，虽然可能只领导很少几个人，你信奉"宁做兵头、不做将尾"的俗语					
49	你从事的那一种工作，经常在报刊、电视中被提到，因而在人们心中很有地位					
50	你的工作有数量可观的夜班费、加班费、保健费或营养费等					
51	你的工作体力上比较轻松，精神上比较紧张					
52	你的工作需要和电影、电视、戏剧、音乐、美术、文学等艺术打交道					

3. 分数汇总及测评解释

（1）利他主义。说明：工作目的和价值，在于直接为大众的幸福和利益尽一份力。

题号：2，30，36，46，汇总得分_____

（2）美感。说明：工作目的和价值，在于能不断地追求美的东西，得到美的享受。

题号：7，20，41，52，汇总得分_____

（3）智力刺激。说明：工作目的和价值，在于不断进行智力的操作，动脑思考，学习以及探索新事物，解决新问题。

题号：1，23，38，45，汇总得分_____

（4）成就感。说明：工作目的和价值，在于不断创新，不断取得成就，不断得到领导与同事的赞扬或不断实现自己想要做的事。

题号：13，17，44，47，汇总得分_____

（5）独立性。说明：工作目的和价值，在于能充分发挥自己的独立性和主动性，按自己的方式、步调或想法去做，不受他人的干扰。

题号：5，15，21，40，汇总得分_____

（6）社会地位。说明：工作目的和价值，在于所从事的工作在人们的心目中有较高的社会地位，从而使自己得到他人的重视与尊重。

题号：6，28，32，49，汇总得分_____

（7）管理权。说明：工作目的和价值，在于获得对他人或某事物的管理支配权，能指挥或调遣一定范围内的人或事。

题号：14，24，37，48，汇总得分_____

（8）经济报酬。说明：工作目的和价值，在于获得优厚的报酬，使自己有足够的财力去获得自己想要的东西，使生活过得较为富足。

题号：3，22，39，50，汇总得分_____

（9）社会交往。说明：工作目的和价值，在于能和各种人交往，建立比较广泛的社会联系和关系，甚至能和知名人物结识。

题号：11，18，26，34，汇总得分_____

（10）安全感。说明：工作目的和价值，在于不管自己能力怎样，希望在工作中有一个安稳的局面，不会因为奖金、加工资、调动工作或领导训斥等经常提心吊胆，心烦意乱。

题号：9，16，19，42，汇总得分_____

（11）舒适。说明：工作目的和价值，在于希望能将工作作为一种消遣、休息或享受的形式，追求比较舒适、轻松、自由、优越的工作条件和环境。

题号：12，25，35，51，汇总得分_____

（12）人际关系。说明：工作目的和价值，在于希望一起工作的大多数同事和领导人品较好，相处在一起感到愉快、自然，认为这就是很有价值的事，是一种极大的满足。

题号：8，27，33，43，汇总得分_____

（13）变异性。说明：工作目的和价值，在于希望工作的内容经常变换，使工作和生活显得丰富多彩，不单调枯燥。

题号：4，10，29，31，汇总得分_____

你得分最高的三项价值观是_____、_____、_____，得分最低的三项价值观是_____、_____、_____。

现在，同学们可以利用工作价值观测评结果和自己对工作价值观的判断为自己设计一份理想的工作。

附录2　MBTI性格类型测评

性格是人们建立在自己体内的独立王国，作为这个王国的唯一主人，每个人都有责任了解其王国的独特性在什么地方。大学生可以通过以下测评的方法来探讨自己的性格类型。

1. 测评说明

（1）请在心态平和及时间充足的情况下才开始答题。

（2）每道题目均有两个答案：A和B。请仔细阅读题目，按照与你性格相符的程度分别给A和B赋予一个分数，并使一组中的两个分数之和为5。最后，请在问卷后相应的方格内填上相应的分数。

（3）请注意，题目的答案无对错之分，你不需要考虑哪个答案应该更好，而且不要在任何问题上思考太久，而是应该凭你心里的第一反应做出选择。

（4）如果你觉得在不同的情境里，两个答案或许都能反映你的倾向，请选择一个对于你的行为方式来说最自然、最顺畅和最从容的答案。

例子："你参与社交聚会时"

A. 总是能认识新朋友。（4）

B. 只跟几个亲密挚友待在一起。（1）

很明显，你参与社交聚会时有时能认识新朋友，有时又会只跟几个亲密挚友待在一起，在以上的例子中，我们给总是能认识新朋友打了4分，而给只跟几个亲密挚友待在一起打了1分。当然，在你看来，也可能是3+2或者5+0，也可以是其他的组合。

请在以下范围内一一对应地选择你对以下项目的赋值：

最小＿＿＿＿＿＿＿＿＿＿＿＿＿＿＿＿＿＿＿＿＿＿＿＿＿＿最大
　　0　　　　1　　　　2　　　　3　　　　4　　　　5

2. 测评题目

（1）当你遇到新朋友时，你

A. 说话的时间与聆听的时间相当。（　　）

B. 聆听的时间会比说话的时间多。（　　）

（2）下列哪一种是你的一般生活取向？

A. 只管做吧。（　　）

B. 找出多种不同选择。（　　）

（3）你喜欢自己的哪种性格？

A. 冷静而理性。（　　）

B. 热情而体谅。（　　）

（4）你擅长

A. 专注在某一项工作上，直至把它完成为止。（　　）

B. 在有需要时同时协调进行多项工作。（　　）

（5）你参与社交聚会时

A. 总是能认识新朋友。（　　）

B. 只跟几个亲密挚友待在一起。（　　）

（6）当你尝试了解某些事情时，一般你会

A. 先要了解细节。（　　）

B. 先了解整体情况，细节容后再谈。（　　）

（7）你对下列哪方面较感兴趣？

A. 知道别人的想法。（　　）

B. 知道别人的感受。（　　）

（8）你较喜欢下列哪个工作？

A. 能让你定出目标，然后逐步达成目标的工作。（　　）

B. 能让你迅速和即时做出反应。（　　）

下列哪一种说法较适合你？

（9）A. 当我与友人尽兴后，我会感到精力充沛，并会继续追求这种欢娱。（　　）

B. 当我与友人尽兴后，我会感到疲累，觉得需要一些空间。（　　）

（10）A. 我较有兴趣知道别人的经历，例如他们做过什么？认识什么人？（　　）

B. 我较有兴趣知道别人的计划和梦想，例如他们会往哪里去？憧憬什么？（　　）

（11）A. 我擅长订出一些可行的计划。（　　）

B. 我擅长促成别人同意一些计划，并通力合作。（　　）

（12）A. 我尝试做任何事前，都想事先知道可能有什么事情发生。（　　）
　　B. 我会突然尝试做某些事，看看会有什么事情发生。（　　）
（13）A. 我经常边说话，边思考。（　　）
　　B. 我在说话前，通常会思考要说的话。（　　）
（14）A. 四周的实际环境对我很重要，而且会影响我的感受。（　　）
　　B. 如果我喜欢所做的事情，气氛对我而言并不是那么重要。（　　）
（15）A. 我喜欢分析，心思缜密。（　　）
　　B. 我对人感兴趣，关心他们所发生的事。（　　）
（16）A. 一旦定出计划，我便希望能依计行事。（　　）
　　B. 即使已出计划，我也喜欢探讨其他新的方案。（　　）
（17）A. 认识我的人，一般都知道什么对我来说是重要的。（　　）
　　B. 除了我感觉亲近的人，我不会对人说出什么对我来说是重要的。（　　）
（18）A. 如果我喜欢某种活动，我会经常进行这种活动。（　　）
　　B. 我一旦熟悉某种活动后，便希望转而尝试其他新的活动。（　　）
（19）A. 当我作决定的时候，我更多地考虑正反两面的观点，并且会推理与质证。（　　）
　　B. 当我作决定的时候，我会更多地了解其他人的想法，并希望能够达成共识。（　　）
（20）A. 当我专注做某件事情时，不希望受到任何干扰。（　　）
　　B. 当我专注做某件事情时，需要不时停下来休息。（　　）
（21）A. 我独处太久，便会感到不安。（　　）
　　B. 若没有足够的自处时间，我便会感到烦躁不安。（　　）
（22）A. 我对一些没有实际用途的意念不感兴趣。（　　）
　　B. 我喜欢意念本身，并享受想象意念的过程。（　　）
（23）A. 当进行谈判时，我依靠自己的知识和技巧。（　　）
　　B. 当进行谈判时，我会拉拢其他人至同一阵线。（　　）
当你放假时，你多数会
（24）A. 为想做的事情订出时间表。（　　）
　　B. 随遇而安，做当时想做的事。（　　）
（25）A. 花多些时间与别人共度。（　　）
　　B. 花多些时间自己阅读、散步或者发白日梦。（　　）

（26）A. 返回你喜欢的地方度假。（　　）

B. 选择前往一些你从未到达的地方。（　　）

（27）A. 带着一些与工作或学校有关的事情。（　　）

B. 处理一些对你重要的人际关系。（　　）

（28）A. 想着假期过后要准备的事情。（　　）

B. 忘记平时发生的事情，专心享乐。（　　）

（29）A. 参观著名景点。（　　）

B. 花时间逛博物馆和一些较为幽静的地方。（　　）

（30）A. 在喜欢的餐厅用膳。（　　）

B. 尝试新的菜式。（　　）

下列哪个说法最能贴切形容你对自己的看法？

（31）A. 别人认为我会公正处事，并且尊重他人。（　　）

B. 别人相信在他们有需要时，我会在他们身边。（　　）

（32）A. 按照计划行事。（　　）

B. 随机应变。（　　）

（33）A. 坦率。（　　）

B. 深沉。（　　）

（34）A. 留意事实。（　　）

B. 注重事实。（　　）

（35）A. 知识广博。（　　）

B. 善解人意。（　　）

（36）A. 处事井井有条。（　　）

B. 容易适应转变。（　　）

（37）A. 爽朗。（　　）

B. 沉稳。（　　）

（38）A. 实事求是。（　　）

B. 富想象力。（　　）

（39）A. 喜欢询问实情。（　　）

B. 喜欢探索感受。（　　）

（40）A. 着眼达成目标。（　　）

B. 不断接受新意见。（　　）

（41）A. 率直。（　　）

B. 内敛。（　　）

（42）A. 实事求是。（　　）

B. 具远大目光。（　　）

（43）A. 公正。（　　）

B. 宽容。（　　）

你会倾向

（44）A. 及时处理不愉快的事情，务求把它们抛诸脑后。（　　）

B. 暂时放下不愉快的事情，直至有心情时才处理。（　　）

（45）A. 自己的工作被欣赏，即使你自己并不满意。（　　）

B. 创造一些有长远价值的东西，但不一定需在别人知道是你做的。（　　）

（46）A. 在自己有兴趣的范畴，积累丰富的经验。（　　）

B. 有各式各样不同的经验。（　　）

哪一句较能表达你的看法？

（47）A. 感情用事的人较容易犯错。（　　）

B. 逻辑思维会令人自以为是，因而容易犯错。（　　）

（48）A. 三思而后行。（　　）

B. 犹豫不决必失败。（　　）

3. 分数汇总

请回过头去看一看你给每个问题所分配的分数。现在那些分数应该象下面所显示那样加在一起：

测评分数表

	A	B		A	B		A	B		A	B
1			2			3			4		
5			6			7			8		
9			10			11			12		
13			14			15			16		
17			18			19			20		
21			22			23			24		
25			26			27			28		

续表

	A	B		A	B		A	B		A	B
29			30			31			32		
33			34			35			36		
37			38			39			40		
41			42			43			44		
45			46			47			48		
总得分											
	E	I		S	N		T	F		J	P

4. 测评解释

以上 8 个偏好两两成对，也就是说，E 和 I，S 和 N，T 和 F，J 和 P 各自是一对组合。在每一对组合中，比较该组合中的偏好的得分孰高孰低，高的那个就是您的优势类型。如果同分的话，选择后面的那一组，即 I、N、F、P。对四对组合都作一比较后，您会得到一个由 4 个字母组成的优势类型，如 ENFP、ISTJ 等等，把它写出下面的横线上。

问卷所揭示的优势类型是：_____

在 MBTI 性格类型测试问卷结果分析中有对 4 个纬度 8 种偏好的详细描述，认真地自我评估一下，究竟对哪种偏好的描述更接近你自己，然后把结果写在下面。

在 E 和 I 这个维度上，我认为更接近我本性的是：_____

在 S 和 N 这个维度上，我认为更接近我本性的是：_____

在 T 和 F 这个维度上，我认为更接近我本性的是：_____

在 J 和 P 这个维度上，我认为更接近我本性的是：_____

自我评价所揭示的优势类型是：_____

两者综合，我确定我的优势类型是：_____

结果说明：_____

每一种性格特征都有其价值和优点，也有缺点和需要注意的地方。清楚地了解自己的性格优劣势，有利于更好地发挥自己的特长，而尽可能地在为人处事中避免自己性格中的劣势，更好地和他人相处，更好地作重要的决策。清楚地了解他人（家人、同事等）的性格特征，有利于减少冲突，使家庭和睦，使团队合作更有效。总之，只要你是认真真实地填写了测试问卷，那么通常情况下你都能得到一个确实和你的性格相匹配的类型。希望你能从中或多或少地获得一些有益的信息。

5. MBTI性格特征及其适应的职业

ENFJ：富有洞察的助人者

性格特点：

（1）热忱、易感动并具有责任心——具有鼓励他人的领导风格。

（2）对别人所想或要求会表达真正关切且用心去处理。

（3）能技巧性地带领团体讨论或演示文稿提案。

（4）爱交际、受欢迎及富同情心。

（5）对外界的评价很在意。

（6）喜欢引领别人且能使别人或团体发挥潜能。

适合领域：培训、咨询、教育、新闻传播、公共关系、文化艺术。

适合职业：人力资源培训主任、销售、沟通、团队培训员、职业指导顾问、心理咨询工作者、大学教师（人文学科类）、教育学、心理学研究人员等；记者、撰稿人、节目主持人（新闻、采访类）、公共关系专家、社会活动家、文艺工作者、平面设计师、画家、音乐家等。

ENFP：富有同情的探险者

性格特点：

（1）充满热忱、活力充沛、聪明的、富想象力的，相信生活中充满机会但期望能得到他人肯定与支持。

（2）几乎能达成所有有兴趣的事。

（3）对难题很快就有对策并能对有困难的人施以援手。

（4）具有很强的应变能力。

（5）为达目的常能找出强制自己为之的理由。

（6）即兴执行者。

适合领域：广告创意、广告撰稿人、市场营销和宣传策划、市场调研人员、艺术指导、公关专家、公司对外发言人等。

适合职业：儿童教育老师、大学老师（人文类）、心理学工作者、心理辅导和咨询人员、职业规划顾问、社会工作者、人力资源专家、培训师、演讲家等；记者（访谈类）、节目策划和主持人、专栏作家、剧作家、艺术指导、设计师、卡通制作者、电影、电视制片人等。

ENTJ：迅速的洞察者

性格特点：

（1）坦诚、具决策力的活动领导者。

（2）擅长于发展与实施广泛的系统以解决组织性的问题。

（3）专精于具内涵与智能的谈话如对公众演讲。

（4）乐于经常吸收新知且能广开信息管渠道。

（5）一生过度自信，会强势表达自己创见。

（6）喜于长程策划及目标设定。

适合领域：工商业、政界、金融和投资领域，管理咨询、培训专业性领域。

适合职业：各类企业的高级主管、总经理、企业主、社会团体负责人、政治家等；投资银行家、风险投资家、股票经纪人、公司财务经理、财务顾问、经济学家、企业管理顾问、企业战略顾问、项目顾问、专项培训师等；律师、法官、知识产权专家、大学教师、科技专家等。

ENTP：逻辑的探险家

性格特点：

（1）反应快、聪明、擅长于多样事务。

（2）具激励伙伴、敏捷及直言不讳专长。

（3）会有兴趣对问题的两面加以争辩。

（4）对解决新问题及挑战性的问题富有策略，但会轻忽或厌烦经常的任务与细节。

（5）兴趣多元，易倾向于转移至新生的兴趣。

（6）对所想要的会有技巧地找出合逻辑的理由。

（7）擅长于看清楚他人，有智能去解决新或有挑战的问题。

适合领域：投资顾问、项目策划、投资银行、自我创业市场营销、创造性领域，公共关系、政治。

适合职业：投资顾问（房地产、金融、贸易、商业等）、各类项目的策划人和发起者、投资银行家、风险投资人、企业业主（新兴产业）等；市场营销人员、各类产品销售经理、广告创意、艺术总监、访谈类节目主持人、制片人等；公共关系专家、公司对外发言人、社团负责人、政治家等。

ESFJ：实际的助人者

性格特点：

（1）诚挚、爱说话、合作性高、受欢迎、光明正大的—天生的合作者及活跃的组织成员。

（2）重和谐且长于创造和谐。

（3）常做对他人有益事务。

（4）给予鼓励及称许会有更佳工作成效。

（5）最有兴趣于会直接及有形影响人们生活的事务。

（6）喜欢与他人共事且精确准时地完成工作。

适合领域：无明显领域特征。

适合职业：办公室行政或管理人员、秘书、总经理助理、项目经理、客户服务部人员、采购和物流管理人员等；内科医生及其他各类医生、牙科医生、护士、健康护理指导师、饮食学、营养学专家、小学教师（班主任）、学校管理者等；银行、酒店、大型企业客户服务代表、客户经理、公共关系部主任、商场经理、餐饮业业主和管理人员等。

ESFP：富有同情的回应者

性格特点：

（1）外向、和善、接受性、乐于分享喜乐与他人。

（2）喜欢与他人一起行动且促成事件发生，在学习时亦然。

（3）知晓事件未来的发展并会热烈参与。

（4）最擅长于人际相处能力及具备完备常识，很有弹性能立即适应他人与环境。

（5）对生命、人、物质享受的热爱者。

适合领域：消费类商业、服务业领域、广告业、娱乐业领域、旅游业、社区服务等其他领域。

适合职业：精品店、商场销售人员、娱乐、餐饮业客户经理、房地产销售人员、汽车销售人员、市场营销人员（消费类产品）等；广告企业中的设计师、创意人员、客户经理、时装设计和表演人员、摄影师、节目主持人、脱口秀演员等；旅游企业中的销售、服务人员、导游、社区工作人员、志愿工作者、公共关系专家、健身和运动教练、医护人员等。

ESTJ：迅速的实践者

性格特点：

（1）务实、真实、事实倾向，具企业或技术天分。

（2）不喜欢抽象理论；最喜欢实践性。

(3)喜好组织与管理活动且专注于以最有效率方式行事。

(4)具决断力、关注细节且很快做出决策——优秀行政者。

(5)会忽略他人感受。

(6)喜作领导者或企业主管。

适合领域：无明显领域特征。

适合职业：大、中型外资企业员工、业务经理、中层经理（多分布在财务、营运、物流采购、销售管理、项目管理、工厂管理、人事行政部门）、职业经理人、各类中小型企业主管和业主。

ESTP：逻辑的回应者

性格特点：

(1)擅长现场实时解决问题——解决问题者。

(2)喜欢办事并乐于其中及过程。

(3)倾向于喜好技术事务及运动，交结同行和友人。

(4)具适应性、容忍度、务实性；投注心力于会很快具有成效的工作。

(5)不喜欢冗长概念的解释及理论。

(6)最专精于可操作、处理、分解或组合的真实事务。

适合领域：贸易、商业、某些特殊领域服务业、金融证券业、娱乐、体育、艺术领域。

适合职业：各类贸易商、批发商、中间商、零售商、房地产经纪人、保险经纪人、汽车销售人员、私家侦探、警察等；餐饮、娱乐及其他各类服务业的业主、主管、特许经营者、自由职业者等；股票经纪人、证券分析师、理财顾问、个人投资者等；娱乐节目主持人、体育节目评论、脱口秀、音乐、舞蹈表演者、健身教练、体育工作者等。

INFJ：富于同情心的幻想家

性格特点：

(1)因为坚忍、创意及必须达成的意图而能成功。

(2)会在工作中投注最大的努力。

(3)默默努力地、诚挚地及用心地关切他人。

(4)因坚守原则而受敬重。

(5)提出造福大众利益的明确愿景而为人所尊敬与追随。

(6)追求创见、关系及物质财物的意义及关联。

（7）想了解什么能激励别人及对他人具洞察力。

（8）光明正大且坚信其价值观。

（9）有组织且果断地履行其愿景。

适合领域：咨询、教育、科研等领域，文化、艺术、设计等领域。

适合职业：心理咨询工作者、心理诊疗师、职业指导顾问、大学教师（人文学科、艺术类）、心理学、教育学、社会学、哲学及其他领域的研究人员等；作家、诗人、剧作家、电影编剧、电影导演、画家、雕塑家、音乐家、艺术顾问、建筑师、设计师等。

INFP：富有洞察的促进者

性格特点：

（1）安静观察者，具理想性并对其价值观具忠诚心。

（2）希望外在生活形态与内在价值观相吻合。

（3）具好奇心且很快能看出机会所在。常担负开发创意的触媒者。

（4）除非价值观受侵犯，行事会具弹性、适应力高且承受力强。

（5）具想了解及发展他人潜能的企图。想做太多且做事全神贯注。

（6）对所处境遇及拥有不太在意。

（7）具适应力、有弹性，除非价值观受到威胁。

适合领域：创作性、艺术类，教育、研究、咨询类。

适合职业：各类艺术家、插图画家、诗人、小说家、建筑师、设计师、文学编辑、艺术指导、记者等；大学老师（人文类）、心理学工作者、心理辅导和咨询人员、社科类研究人员、社会工作者、教育顾问、图书管理者、翻译家等。

INTJ：富有逻辑的幻想家

性格特点：

（1）具强大动力与本意来达成目的与创意——固执顽固者。

（2）有宏大的愿景且能快速在众多外界事件中找出有意义的模范。

（3）对所承负职务，具良好策划能力。

（4）具怀疑心、挑剔性、独立性、果决，对专业水准及绩效要求高。

适合领域：科研、科技应用、技术咨询、管理咨询、金融、投资领域、创造性行业。

适合职业：各类科学家、研究所研究人员、设计工程师、系统分析员、计算机程序师、研究开发部经理等；各类技术顾问、技术专家、企业管理顾问、投资专家、法律顾问、医学专家、精神分析学家等；经济学家、投资银行研究员、证券投资和金融分析员、投资银行家、财务计划人、企业并购专家等；各类发明家、建筑师、社论作家、设计师、艺术家等。

INTP：富有洞察的分析师

性格特点：

（1）安静、自持、弹性及具适应力。

（2）特别喜爱追求理论与科学事理。

（3）习于以逻辑及分析来解决问题——问题解决者。

（4）最有兴趣于创意事务及特定工作，对聚会与闲聊无大兴趣。

（5）追求可发挥个人强烈兴趣的生涯。

（6）追求发展对有兴趣事务之逻辑解释。

适合领域：计算机技术、理论研究、学术领域专业领域，创造性领域。

适合职业：软件设计员、系统分析师、计算机程序员、数据库管理、故障排除专家等；大学教授、科研机构研究人员、数学家、物理学家、经济学家、考古学家、历史学家等；证券分析师、金融投资顾问、律师、法律顾问、财务专家、侦探等；各类发明家、作家、设计师、音乐家、艺术家、艺术鉴赏家等。

ISFJ：富有同情的同化者

性格特点：

（1）安静、和善、负责任且有良心。

（2）行事尽责投入。

（3）安定性高。

（4）愿投入、吃苦及力求精确。

（5）兴趣通常不在于科技方面。对细节事务有耐心。

（6）忠诚、考虑周到、知性且会关切他人感受。

（7）致力于创构有序及和谐的工作与家庭环境。

适合领域：无明显领域特征，医护领域、消费类商业、服务业领域。

适合职业：行政管理人员、总经理助理、秘书、人事管理者、项目经理、物流经理、律师助手等；外科医生及其他各类医生、家庭医生、牙科医生、护士、药剂师、医学专家、营养学专家、顾问等；零售店、精品店业主、大型商场、酒店管理人员、室内设计师等。

ISFP：讲求实用的促进者

性格特点：

（1）羞怯的、安宁和善的、敏感的、亲切的且行事谦虚。

（2）喜于避开争论，不对他人强加己见或价值观。

（3）无意于领导却常是忠诚的追随者。

（4）办事不急躁，安于现状无意于以过度的急切或努力破坏现况，且非成果导向。

（5）喜欢有自由的空间及按照自订的流程办事。

适合领域：手工艺、艺术领域、医护领域、商业、服务业领域。

适合职业：时装、首饰设计师、装潢、园艺设计师、陶器、乐器、卡通、漫画制作者、素描画家、舞蹈演员、画家等；出诊医生、出诊护士、理疗师、牙科医生、个人健康和运动教练等；餐饮业、娱乐业业主、旅行社销售人员、体育用品、个人理疗用品销售员等。

ISTJ：富有逻辑的同化者

性格特点：

（1）严肃、安静、借由集中心志与全力投入及可被信赖获致成功。

（2）行事务实、有序、实际、逻辑、真实及可信赖。

（3）十分留意且乐于任何事（工作、居家、生活）均有良好组织及有序。

（4）负责任。

（5）照设定成效来做出决策且不畏阻挠与闲言会坚定为之。

（6）重视传统与忠诚。

（7）传统性的思考者。

适合领域：工商业领域、政府机构、金融银行业、政府机构技术领域、医务领域。

适合职业：审计师、会计、财务经理、办公室行政管理、后勤和供应管理、中层经理、公务（法律、税务）执行人员等；银行信贷员、成本估价师、保险精算师、税务经纪人、税务检查员等；机械、电气工程师、计算机程序员、数据库管理员、地质、气象学家、法律研究者、律师等；外科医生、药剂师、实验室技术人员、牙科医生、医学研究员等。

ISTP：实际的分析家

性格特点：

（1）冷静旁观者——安静、预留余地、弹性及会以无偏见的好奇心与未预期的原始的幽默观察与分析人生。

（2）有兴趣于探索原因及效果，技术事件是为何及如何运作且使用逻辑的原理组构事实、重视效能。

（3）擅长于掌握问题核心及找出解决方式。

（4）分析成事的缘由且能实时从大量资料中找出实际问题的核心。

适合领域：技术领域证券、金融业贸易、商业领域、户外运动、艺术等领域。

适合职业：机械、电气、电子工程师、各类技术专家和技师、计算机硬件、系统集成专业人员等；证券分析师、金融、财务顾问、经济学研究者等；贸易商、商品经销商、产品代理商（有形产品为主）等；警察、侦探、体育工作者、赛车手、飞行员、雕塑家、手工制作、画家等。

附录3　霍兰德职业性向测验量表

本测验量表将帮助你发现并确定自己的职业兴趣和能力特长，从而更好地帮助我们做出求职择业或专业选择的决策。

本测验共七个部分，每部分测验都没有时间限制，但请你尽快按要求完成。

一、你心目中的理想职业（专业）

对于未来的职业（或升学进修的专业），你得早有考虑，它可能很抽象、很朦胧，也可能很具体、很清晰。不论是哪种情况，现在都请你把自己最想干的3种工作或想读的3种专业，按顺序写下来，并说明理由。请在所填职业/专业的右侧按其在你心目中的清晰程度或具体程度，按从很朦胧/抽象到很清晰/具体分别用1、2、3、4、5来表示，如5分表示它在你心中的影像非常清晰。

1. 职业/专业：_____ 清晰/具体程度：_____
   理由：_____
   _____

2. 职业/专业_____ 清晰/具体程度：_____
   理由：_____
   _____

3. 职业/专业：_____ 清晰/具体程度：_____ ；
   理由：_____
   _____。

以下第二、三、四部分每个类别下的每个小项皆为是否选择题，请选出比较适合你的，与你的情况相符的项目，并按有一项适合的计1分的规则统计分值，将相应分值填写在第六部分的统计项目中。

二、你所感兴趣的活动

下面列举了若干种活动，请就这些活动判断你的好恶。喜欢的，计1分，不喜欢的不计分。请将答案直接写在第5页答题纸上。

R：实际型活动	A：艺术型活动
1. 装配修理电器或玩具	1. 素描／制图或绘画
2. 修理自行车	2. 参加话剧／戏剧
3. 用木头做东西	3. 设计家具／布置室内
4. 开汽车或摩托车	4. 练习乐器／参加乐队
5. 用机器做东西	5. 欣赏音乐或戏剧
6. 参加木工技术学习班	6. 看小说／读剧本
7. 参加制图描图学习班	7. 从事摄影创作
8. 驾驶卡车或拖拉机	8. 写诗或吟诗
9. 参加机械和电气学习班	9. 参加艺术（美术／音乐）培训班
10. 装配修理机器	10. 练习书法
I：调查型活动	S：社会型活动
1. 读科技图书或杂志	1. 参加单位组织的正式活动
2. 在实验室工作	2. 参加某个社会团体或俱乐部活动
3. 改良水果品种，培育新的水果	3. 帮助别人解决困难
4. 调查了解土和金属等物质的成分	4. 照顾儿童
5. 研究自己选择的特殊问题	5. 出席晚会、联欢会、茶话会
6. 解算术或数学游戏	6. 和大家一起出去郊游
7. 物理课	7. 想获得关于心理方面的知识
8. 化学课	8. 参加讲座或辩论会
9. 几何课	9. 观看或参加体育比赛和运动会
10. 生物课	10. 结交新朋友
E：事业型活动	C：常规型（传统型）活动
1. 鼓动他人	1. 整理好桌面与房间
2. 卖东西	2. 抄写文件和信件
3. 谈论政治	3. 为领导写报告或公务信函
4. 制定计划、参加会议	4. 检查个人收支情况
5. 以自己的意志影响别人的行为	5. 参加打字培训班
6. 在社会团体中担任职务	6. 参加算盘、文秘等实务培训
7. 检查与评价别人的工作	7. 参加商业会计培训班
8. 结交名流	8. 参加情报处理培训班
9. 指导有某种目标的团体	9. 整理信件、报告、记录等
10. 参与政治活动	10. 写商业贸易信

三、你所擅长的活动

下面列举若干种活动，请选择你能做或大概能做的事。请将答案直接写在第 5 页答题纸上。

R：实际型能力	A：艺术型能力
1. 能使用电锯、电钻和锉刀等木工工具 2. 知道万用电表的使用方法 3. 能够修理自行车或其他机械 4. 能够使用电钻钉、磨床或缝纫机 5. 能给家具和木制品刷漆 6. 能看建筑设计图 7. 能够修理简单的电气用品 8. 能修理家具 9. 能修理收录机 10. 能简单地修理水管	1. 能演奏乐器 2. 能参加二部或四部合唱 3. 独唱或独奏 4. 扮演剧中角色 5. 能创作简单的乐曲 6. 会跳舞 7. 能绘画、素描或书法 8. 能雕刻、剪纸或泥塑 9. 能设计板报、服装或家具 10. 能写一手好文章
I：研究型能力	S：社会型能力
1. 懂得真空管或晶体管的作用 2. 能够列举三种蛋白质多的食品 3. 理解铀的裂变 4. 能用计算尺、计算器、对数表 5. 会使用显微镜 6. 能找到三个星座 7. 能独立进行调查研究 8. 能解释简单的化学 9. 能理解人造卫星为什么不落地 10. 经常参加学术会议	1. 有向各种人说明解释的能力 2. 常参加社会福利活动 3. 能和大家一起友好相处地工作 4. 善于与年长者相处 5. 会邀请人、招待人 6. 能简单易懂地教育儿童 7. 能安排会议等活动顺序 8. 善于体察人心和帮助他人 9. 帮助护理病人和伤员 10. 安排社团组织的各种事务
E：事业型能力	C：常规型能力
1. 担任过学生干部并且干得不错 2. 工作上能指导和监督他人 3. 做事充满活力和热情 4. 有效利用自身的做法调动他人 5. 销售能力强 6. 曾作为俱乐部或社团的负责人 7. 向领导提出建议或反映意见 8. 有开创事业的能力 9. 知道怎样做能成为一个优秀的领导者 10. 健谈善辩	1. 能熟练地打印中文 2. 会用外文打字机或复印机 3. 能快速记笔记和抄写文章 4. 善于整理保管文件和资料 5. 善于从事事务性的工作 6. 会用算盘 7. 能在短时间内分类和处理大量文件 8. 能使用计算机 9. 能搜集数据 10. 善于为自己或集体做财务预算表

四、你所喜欢的职业

下面列举了多种职业，请认真地看，请选择你有兴趣的工作，有一项计1分，不太喜欢或不关心的工作不选，不计分。请将答案直接写在第5页答题纸上。

R：实际型职业	S：社会型职业
1. 飞机机械师 2. 野生动物专家 3. 汽车维修工 4. 木匠 5. 测量工程师 6. 无线电报务员 7. 园艺师 8. 长途公共汽车司机 9. 电工 10. 火车司机	1. 街道、工会或妇联干部 2. 小学、中学教师 3. 精神病医生 4. 婚姻介绍所工作人员 5. 体育教练 6. 福利机构负责人 7. 心理咨询员 8. 共青团干部 9. 导游 10. 国家机关工作人员
I：调研型职业	E：事业型职业
1. 气象学或天文学者 2. 生物学者 3. 医学实验室的技术人员 4. 人类学者 5. 动物学者 6. 化学者 7. 教学者 8. 科学杂志的编辑或作家 9. 地质学者 10. 物理学者	1. 厂长 2. 电视片编制人 3. 公司经理 4. 销售员 5. 不动产推销员 6. 广告部长 7. 体育活动主办者 8. 销售部长 9. 个体工商业者 10. 企业管理咨询人员
A：艺术型职业	C：常规型职业
1. 乐队指挥 2. 演奏家 3. 作家 4. 摄影家 5. 记者 6. 画家、书法家 7. 歌唱家 8. 作曲家 9. 电影电视演员 10. 电视节目主持人	1. 会计师 2. 银行出纳员 3. 税收管理员 4. 计算机操作员 5. 簿记人员 6. 成本核算员 7. 文书档案管理员 8. 打字员 9. 法庭书记员 10. 人员普查登记员

五、你的能力类型简评

下面两张表是你在 6 个职业能力方面的自我评定表。你可先与同龄人比较出自己在每一方面的能力，然后斟酌后对自己的能力作评估。请在表中适当的数字上画圈，数值越大表明你的能力越强。

注意，请勿画同样的数字，因为人的每项能力不会完全一样的。

表 A

R 型	I 型	A 型	S 型	E 型	C 型
机械操作能力	科学研究能力	艺术创作能力	解释表达能力	商业洽谈能力	事务执行能力
7	7	7	7	7	7
6	6	6	6	6	6
5	5	5	5	5	5
4	4	4	4	4	4
3	3	3	3	3	3
2	2	2	2	2	2
1	1	1	1	1	1

表 B

R 型	I 型	A 型	S 型	E 型	C 型
体育技能	数学技能	音乐技能	交际技能	领导技能	办公技能
7	7	7	7	7	7
6	6	6	6	6	6
5	5	5	5	5	5
4	4	4	4	4	4
3	3	3	3	3	3
2	2	2	2	2	2
1	1	1	1	1	1

六、统计

测试内容		R 型 实际型	I 型 调查型	A 型 艺术型	S 型 社会型	E 型 事业型	C 型 常规型
第二部分	兴趣						

续表

测试内容		R型 实际型	I型 调查型	A型 艺术型	S型 社会型	E型 事业型	C型 常规型
第三部分	擅长						
第四部分	喜欢						
第五部分A	能力						
第五部分B	技能						
总分							

得分最高的职业类型意味着是最适合你的职业。比方说，假如你在I型上得分最高，说明你适合做自然科学方面的研究工作，如气象研究、生物学研究、天文学研究等，或科学杂志编辑。其余类推。

如果最适合你的工作和你在第一部分所写的理想工作之间不太一致，或者在各种类型的职业上你的能力和兴趣不相匹配，那么请你参照第六部分——你的职业价值观来做出最佳选择。比方说，假如第二部分你在I型上得分最高，但第三部分你在A型上得分高，那么请参考你最看重的因素：假如你最看重能充分发挥自己的能力特长或工作环境舒适，那么A型工作最适合你；假如你最看重能从事自己感兴趣的工作或工作稳定有保障，那么I型工作最适合你；假如你最看重的是其他因素，那么请向A型职业方面的专家咨询，选择和你的职业价值观最接近的工作。

附录4　求职便签——简历求职记录

单位名称：
预约面试日期：
应聘职位：
联系电话：
负责人姓名：
电子邮件：

单位名称：
预约面试日期：
应聘职位：
联系电话：
负责人姓名：
电子邮件：

单位名称：
预约面试日期：
应聘职位：
联系电话：
负责人姓名：
电子邮件：

单位名称：
预约面试日期：
应聘职位：
联系电话：
负责人姓名：
电子邮件：

单位名称：
预约面试日期：
应聘职位：
联系电话：
负责人姓名：
电子邮件：

单位名称：
预约面试日期：
应聘职位：
联系电话：
负责人姓名：
电子邮件：

附录5 大学生实习就业常用网站

官方网站：

中国就业网：http://www.chinajob.gov.cn/

中国创业网：http://www.ccyw.org.cn/

全国大学生就业公共服务立体化平台：http://www.ncss.org.cn/

上海学生就业创业服务网：http://www.firstjob.com.cn/

高校就业网站：

上海理工大学就业信息网：http://91.usst.edu.cn/

同济大学就业信息网：https://tj91.tongji.edu.cn/

上海大学就业信息网：https://zbb.shu.edu.cn/

清华大学就业信息网：http://career.tsinghua.edu.cn/

北京大学就业信息网：http://scc.pku.edu.cn/

上海交通大学就业信息网：https://www.job.sjtu.edu.cn/

华东理工大学就业信息网：http://career.ecust.edu.cn/

综合招聘网站：

前程无忧：http://www.51job.com/

中华英才网：http://www.china招聘人员.com/

智联招聘：http://www.zhaopin.com/

中国人才热线：http://www.cjol.com/

应届生求职：http://www.yingjiesheng.com/

相关信息网站：

人力资源和社会保障部职业技能鉴定中心：http://www.cettic.gov.cn/

中国人事考试网：http://www.cpta.com.cn/

国家职业资格工作网：http://www.osta.org.cn/

参考文献

[1] 陈德明，祁金利. 大学生生涯规划与管理［M］. 北京：高等教育出版社，2008.

[2] 李家华，黄天贵. 职业指导［M］. 北京：高等教育出版社，2005.

[3] 里尔顿. 职业生涯发展与规划［M］. 侯志瑾，译. 北京：高等教育出版社，2005.

[4] 储克森. 职业·就业指导及创业教育［M］. 北京：机械工业出版社，2007.

[5] 张进辅. 青年职业心理发展与测评［M］. 重庆：重庆大学出版社，2009.

[6] 李俊琦. 职业素质与就业能力训练［M］. 北京：清华大学出版社，2009.

[7] 阚雅玲，吴强，胡伟. 职业规划与成功素质训练［M］. 北京：机械工业出版社，2009.

[8] 洛克. 求职指导（第五版）［M］. 时勘，译. 北京：中国轻工业出版社，2008.

[9] 迟永吉，欣荣. 大学生职业生涯规划与发展［M］. 北京：高等教育出版社，2009.

[10] 王佩国. 规划人生构筑未来［M］. 北京：高等教育出版社，2009.

[11] 刘道玉. 大学生自我设计与创业［M］. 湖北：武汉大学出版社，2009.

[12] 史梅. 大学生职业生涯规划与职业素质拓展［M］. 北京：高等教育出版社，2010.

[13] 史梅. 大学生就业与创业指导［M］. 北京：高等教育出版社，2010.

[14] 贺俊英. 大学生创业基础与实训教程［M］. 北京：高等教育出版社，2010.

[15] 李秋斌. 大学生创业指导［M］. 北京：北大出版社，2012.

[16] 韩宝平，郭贵川. 大学生职业生涯发展与规划［M］. 北京：现代教育出版社，2012.

[17] 付玉华，张静，郭丽虹. 大学生职业发展与就业指导［M］. 北京：现代教育出版社，2010.

[18] 张晖怀. 新编大学生就业与创业指导［M］. 北京：高等教育出版社，2011.

[19] 朱坚强，周静. 大学生职业生涯规划［M］. 北京：现代教育出版社，2012.

[20] 王会礼，李瑞昌. 高职生职业规划与就业创业指导［M］. 北京：现代教育出版社，2011.

[21] 陈伟民. 职业生涯规划与管理［M］. 北京：现代教育出版社，2011.

[22] 杨军，王俊岭. 新编大学生职业发展与就业创业指导［M］. 北京：现代教育出版社，2012.

[23] 陈励，黎虹. 高职生走向成功就业［M］. 北京：现代教育出版社，2012.

[24] 沙军，牛翔宇. 大学生求职能力训练教程［M］. 北京：现代教育出版社，2014.

[25] 徐俊祥，黄敏. 成功就业——大学生就业技能实训教程［M］. 北京：现代教育出版社，2017.

[26] 田一. 我的青春我做主［M］. 北京：现代教育出版社，2018.

[27] 付宝森，赵乐发，沙金. 全国体育院校体验式生涯发展规划［M］. 北京：现代教育出版社，2018.

[28] 郭明净. 论自我认识、自我教育与自我发展［D］. 福建师范大学，2015.

[29] 刘秀琴，奚巧媛. 高等教育大众化形势下大学生就业难的现状与原因分析［J］. 武汉科技学院学报，2005（12）.

[30] 王智勇. 金融危机与大学生就业的思考［J］. 决策探索，2009（4）.

[31] 陈漫. 金融危机影响下大学生的就业形势与对策研究［J］. 中国科教创新导刊，200（14）.

[32] 孙敏、杜富荣. 基于胜任力视角的大学生职业探索实证研究［J］. 广东技术师范学院学报（社会科学）. 2015（6）：126-133.

[33] 曲可佳，邹泓. 大学生职业生涯探索的特点研究［J］. 辽宁师范大学学报（社会科学版）. 2012（6）：778-783.

[34] 李明，喻茜. 大学生职业价值观的现状研究［J］. 长沙理工大学学报（社会科学版）. 2017（2）：119-124.

[35] 杨静，周锋. 职业价值观对大学生就业的影响［J］. 理论前沿. 2016（12）：45-50.

[36] 屈家安，郑行之. 大学生价值观实证研究［J］. 中国承认教育. 2018（15）：65-71.

[37] 张华，周学文. 职业兴趣——职业选择需要考虑的重要因素［J］. 职业技术. 2010（114）：55.

[38] 徐永翃，孔锦，张进明，李勇志. 大学生职业兴趣和专业选择中的性别差异研究［J］. 山东高等教育. 2016（5）：64-71.

[39] 蒋玉. 大学生求职路径研究［J］. 科技信息. 2010（29）：600-603.

[40] 任晓剑. 当代大学生错误求职心理及应对策略［J］. 就业指导. 2012（14）：47-51.

[41] 赵鸣. 如何指导大学生撰写有效求职简历［J］. 理论经纬. 2015（7）：41-43.

[42] 丁桂馨. 浅析大学生求职过程中的陷阱及应对措施［J］. 经济研究导刊. 2010（3）：267-268.